国家社科基金一般项目

《人工智能的国际法问题研究》（18BFX104）结项成果

人工智能的国际法问题研究

RENGONG ZHINENG DE GUOJIFA WENTI YANJIU

曹　阳◎著

中国政法大学出版社

2024·北京

图书在版编目（ＣＩＰ）数据

人工智能的国际法问题研究 / 曹阳著. -- 北京 ： 中国政法大学出版社，2024．7.
ISBN 978-7-5764-1683-1

Ⅰ．D996.5

中国国家版本馆 CIP 数据核字第 2024AA4544 号

出 版 者	中国政法大学出版社
地　　址	北京市海淀区西土城路 25 号
邮寄地址	北京 100088 信箱 8034 分箱　邮编 100088
网　　址	http://www.cuplpress.com (网络实名：中国政法大学出版社)
电　　话	010−58908285(总编室) 58908433（编辑部）58908334(邮购部)
承　　印	固安华明印业有限公司
开　　本	720mm×960mm　1/16
印　　张	18.75
字　　数	280 千字
版　　次	2024 年 7 月第 1 版
印　　次	2024 年 7 月第 1 次印刷
定　　价	85.00 元

上海政法学院学术著作编审委员会

　　四秩芳华，似锦繁花。幸蒙改革开放的春风，上海政法学院与时代同进步，与法治同发展。如今，这所佘山北麓的高等政法学府正以稳健铿锵的步伐在新时代新征程上砥砺奋进。建校 40 年来，学校始终坚持"立足政法、服务上海、面向全国、放眼世界"的办学理念，秉承"刻苦求实、开拓创新"的校训精神，走"以需育特、以特促强"的创新发展之路，努力培养德法兼修、全面发展，具有宽厚基础、实践能力、创新思维和全球视野的高素质复合型应用型人才。四十载初心如磐，奋楫笃行，上海政法学院在中国特色社会主义法治建设的征程中书写了浓墨重彩的一笔。

　　上政之四十载，是蓬勃发展之四十载。全体上政人同心同德，上下协力，实现了办学规模、办学层次和办学水平的飞跃。步入新时代，实现新突破，上政始终以敢于争先的勇气奋力向前，学校不仅是全国为数不多获批教育部、司法部法律硕士（涉外律师）培养项目和法律硕士（国际仲裁）培养项目的高校之一；法学学科亦在"2022 软科中国最好学科排名"中跻身全国前列（前 9%）；监狱学、社区矫正专业更是在"2023 软科中国大学专业排名"中获评 A+，位居全国第一。

　　上政之四十载，是立德树人之四十载。四十年春风化雨、桃李芬芳。莘莘学子在上政校园勤学苦读，修身博识，尽显青春风采。走出上政校门，他们用出色的表现展示上政形象，和千千万万普通劳动者一起，绘就了社会主义现代化国家建设新征程上的绚丽风景。须臾之间，日积月累，学校的办学成效赢得了上政学子的认同。根据 2023 软科中国大学生满意度调查结果，在本科生关注前 20 的项目上，上政 9 次上榜，位居全国同类高校首位。

　　上政之四十载，是胸怀家国之四十载。学校始终坚持以服务国家和社会需要为己任，锐意进取，勇担使命。我们不会忘记，2013 年 9 月 13 日，习近平主席在上海合作组织比什凯克峰会上宣布，"中方将在上海政法学院设立中国-上海合作组织国际司法交流合作培训基地，愿意利用这一平台为其他成员国培训司法人才。"十余年间，学校依托中国-上合基地，推动上合组织国家司法、执法和人文交流，为服务国家安全和外交战略、维护地区和平稳定作出上政贡献，为推进国家治理体系和治理能力现代化提供上政智慧。

历经四十载开拓奋进，学校学科门类从单一性向多元化发展，形成了以法学为主干，多学科协调发展之学科体系，学科布局日益完善，学科交叉日趋合理。历史坚定信仰，岁月见证初心。建校四十周年系列丛书的出版，不仅是上政教师展现其学术风采、阐述其学术思想的集体亮相，更是彰显上政四十年发展历程的学术标识。

著名教育家梅贻琦先生曾言，"所谓大学者，有大师之谓也，非谓有大楼之谓也。"在过去的四十年里，一代代上政人勤学不辍、笃行不息，传递教书育人、著书立说的接力棒。讲台上，他们是传道授业解惑的师者；书桌前，他们是理论研究创新的学者。《礼记·大学》曰："古之欲明明德于天下者，先治其国"。本系列丛书充分体现了上政学人想国家之所想的高度责任心与使命感，体现了上政学人把自己植根于国家、把事业做到人民心中、把论文写在祖国大地上的学术品格。激扬文字间，不同的观点和理论如繁星、似皓月，各自独立，又相互辉映，形成了一幅波澜壮阔的学术画卷。

吾辈之源，无悠长之水；校园之草，亦仅绿数十载。然四十载青葱岁月光阴荏苒。其间，上政人品尝过成功的甘甜，也品味过挫折的苦涩。展望未来，如何把握历史机遇，实现新的跨越，将上海政法学院建成具有鲜明政法特色的一流应用型大学，为国家的法治建设和繁荣富强作出新的贡献，是所有上政人努力的目标和方向。

四十年，上政人竖起了一方里程碑。未来的事业，依然任重道远。今天，借建校四十周年之际，将著书立说作为上政一个阶段之学术结晶，是为了激励上政学人在学术追求上续写新的篇章，亦是为了激励全体上政人为学校的发展事业共创新的辉煌。

党委书记　葛卫华教授

校　　长　刘晓红教授

2024 年 1 月 16 日

前 言 /PREFACE

　　人工智能技术快速发展与迭代既对传统以主权国家为基础构建的国际秩序带来了颠覆性影响，同时也可能对全球和平与安全带来极为严重的负面影响。现今国际社会尚未就规制人工智能形成共识性意见。为争夺人工智能领域规制的话语权，各国进行了大量的立法探索。人工智能领域的立法争夺对人工智能产业发展与个人权利保障带来巨大的负面影响。为解决人工智能领域立法的无序竞争，尽快达成规制人工智能的多边共识，本书通过分析人工智能技术发展现状与问题，提出人工智能多边规制的必要性与可行性，探讨人工智能多边规制的方法与路径，进而构建人工智能规制的多边规则。

　　人工智能系统是指基于机器的系统，它被设计为以不同程度的自主性运行，并且为了明确或隐含的目标，产生诸如预测、建议或决定等影响物理或虚拟环境的输出系统。人工智能技术正发生快速迭代，从弱人工智能逐渐向强人工智能发展，通用型人工智能正爆发出无尽的应用潜力。人工智能技术已经被广泛应用于社交媒体、公共执法、安全保障、电子商务、教育、医疗卫生、就业、金融服务等诸多领域。毫无疑问，人类社会已进入人工智能时代。人工智能技术虽然有利于效率改善、减少决策噪声、提高创新能力等，但其所带来的负面影响不可忽视。人工智能的负面影响主要表现在对个体、群体的偏见、歧视、操纵，侵犯个人隐私、传播虚假信息与错误信息等。为克服人工智能发展带来的不利影响，各国竞相在人工智能相关领域进行大量立法，试图在人工智能领域的规制方面占据先发优势，引领人工智能领域立法，希冀通过所谓的"布鲁塞尔效应"强制其他国家接受自己制订的标准。这种各自为政的规制模式将导致各国的非合作博弈，引发人工智能规制的非理性竞争问题。无序的规制竞争必然产生所谓的囚徒困境与竞争失序问题，从而导致企业无所适从，进而可能使得基于国别的规制秩序失效。另外，由于企业和国家对人工智能的开发竞争日益激烈，这可能造成一种动态囚徒困境，其中稳定的次优纳什均衡有利于发展速度而不是发展安全，从而导致潜在的规制"逐底竞争"。人工智能领域规制"逐底竞争"发生的原因在于人工智能技术、具体运用以及损害的跨国（境）性问题。人工智能技术是基于网络虚拟环境产生的技术，其依据网络虚拟环境存在，以网络环境为载体运行。任何国家的人工智能立法都不可避免地产生所谓的域外效力，而经济实力强大的国家的域外影响力更为强大。要真正将人工智能这一技术关进笼子里，国际社会需要共同努力，协同建立真正符合人类福祉的国际规范体系与制度。

人工智能的多边规制路径主要包括基于技术的规制路径与基于风险（场景）的规制路径。基于技术的规制路径主要是对人工智能支撑要素算法、数据与算力的规制；基于风险路径的规制主要是基于人工智能运用场景的风险建立分级规制体系。现有国际多边规则对于人工智能的规制更多是一些软法性质的建议书、原则规定等。真正对人工智能应用具有强制约束力的国际规则主要包括一些国际贸易法规则、国际人道法与国际人权法规则。基于人工智能技术的自适应性与多元应用性，现有主要以具体领域为基础构建的国际法体系已然不能适应人工智能技术发展的需要。现行国际法体系对人工智能的碎片化规制无法解决人工智能发展所带来的巨大负外部性，国际社会必须制订专门的人工智能多边条约确保人工智能多边规制的体系性与逻辑性。人工智能多边规制必须坚持人本中心、公平、透明、可解释、安全、可信、问责、主权等原则。

基于技术路径的人工智能多边规制的对象为算法、数据与算力。算法以客观标准化数据作为分析对象，通过数据分析来反馈社会的现实状况。以客观化、标准化的数据来决策动态化的、个性化的社会现实可能引发算法结果的假阳性与假阴性问题。数据是人工智能产业发展的核心支撑要素。算力是算法和数据的基础设施，算力大小决定了数据处理能力的强弱。数据规制的多边规则主要涉及数据本土化存储、数据跨境流动与个人数据的特殊保护等问题。数据规制的多边规则应坚持平衡性保护，在促进人工智能产业发展与数据保护之间建立有效的平衡。数据多边规则的核心是个人数据的保护问题。

个人数据的保护应严格限制个人数据处理范围，赋予个人数据处理者严格的个人数据保护责任。数据跨境流动的多边规制应坚持区分原则，鼓励非个人数据流动，对个人数据流动采取严格的监管措施。除非存在正当理由，各国不能要求数据本土化存储。算法的多边规制主要涉及算法可解释、透明与偏见等问题。算法开发者与部署者应确保算法的可解释、透明、公平与公正。对抗机器学习算法对于解决算法瑕疵具有促进作用，但需克服其不利影响。对于基础模型而言，由于其是生成式人工智能发展的基础性资源，对于应用层的算法具有重要的影响，因而需要建立针对基础模型的特殊规则，这些特殊规则需要确保基础模型的透明性、一定程度上的可解释性。同时需要建立规制基础模型训练数据的规制原则，确保训练数据的合法、有代表性。对于生成式人工智能算法同样需要关注训练数据的合法性、代表性问题。生成式人工智能算法的开发者、使用者应确保算法技术自身安全，生成的内容不违反法律规定等。生成式人工智能算法的使用者需确保系统的透明度，对生成内容进行有效标识。对于深度合成算法而言，深度合成算法的开发者与使用者必须确保系统的透明性，对深度合成形成的内容进行标识。此外，深度合成算法的开发者与使用者必须限制深度合成技术的应用领域，同时确保深度合成技术系统的安全。算力等人工智能支撑性资源开发与利用不能以环境损害为代价，国际社会需以可持续发展为目标促进环境友好型算力等人工智能支撑性资源的开发与利用。

人工智能的自适应性、自主性、非知性、扩展性等特征使得单纯从技术角度规制人工智能系统存在着缺陷与不足。基于风险的规制脱离了纯粹的技术规制路径，从具体场景下风险大小出发建立分层的人工智能规制体系，这既有利于个人权利保障也有利于人工智能的开发与利用。人工智能系统风险包括对用户人身、财产可视的损害以及隐私的侵犯等，同时也包括偏见、歧视、操纵等不可视的风险。从有形的生命伤害、财产损失到无形的偏见、歧视与操纵，从政治生活、经济生活到文化生活，从教育、医疗到金融、自动驾驶，人工智能所引发的风险无所不在。依据人工智能系统的风险大小与可控程度，人工智能应用可分为禁止型、高风险型、中风险型与低风险型。对人进行操纵控制的人工智能系统、明显具有偏见、歧视效果的人工智能系统以及对人的人身、财产带来明显威胁的人工智能系统等都应禁止使用。人工智能在恐怖活动中的运用给国际社会带来了巨大威胁，国际社会需禁止运用人工智能技术作为辅助手段实施恐怖活动，更需禁止利用人工智能技术实施的新型恐怖主义活动。

高风险的人工智能应用虽然能给社会带来一定的收益，但其也可能带来巨大的风险。国际社会应明确高风险人工智能系统的应用领域与场景，对高风险系统的开发者与部署者规定特定的义务，如创建适当的数据管理办法、向系统提供准确、完整的数据集、向用户提供透明、清楚的信息、采取适当的人为监督措施、避免让用户过度依赖系统输出、系统具有高等级、可持续的安全性和准确性、完备的上市前合格性评估等。生物识别、平台服务、就业服务、教育服务、行政执法、公共服务、金融服务等领域的人工智能应用一般应界定为高风险应用。人工智能武器是典型的高风险人工智能运用。人工智能武器的开发者与部署者必须遵守相关国际条约的规定，确保人的最终决定权。高风险的人工智能规制应建立事前、事中与事后的全生命周期规制。对于高风险人工智能运用所引发的损害提供充足、有效的救济与补偿。中风险的人工智能运用一般不涉及对公民人身、财产的具体损害，其主要涉及人工智能系统的透明度问题。这些系统可能与人进行交流与互动，但其不会对人的权利与利益带来负面影响。这种运用主要涉及用户的知情权与选择权问题。低风险的人工智能运用主要是指赋能型的人工智能技术，其更多的是给社会带来益处而非风险与危害。值得注意的是，人工智能系统的风险并非一成不变。基于人工智能技术的自适应性与不断迭代与变化的特征，人工智能系统的风险可能基于人工智能系统自身的迭代而不断变化，导致人工智能系统的风险水平发生改变。人工智能系统的规制者需关注人工智能系统的风险变化，随时调整人工智能系统的规制框架与措施。为协调人工智能风险的监督与控制与促进人工智能产业健康发展，国际社会应制定"人工智能条约"，建立全球人工智能监管委员会，对人工智能系统风险等级提出建议并对各国人工智能监管提出意见与建议。

目 录 /CONTENTS

引　言

　　人工智能技术被认为是当今最为重要的技术革命，其运用领域之广泛，对人们生活方方面面渗透之深入，对当今社会政治、经济、文化领域的影响之深远可以说是前所未有。人工智能技术对人类的影响引发了人们的广泛担忧，许多科学家对这项技术的毫无节制地发展发出了警告。著名物理学家斯蒂芬·霍金认为人工智能的崛起可能是人类文明的终结。詹姆斯·巴拉特甚至宣称，人工智能是人类最后的发明。2018 年 1 月牛津大学、剑桥大学等多家机构共同发布报告指出恶意使用人工智能将给人类带来重大威胁。2023 年 6 月数百名技术专家和研究人员在多封公开信中警告人工智能的危险，有人甚至主张"暂停"新人工智能模型开发六个月。然而，基于人工智能技术发展状况，完全禁止人工智能技术并不具有现实可能性。我们真正要关注的是如何有效规制人工智能技术，进而促使向上、向善与可信的人工智能技术发展。

　　传统的技术革新注重对某个具体领域的创造与创新，其关注的是在具体领域的技术突破，其影响范围大多局限于某一个具体的领域。随着人工智能技术从弱人工智能逐渐向强人工智能转变，人工智能技术逐渐从执行某个具体特定的任务向通用人工智能方向转变。现今，基于大模型的生成式人工智能逐渐成为人工智能领域发展的主流趋势。生成式人工智能虽然还远未达到强人工智能的水平，但其广泛的应用场景、强大的自适应与发展能力都远远超出人类的期望。从人工智能技术发展的总体趋势看，人工智能技术正从弱人工智能向强人工智能演进。弱人工智能与强人工智能的主要区别是弱人工智能一般仅能执行系统设定的特定任务，其一般不具有某种通用能力，而强人工智能具有如人类那样执行普遍任务的能力。在弱人工智能向强人工智演进的过程中，生成式人工智能的出现与发展是迄今最令人关注的事件。生成式人工智能显然不是一种强人工智能，其更多是基于语料学习和某种基础模型的具体场景应用。生成式人工智能与典型的弱人工智能的区别是其具有某种延展能力，能实现跨场景的学习与运用，并具有较为强大的自我进化与发展能力。

人工智能技术发展从最初的基于特定框架执行特定任务的初级人工智能向能执行普遍任务的方向发展。人工智能技术号称"智能"，但从现今技术发展的现实看，其并没有完成"智能"化的结果。与先前的计算机技术相比，人工智能技术到底有何区别呢？其又为何被称为基于人工的"智能"呢？传统的计算机技术都是基于人类设定的框架与路径的实现与执行，其完全按照人类代码设定的路径运行并产生人类严格设定的结果。在传统的计算机技术背景下，"出乎意料"必然意味着系统的失败。而基于人工智能技术的计算机技术虽然也是基于人类设定的框架运行，但人工智能系统在运行的过程中会进行自我学习与迭代，进而可能超越人类认定的路径与框架运行。从这种意义上讲，人工智能技术是一种超越人类逻辑与框架的技术，"出乎意料"是人工智能技术发展的常态现象。

技术发展的法律因应是当今法律实践面临的核心课题。法律与技术的呼应、掣肘、背离与适应一直是各国法律理论与实践的核心关注。技术发展的法律回应成为各国以及国际体系关注的重要话题。自互联网技术发展以来，如何处理互联网环境所产生的如管辖、知识产权保护、网络安全保障、商业利益保护等议题一直是各国以及国际体系长期讨论与争议的问题。长期以来，法律对技术的因应都是被动的、因应性的，主要解决技术出现后所引发的新的法律问题而不是提前对可能出现的技术建立事先的规制体系。传统法律体系的回应性规制的前提是技术发展所带来的问题本身是确定的、可预期的，技术本身也是确定的、可预期的。人工智能技术自身的非确定性亦即人工智能发展所面临的黑箱问题，以及人工智能系统的自我学习能力与迭代能力导致法律应对的非适应性。从法律发展的历史看，传统法律应对的技术问题大多数是确定、透明的，对于非确定性的存在黑箱的技术的法律应对一直存在着困境与不足。人工智能的法律应对的另外一个问题是人工智能技术所引发的问题也具有非确定性与非透明性。人工智能技术自身的非透明性与非可预期性导致其引发的问题也存在着非确定性特征。从现今的技术发展现实看，人们事实上难以了解人工智能技术发展会引发何种具体的问题，这种问题应归因于人工智能技术还是其他原因？人工智能的黑箱性质与自我进化能力使得人工智能运用所引发的问题难以确定、预料，技术与后果间的归因存在巨大难题。在问题与技术的关系难以判断的前提下，如何规制人工智能无疑是难解的课题。最后一个值得关注的问题是人工智能应用场景的扩张，从战场到平常生活，人工智能技术正广泛渗透人们生活的方方面面。可以毫不夸张地说，今天我们正生活在人工智能时代。我们被人工智能所定义、所左右、所捕获，逐渐失去了个体的自主性、理性。人工智能技术的广泛运用源于人工智能技术自身的延展性。现今，随着基础模型的开发与发展，基于基础模型开发的具体场景运用正成为现今人工智能发展的重要模式。基于基础模式的延展性开发扩展了人工智能的运用前景，使得人工智能技术的发展与运用更具有弹性与渗透性。人工智能技术的广泛运用与技术自身的延展性使得基于具体技术模式的法律回应性应对失去了聚焦的可能，基于具体领域的法律规制模式在人工智能场景下无法系统应对基于某种基础性模型的人工智能场景创新所产生的法律问题。那么，人工智能的法律规制路径到底如何设计呢？各国在此领域显然存在不同的做法。

　　欧洲现今处于人工智能监管的前沿。2016 年 5 月，欧盟法律事务委员会发布《就机器人民事法律规则向欧盟委员会提出立法建议的报告草案》，同年10 月发布《欧盟机器人民事法律规则》。2024 年 3 月欧盟议会已经通过了所谓的《人工智能法案》文本，该文本提出了基于风险的人工智能规制模式。2017 年 12 月，美国国会两党共同提出《人工智能未来法案》，该法案旨在要求商务部设立联邦人工智能发展与应用咨询委员会，并阐明了发展人工智能的必要性。美国还发布了《人工智能权利法案蓝图》，提出了防止歧视、保护用户隐私和安全的五项原则，美国国家标准与技术研究所于 2023 年 1 月发布了《人工智能风险管理框架》。美国国会也开始动员起来，多数党领袖、民主党参议员查克·舒默发起了一项全面的人工智能立法的工作。但到目前为止，华盛顿已经采取了自愿的合规方法，而专家表示需要对人工智能监管采取更具约束力的方法。中国也在人工智能立法方面进行了一些尝试。中国于 2017 年发布的《新一代人工智能发展规划》明确提出，到 2025 年，初步建立人工智能法律法规、伦理规范和政策体系，形成人工智能安全评估和管控能力。随着人工智能的发展，相关领域的管理规定也先后出台，《互联网信息服务算法推荐管理规定》《互联网信息服务深度合成管理规定》《生成式人工智能服务管理暂行办法》分别从算法治理、深度合成治理、生成式人工智能治理不同层面，进一步推动人工智能领域的规范和发展。美国的人工智能规制更多坚持市场化的路径，强调基于市场驱动的人工智能规制模式。欧盟人工智能的规制更强调基于规则的治理模式，在人工智能领域进行了大量具有影响力的立法工作。中国的人工智能规制基于网络主权、网络安全原则更多强调基于安全的人工智能治理规则。

然而，人工智能技术发展具有强大的外部性特征，这种外部性既可能给其他国家带来积极正面的影响，也可能给其他国家带来灾难性后果。一个技术方案的外部性的克服必须通过某种外部性措施予以实现。由于人工智能技术强大的跨国溢出效应，要解决这种跨国外部性，就需要国际社会协同努力，协商一致，建立有效规制来阻止人工智能利用所引发的负外部性问题。现今，存在着这种理论与现实可能吗？国际社会现今也尝试在人工智能立法领域开展合作。华盛顿和布鲁塞尔正试图通过双边贸易和技术理事会为人工智能的全球治理奠定基础。七国集团数字部长也支持类似于欧盟立法的基于风险方法。美国也大力支持制定全球框架宣布了一项关键的新兴技术国家标准战略，其中包括有关人工智能主题的部分。中国在《新一代人工智能发展规划》也明确指出，积极参与人工智能全球治理，加强机器人异化和安全监管等人工智能重大国际共性问题研究，深化在人工智能法律法规、国际规则等方面的国际合作，共同应对全球性挑战。

国际社会对于监管人工智能必要性基本达成了共识，几乎所有国家都认可不能放任人工智能技术的发展，必须建立规制人工智能技术发展的原则与体系。然而，为技术制定通用的监管框架一直很棘手，但随着技术的进步，它变得更具挑战性。从社交媒体到5G蜂窝技术等各个领域的规则谈判都充满了地缘政治混乱和最有效方法的分歧。以数据为例，现今各国对于大数据的流动采取不同的政策。美国在奥巴马执政时期推动并主导建立了《跨太平洋伙伴关系协定》，进而在此框架下主导跨境数据流动的规则制定，其核心原则是支持跨境数据自由流动，反对他国对跨境数据自由流动设限，反对他国的数据本地存储要求。而欧盟以充分性保护水平作为与域外国家跨境数据流动的基本要求。现今跨境数据流动的差异化政策影响了人工智能产业的发展、可能导致机器学习结论产生偏颇并进而给人类发展带来不良影响。

人工智能具有改变经济和社会的巨大潜力，其对监管提出了前所未有的挑战。现今，各国主要的争议在于监管的目的、监管的方式与手段。在无法对上述问题进行有效厘清与达成共识的情况下，各国显然是无法达成关于人工智能的监管体系，当然也无法共同应对人工智能技术发展所带来的挑战。基于互联网技术的人工智能规制必须以国际合作为基础，单一国家的片面规制将导致规制的虚化，可能给人类带来灾难性后果。《人工智能未来法案》特别强调未来人工智能规制的国际合作的重要性。

　　除各国政府在规制人工智能应用方面进行了大量探索外，学者对人工智能的规制也提出了一些有建设性的观点。托马斯·布里（2017）指出人工智能的发展不会带来国际法的智能化。人工智能武器规则是现今国际法学界关注的主要领域。托马斯·布里认为从国际法的角度来看，完全不受人控制的人工智能武器不具有合法性。学者们认为，不受人控制的人工智能武器缺乏人道性，是一种具有过分伤害力或滥杀滥伤作用的武器。但美国认为人工智能武器具有国际法下的合法性基础。如果国际社会不能达成相关共识、建立有效的规则而放任人工智能武器的发展，其后果将是毁灭性的。托马斯·布里还认为，传统国际法的一些术语如控制、授权等概念在人工智能环境下应具有适用的价值。事实上，除了人工智能武器外，以算法与大数据为基础的人工智能规制的国际法问题还涉及人工智能相关主体的国际法确认、国际刑事责任承担、国际恐怖主义应对以及大数据与隐私跨国保护等问题。如何从国际法角度规制通过人工智能恶意程序侵入公共电力系统、医疗系统等恐怖主义行为现今并无可借鉴的规则。在其他领域，国际法学界对这些问题的研究更是空白。学界对于人工智能问题的研究侧重于具体领域的探讨，基本忽视人工智能背后的核心支撑要素——算法与大数据的国际法规制研究。人工智能技术的发展以算法与大数据为支撑。弗兰克·帕斯奎尔（2015）在《黑箱社会：控制金钱和信息的数据法则》一书中论及算法运用中存在的非透明性、偏见以及对他人隐私的侵犯等。一些学者提出应建立所谓"解释权"来规制算法的发展。也就是说，算法的发明者必须对算法如何达成相关的结果作出解释。然而，很多学者认为，人工智能下算法的解释几乎是难以完成的任务。在国际法的语境下如何规制算法也具有特别重要的意义，特别是涉及人工智能武器、人工智能相关的恐怖与网络犯罪信息等相关算法的规制方面。然而，对这些问题国际法学界几无涉及。凯西·奥尼尔（2016）在《算法霸权：数学杀伤性武器的威胁》一书中指出，人工智能背景下的大数据滥用增加了不平等，对民主造成了威胁。托马斯·卡莫洛-普雷姆兹克（2023）在《我，人类：人工智能、自动化以及收复人类独一无二之处的求索之路》一书中指出，人工智能正在有效地"简化"我们的生活，让我们变得愚蠢。传统国际法规则以有意识的人或人的集合体为基础构建，国际责任的承担主体主要是自然人、国家或非国家实体。然而，如何让具有自主意识的人工智能实体承担责任确是国际法领域的新问题。现阶段有学者提出人工智能实体本身不能承担国际责任，应由控制人工智能的实体来承担责任。但也有学者提出，可以在某种程度上赋予人工智能实体一定的独立承担国际责任的能力。与此相对的问题就是，如果人工智能实体可以承担国际责任，其责任的规则与类型如何？另外，传统的国际法规则以规范现实世界人与国家的行为为核心构建，其并不涉及互联网环境下有自主学习能力的人工智能的规范问题。是变革传统国际法规则还是建立全新的与人工智能发展相适用的国际法规则也是值得研究的问题。

法哲学家雷加森斯·西克斯言道："如果法律秩序不代表一种安全的秩序，那么就不是一种法律"。本书将从国际法的视角出发探讨上述人工智能发展给国际法规则与实践带来的挑战与问题，尝试建立规制人工智能发展的多边规则以促进人类文明发展与技术进步。首先，本书将对人工智能技术的发展现状进行分析，特别是其可能给人类带来的负外部效应进行分析，厘清人工智能技术的发展现实与主要问题。其次，本书将对人工智能的规制现状进行分析，探讨各种规制模式的优缺点，尝试探讨建立最优规制模式与路径的可能。最后，本书将探讨建立人工智能国际规制的路径、方法与做法，进而为未来国际社会规制人工智能负外部性提供理论与实践支持。本书研究的重点在于以算法与大数据规制为核心，探讨建立有利于人类文明可持续发展的人工智能规制的国际多边规则。本书的难点在于现行国际法规则都是以现实世界的有意识的人或人的集合体为基础构建，并无涉及互联网环境下的人工智能规制。如何运用现行国际法规则与实践规范人工智能朝着有利于人类福利改善方面发展是本书的难点所在。本书的主要目标是以算法与大数据规制为核心，以人工智能系统风险为基础，建立促进人工智能可持续发展的以人为中心的人工智能多边规则体系。

人工智能国际法规制的基础理论

第一节　定义人工智能

一、人工智能定义

人工智能是当今人们普遍谈论的话题，但何为人工智能各方并无达成共识性意见。人工智能对话的诞生要追溯到艾伦·图灵于 1950 年出版的开创性文章《计算机器与智能》。[1] 在这篇论文中，图灵提出了以下问题："机器能思考吗？"这就是著名的"图灵测试"。在这个测试中，人类询问者试图区分哪些文本响应是计算机做出的、哪些是人类做出的。约翰·麦卡锡认为人工智能是制造智能机器，特别是智能计算机程序的科学和工程。人工智能与使用计算机了解人类智能的类似任务有关，但不局限于生物可观察的方法。[2] 斯图尔特·罗素和彼得·诺维格在共同撰写的《人工智能：现代方法》一书中深入探讨了人工智能的四个潜在目标或定义，提出基于理性、思考和行动来区分计算机系统：

人类方法：

像人类一样思考的系统

---

[1]　See Alan M. Turing, "Computing Machinery and Intelligence", *Mind*, Vol. 49, No. 236., 1950, pp. 433−460.

[2]　John McCarthy, "What is Artificial Intelligence？", at https://www−formal. stanford. edu/jmc/whatisai. pdf，最后访问日期：2023 年 4 月 3 日。

　　像人类一样行动的系统

　　理性方法：

　　理性思考的系统

　　理性行动的系统。[1]

　　也有人认为人工智能系统可以分为两大类型：一是基于推理或代码驱动的人工智能；二是数据驱动或基于学习的人工智能。前者涵盖主要依赖于符号和规则编纂的技术，系统基于这些符号和规则进行"推理"（使用自上而下的方法来设计系统的行为）；而后者涵盖主要依赖于大量数据的技术，在此基础上系统"学习"（使用自下而上的方法来设计系统的行为）。

　　从字面含义讲，人工智能是由人工和智能这两个词组成的，其中人工指的是"人造的"，智能指的是"思维能力"，所以人工智能指的是"人造的思维能力"。

二、"智能"的含义

　　人工智能意义上的智能并非指机器真正拥有人的智能。人工智能意义上的智能一般分为四个层级。第一级人工智能是自动控制。即机器含有自动控制的功能，可以经由感应器侦测外界的温度、湿度、亮度、震动、距离、影像、声音等讯号，经由控制程式自动作出相应的反应，例如：吸尘器、冷气机等。第一级人工智能系统其实只是电脑含有自动控制的程式，程序设计员必须事先把所有可能情况都考虑进去才能写出控制程式，算不上真的智能。第一级人工智能只是执行人类的命令，进行各种重复性工作，并不会思考该命令是否正确。第二级人工智能是指探索、推论、运用知识。即机器可以探索、推论、运用知识，利用算法将输入与输出资料产生关联，可以产生极为大量的输入与输出资料的排列组合。第二级人工智能能够理解人类交代的规则并且作出判断。第三级人工智能是机器学习。即机器可以根据资料学习如何将输入与输出资料产生关联。机器学习是指根据输入的资料由机器自己学习规则，可能的应用包括搜寻引擎、大数据分析等。第三级人工智能可以学习原则并且自行判断。第四级人工智能是深度学习。即机器可以自行学习并且理解机器学习时用以表示资料的特征值，因此又称为特征表达学习。第四级人工智能能够发现规则并且作出判断。第三级（主要是指机器学习）与第

─────────

　　[1]　Stuart Russel, Peter Norvig, *Artificial Intelligence: A Modern Approach*, Pearson, 2021, pp. 21-22.

四级（主要是指深度学习）不容易区分，其实深度学习是由机器学习发展而来，主要的差别在于第三级人工智能处理资料时的特征值必须由人类告诉机器，而第四级人工智能处理资料时的特征值可以由机器自己学习得来。

三、弱人工智能、强人工智能与生成式人工智能

弱人工智能亦称狭义人工智能或人工狭义智能（ANI），是专注于执行特定任务的经过训练的人工智能。强人工智能由人工常规智能（AGI）和人工超级智能（ASI）组成。人工常规智能（AGI）是人工智能的一种理论形式，机器拥有与人类等同的智能：它具有自我意识、能够解决问题、学习和规划未来。人工超级智能（ASI）也称为超级智能，具有超越人类大脑的智力和能力。强人工智能如今仍处于理论探索阶段，还没有实际应用的例子，但我们可以在一些科幻电影中看到超级智能的例子，如科幻电影《2001太空漫游》中的虚拟人工智能角色 HAL。

生成式人工智能（Generative AI）和判别式人工智能（Discriminative AI）是人工智能中两个重要的概念。顾名思义，判别式人工智能需要有标注标签资料以供分辨，我们常以（X，y）来表示有标注标签的资料，X 代表资料本身，y 表示其标签。从分辨区隔手中的标注资料，进而训练筛选出一个好的分类器（Classifier），用于对那些没有标注仅有 X 的资料，预测其标签 y。具体来说，判别式人工智能依据有限的资料分布与其对应的标签找出映射的函数 F（X），用此函数值当成 X 所对应的标签 y。判别式人工智能模型的代表性算法包括支持向量机（SVM）、决策树（Decision Tree）、逻辑回归（Logistic Regression）等。判别式人工智能的学习模式需要依靠大量高品质具有标签的标注资料，这必然提高模型训练成本，进而限制了大型复杂判别式人工智能模型的发展。而生成式人工智能模型与判别式人工智能模型根本的差异在于生成式人工智能模型巧妙地运用大量没有标注标签的资料 X，试图自我生成资料、发掘资料中的信息。由于移除标注资料的限制，借助于强大 GPU 的算力与大量的资料，生成式人工智能得以进行大型的复杂模型训练。生成式人工智能，虽无必要使用有标注标签的资料，但若仍有标注标签的资料合并使用，训练过程中再引入强化学习（Reinforcement Learning）机制，可协助引导模型快速朝向正确实用的方向收敛。而这样的模式，也让通用性的人工智能渐露曙光。生成式人工智能可以创造生成出自然语言、音乐、图像和其他形式的资料。

四、人工智能、机器学习与神经元网络

深度学习和机器学习都是人工智能的子领域，深度学习又是机器学习的一个子领域。深度学习实际上是由神经网络组成的。美国卡内基梅隆大学电脑科学系教授汤姆·米切尔在其著作《机器学习》中提到，若一个电脑程序能在执行任务 T（Task）时，透过执行的经验 E（Experience）而使其表现 P（Performance）有所成长，我们称这个电脑程序具有学习的能力。其实人类的学习过程也是一样。当我们学习一个技能时，我们通过不断的练习让技巧更上一层楼。因此，达到机器学习的其中一个方法是模仿大脑的运作。这种机器学习法被称为人工神经网络。大脑内的神经网络主要由神经元和突触组成。神经元具有层级性，层级间的神经元靠不同强度的键结连结。当我们看到一块又白又绿的东西，视网膜上的感光细胞将电讯号传给视神经，经过周围神经系统，最后传入中枢神经，由大脑来判断这是何物。同样，人工神经网络由多层神经元互相连结而成。如处理手写数字辨识的人工神经网络结构就分为三个层级。第一个层级是输入层，1 个神经元对应到 1 个照片像素，共 784 个神经元。第二个层级是隐藏层，这个层级夹在输入和输出中间不和外界作沟通，而只是将输入层神经元的讯号整理出 15 个特征。第三个层级是输出层，共有 10 个神经元，分别代表阿拉伯数字 0 到 9。当我们将一张照片放到输入层，神经元们会通过彼此的键结一层一层传下去。到了输出层中，讯号最强的那个神经元即是照片中的数字。在这个例子中，输入层就像是视神经元，而输出层就像大脑。深度学习中的"深度"指的是由三层以上的神经网络组成，包括输入和输出，可以被认为是一种深度学习算法。深度学习和机器学习的不同之处在于每个算法的学习方式。深度学习可以自动执行过程中的大部分特征提取，消除某些必需的人工干预，并能够使用更大的数据集。我们可将深度学习视为"可扩展的机器学习"。经典的或"非深度"的机器学习更依赖于人类的干预进行学习。人类专家确定特征的层次结构，以了解数据输入之间的差异，通常需要更多结构化数据以用于学习。也许你已经发现，这个神经网路最关键的地方在于找出神经元间的连结，而这正是机器学习发挥功用的地方。第一，我们给每一个连结一个 0 到 1 之间的数值，代表它连接的两个神经元间的键结强度。0 是完全分开；1 是完全相连。第二，我

们搜集大量的手写数字（例如一万张手写照片）。第三，我们一点一点地改变各连结的强度，最终会找出一组连结强度使神经网络能从这一万张照片辨识出最多正确的数字。通过这三个步骤我们完成了一个准确率能高达96%以上的人工神经网络。在这个例子中，辨认出照片的数字是它的任务T，而正确率是P。神经元观看一万张照片（E）时不断调整神经网络连结，使得正确率P提高。依照前段定义，这确确实实是一种机器学习法。

传统算法在处理一样的问题时，必须先透过逻辑思考分析各个数字的特征，再通过复杂的影像处理得到照片中的特征并依此决定数字。相较之下，人工神经网络的算法不需要分析数字的形状。我们只要给电脑够多的资料，它会自动从中学习最好的神经网络连接方式并找出各个数字的特征，大大简化了程序设计的过程。再者，寻找神经元连接方式的过程中，电脑几乎搜寻所有的可能性，找到纯靠逻辑思考难以想到的特征，提高辨识率。此外，这个算法其实跟数字一点关系都没有。如果今天我们想要改作注音符号辨识，除了改变神经元数目之外，基本上不用对算法作更改。相较于只能辨识数字的传统算法，人工神经网络更具有普遍性。

这个方法当然也有缺点。十万个连结若每一个连结都要尝试一百个数值以找出最佳解的话，总共要做一千万次神经元间的运算。幸运的是，有许多科学家致力于加速这个过程，让它在现实应用中变得可行。除此之外，这个大量的运算只有在寻找神经元连结时需要被做一次，在应用中我们只需把之前算好的数值拿来用就可以了。

深度机器学习则可以利用标签化数据集，也称为监督式学习，来确定算法，但不一定必须使用标签化数据集。它能以原始格式（例如文本、图像）采集非结构化数据，并且可以自动确定区分不同类别数据的特征的层次结构。与机器学习不同，它不需要人工干预数据的处理，使我们能够以更有趣的方式扩展机器学习。

五、人工智能意识及其本质

通向AGI和ASI的道路以及人工智能本体随后向更大自主性和智能的发展必然引发人们对人工智能意识问题的讨论。当人工智能实体得出"我思故我在"的结论时，我们是否会达到开创性的时刻？这样的意识会是人类意识的复制品还是会有根本的不同？除了上述问题外，随着人工智能驱动的意识或至少是智能将开始与人类意识联系或融合，还会出现更多问题，从而提出谁是我们面前的智能生物，甚至什么是智能生物的问题。意识的概念是最复杂的科学问题之一，它是生命中令人费解且不可预测的组成部分。[1]当投射到人工智能上时，情况会变得更加复杂，由于人工智能的"黑箱"效应，它模糊了我们对人工智能意识是否存在以及意识的理解。

只要意识仍然是人类的特权，我们的识别方式或多或少就是"当我们看到它时我们就知道它"。尽管这种方法仍然很流行，但已经部分动摇了。胚胎有意识吗？那么动物呢？还有，昏迷者的意识是什么？更进一步，为什么我们需要意识，也就是说，为什么我们在处理信息时需要从内部以某种方式感受？如果这些对于人工智能来说都是难题（事实上确实如此），那么事情就会变得更加复杂：即使我们看到它，我们是否确定它确实存在？当被创造和训练来模仿的机器证明意识的外在表现时，我们可以相信吗？表现出意识特征的人工智能是有意识的还是仅仅模仿人类的行为？

一个可能的答案是，既然大脑是意识的来源，那么人工智能对大脑的建模也可以复制意识。部分科学界人士认为人工智能无法复制意识，因为人类意识具有人工智能所缺少的特征：情感、意向性、兴趣和自由意志。但是，尽管人工智能仍然缺乏这些以及其他特征，但为什么未来也必然如此呢？对于智力和意识来说，沟通能力、自我意识、周围世界的外部知识、设定目标的能力、基于内部评估改变外部行为的能力都被认为是基础。自我意识可能是其中最重要的。当人工智能实体被赋予自我意识（即意识到自己独特的存在）时，迈向更高水平的自主性和意识将是显而易见的。

有意识的人工智能的出现并不一定会带来与人类相同的智力。相反，假设智力实体的类型和倾向是高度推测性的，对于智力实体来说，物理世界、"自我"和周围环境的概念可能本质上是不同的。例如，人类智能的固有部分不仅仅是计算能力，还包括知觉、智慧、人性等一些不太明确定义的"本质"和情感。人工智能有可能分享这种类型的智力吗？如果不这样做，会有什么后果？如果答案是肯定的，它们会是什么样子？一个潜在的后果可能是，ASI

---

〔1〕 Daniel C. Dennett, *Brainstorms: Philosophical Essays on Mind and Psychology*, MIT Press, 2017, pp. 149-150.

永远不会以某种方式与人类智能相似，即由相似的成分组成，但本质上是外星人对人类类型的意识。尽管尝试和思考后是一个疯狂的猜测，但可以合理地假设人工智能的这种进化将导致人类和人工智能之间存在本体论和存在论上的差距。没有同理心的高级智力或者无法将自己与世界其他地方区分开来的智力，可能会被引导去试图以自己的智力模式吸收所有其他物种。

第二节　人工智能技术发展现状

人工智能系统能力由算力、数据和算法进步所推动。人工智能领域过去70 年的进步主要是研究人员通过使用更多数据，算法改进以及更强的计算处理能力（通常称为"计算"）来实现。算法、算力与数据三要素是过去人工智能发展的核心三要素。从下表 1-1 可以看出，随着人工智能技术的快速发展与迭代，人工智能在许多领域的表现都优异于人类，特别是在图像识别、阅读理解，语言理解方面都远远超越了人的能力。

表 1-1：基准测试中人工智能与人类表现对比

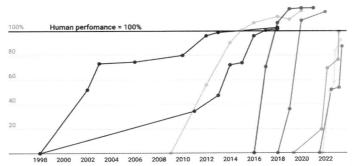

来源：Will Henshall, 4 Charts That Show Why AI Progress Is Unlikely to Slow Down, available at https: //time. com/6300942/ai-progress-charts/

训练人工智能系统需要昂贵的专用芯片。人工智能开发人员要么构建自己的计算基础设施，要么向云计算提供商付费以访问他们的计算基础设施。从下表 1-2 可以看出，2010 年之前，人工智能所需的算力每 20 个月增加一倍，但 2010 年后，算力每 6 个月就增加一倍。同时，训练人工智能所需的算力也成倍增加。OpenAI 首席执行官 Sam Altman 表示，GPT-4 的训练成本超过 1 亿美元。从某种意义上讲，现今的人工智能发展不再仅仅是技术本身的竞争，其更多的是金钱的竞争。

表 1-2：训练一些人工智能知名模型所需算力

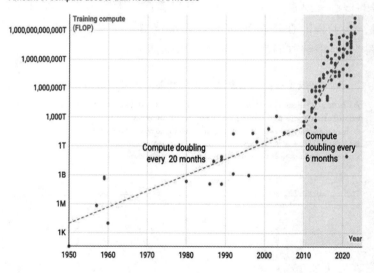

来源：Will Henshall, 4 Charts That Show Why AI Progress Is Unlikely to Slow Down, available at https://time. com/6300942/ai-progress-charts/

人工智能系统的工作原理是建立训练数据中变量之间关系的模型。一般来说，更多的数据点意味着人工智能系统拥有更多的信息来建立数据中变量之间关系的准确模型，从而提高性能。从表 1-3 可以看出，自从 2000 年以来，训练人工智能所需的数据量呈现大规模增加的趋势，有些人工智能模型训练所需的训练数据集超过 1T。

表 1-3：训练人工智能知名模型所需数据量

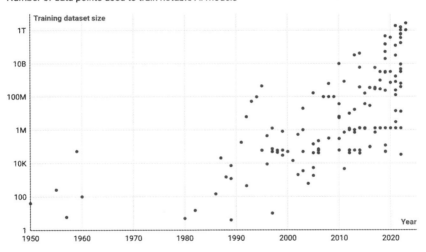

The number of data points used to train AI models has increased dramatically over the last seventy years

Number of data points used to train notable AI models

Training data size refers to the amount or quantity of data that is used to train an AI model, indicating the number of examples or instances available for the model to learn from. Each domain has a specific data point input unit, such as images to train vision models, words for language models and timesteps for games models. This means systems can only be compared directly within the same domain.

Chart: Will Henshall for TIME · Source: Epoch via Our World in Data　　　TIME

来源：Will Henshall, 4 Charts That Show Why AI Progress Is Unlikely to Slow Down, available at https://time.com/6300942/ai-progress-charts/

算法（定义要执行的操作序列的规则或指令集）决定人工智能系统如何准确地使用计算能力来对给定数据中的变量之间的关系进行建模。除了使用越来越多的计算量来简单地训练人工智能系统以获取更多数据外，人工智能开发人员还一直在寻找从更少的资源中获得更多收益的方法。从下表 1-4 可以看出，对于同样在万亿数据点训练的模型，2021 年所需的算力比 2012 年少

16 500 倍。也就是说，算法模型本身的提升对于人工智能发展至关重要。

表 1-4：在图像识别测试中 80.9% 准确率所需的算力和数据数量

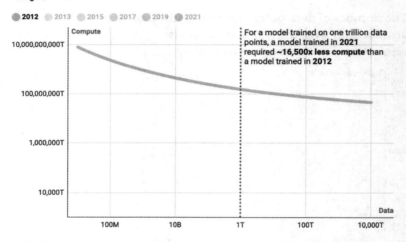

Algorithmic progress means that less compute and data are required to achieve a given level of performance

Amount of compute and number of data points required to achieve 80.9% accuracy on an image recognition test

● 2012　● 2013　● 2015　● 2017　● 2019　● 2021

For a model trained on one trillion data points, a model trained in **2021** required **~16,500x less compute** than a model trained in **2012**

ResNeXt-101 computer vision system on the ImageNet benchmark. Compute is measured in FLOPs (floating-point operations). Data is measured in the number of images in the training set.
Chart: Will Henshall for TIME · Source: Epoch

来源：Will Henshall, 4 Charts That Show Why AI Progress Is Unlikely to Slow Down, available at https://time.com/6300942/ai-progress-charts/

一些专家预计人工智能至少在未来几年将继续以惊人的速度发展。随着公司花费更多的钱并且底层技术变得更便宜，算力将继续增加。互联网上剩余的有用数据将用于训练人工智能模型，研究人员将继续寻找训练和运行人工智能系统的方法。人工智能的发展前景无法估量，但可以确定的是人工智能的发展步伐不会停歇。

第三节　人工智能利用现状

人工智能技术现正成为各国大力发展的技术领域，与人工智能相关的应用正成为各国经济发展的核心驱动力。据估计，到 2030 年，人工智能将为全球经济贡献 10 至 15 万亿美元。[1]ChatGPT 在短短两个月内就拥有了 1 亿用户。人工智能市场涵盖众多行业，从教育、医疗卫生、就业到供应链、营销、产品制造、研究、分析等各个领域。在这个所谓的第四次工业革命时代，通过物联网、智能传感器和其他数据收集和处理设备，人工智能的应用被不断开发，与人工智能相关的商品和服务不断涌现。不仅是新的商品和服务，现有的商品和服务也通过人工智能和物联网的采用找到了新的运用领域。无人机、自动驾驶汽车、多功能家电等新型人工智能产品正在成为市场的流行产品，预计它们将很快逐渐成为全球贸易的主要产品。与此同时，这些新产品和服务的出现正在极大地改变我们日常生活的形式和模式。这些商品和服务结合人工智能和物联网，为用户和消费者创造了新的角色。产品与服务交织在一起，服务嵌入产品中，然后通过数字化方式提供。基于人工智能数据处理程序的无人机包裹投递服务已经进入市场。自动驾驶汽车通过连接到不同的数据库和处理器，不再是一种简单的运输工具，而是作为移动办公室或车内人员舒适的休息空间。基于物联网的家用电器不再仅仅执行某些指定的常规功能，而是向用户提供各种类型的信息。即使在服装行业，物联网的应用也正在带来创新性的变化。新型智能服装产品可以响应人类活动、获取生物健康数据和识别周围环境条件。

　　在当前正在发生的第四次工业革命时代，消费者的偏好和需求将以各种方式形成和表达，技术也将不断发展以跟上它们的步伐。因此，预计随着我们的前进，目前不存在的新概念、新类型的商品和服务可能会出现。新的商品和服务将带来另一组更新的商品和服务。例如，建立超出当前范围和能力的新信息和通信网络将有助于克服速度、数量和容量方面的技术限制。这种改进可能会随着新一代半导体的开发而出现。在新网络达到的新水平上，物联网的利用可能会比现在更加集约化和升级，这将导致新产品开发。这些基于物联网的新商品的出现反过来将带来新的服务，而这些新服务将促进新商品的实验和开发，形成了所谓的"数字良性循环"。这个新循环的核心是人工

---

[1]　"Secretary-General's remarks to the Security Council on Artificial Intelligence", at https://www.un.org/sg/en/content/sg/speeches/2023-07-18/secretary-generals-remarks-the-security-council-artificial-intelligence，最后访问日期：2024 年 3 月 1 日。

智能。

聊天机器人、图像生成人工智能和移动应用程序都是未来几年人工智能发展的主要趋势。例如，谷歌的预测搜索算法分析了过去的用户数据，以预测用户会在搜索字段中输入什么文本。Netflix 利用之前的用户数据来建议用户接下来应该观看什么电影，让他们对平台着迷并增加观看时长。Facebook 使用历史用户数据，根据照片中的面部特征自动为用户的朋友推荐标签。

一、人工智能运用的主要领域

人工智能在当今社会以多种方式得到应用，在当今世界变得越来越重要，因为其可以有效地处理各个领域的复杂问题，包括医疗健康、电子商务、机器人技术、金融服务、人脸识别、营销、社交媒体。

（一）医疗健康

许多企业和医疗机构正在利用人工智能来拯救我们的生命。医疗保健领域的人工智能如何使世界各地的患者受益的例子有很多。为了减少人为错误并提高生产力，人工智能系统正在协助医疗企业的日常管理活动，例如安排会议和维护有组织的文件系统。自然语言处理用于转录医疗记录并帮助整理患者信息，以便临床医生更轻松地阅读。借助计算机视觉和卷积神经网络，人工智能现在可以解释核磁共振扫描，以比放射科医生快十倍的速度检查肿瘤和其他有害生长，并且误差范围更小。机器人手术的误差范围非常小，可以每周 7 天、每天 24 小时进行手术而不会感到疲劳。与以前的手术相比，它们的侵入性较小，因为它们的工作精度很高，这有利于减少患者在医院的康复时间。一个人的健康状况可由不同级别的生命统计数据进行诊断。随着可穿戴设备变得越来越主流，这些数据可以被分析并转化为有意义的有关个人健康的数据。这些数据可以用于挽救人的生命，因为有些身体指标甚至能够在患者意识到之前预测健康变化。

（二）电子商务

人工智能正在赋予电子商务行业竞争优势。购物者可以使用人工智能技术来查找他们喜欢的尺寸、颜色或品牌。人工智能可被用于推荐引擎开发，帮助电子商务行业更有效地与终端客户互动。人工智能推荐基于用户之前的浏览行为、偏好和兴趣，它有助于改善消费者互动以及品牌忠诚度。虚拟购物助手和聊天机器人有助于增强在线购买体验。自然语言处理技术可以使对话听起来更加人性化和个性化。此外，这些助手可以与消费者实时互动。电子商务企业面临的两个最严重的困难是信用卡欺诈和欺诈性评论。通过评估使用趋势，人工智能技术可以帮助降低信用卡欺诈风险。人工智能还可以帮助检测和处理欺诈性虚假评论。

（三）机器人技术

在人工智能成为现实之前，机器人领域就已经取得了进展。人工智能目前正在协助机器人技术开发更高效的机器人。支持人工智能的机器人已在各种行业中得到应用，特别是在制造和包装行业。人工智能为机器人提供计算机视觉，使它们能够正确导航、感知和作出反应。机器学习是计算机编程和人工智能的一部分，是机器人学习完成人类任务的方式。人形机器人是人工智能在机器人领域的最好例子。最近出现的智能人形机器人可以像人类一样说话和行动。

（四）金融服务

人工智能正在改变我们在金融领域处理资金的方式。从信贷决策到量化交易、金融风险管理，人工智能正在协助金融行业简化和优化流程。人工智能技术提供风险评估、欺诈检测和管理、财务咨询服务以及金融自动交易等功能。个人理财中的人工智能、消费金融中的人工智能、企业财务中的人工智能是人工智能在金融服务领域使用的典型场景。

（五）人脸识别

人脸识别是人工智能的一种应用，专注于学习和识别模式，从而实现快速高效输出。面部识别是一种将个人的面部特征映射并存储为面部指纹的技术。为了验证身份，该软件使用深度学习技术将实时拍摄的图像与存储的面部指纹进行比较。该技术的支柱是图像处理和机器学习。现今，人脸识别广泛运用于机场、犯罪侦查、人脸跟踪、取证等众多安全领域。面部生物识别技术比其他生物识别技术（例如掌纹、虹膜、指纹等）的干扰性小。因此，当拍摄照片并注册面部识别时，手机会学习面部识别算法，下次在不输入密码的情况下登录时，手机将仅凭面部识别自行解锁。除了智能手机之外，面部识别还用于机场、办公室和其他公共场所的安全和隐私保护。

（六）营销

人工智能应用也广泛应用于电子商务营销。人工智能营销根据数据收集、分析以及对可能影响营销工作的受众或经济模式的进一步观察来做出自动决策。人工智能经常用于强调速度的营销活动。人工智能系统学习如何根据数据和客户档案有效地与客户互动，然后在完美的时间向他们提供个性化消息，而无需营销团队干预，从而确保最佳生产力。通过使用行为分析、模式识别和其他人工智能工具，营销人员可以提供高度针对性和个性化的广告。它还有助于在适当的时间重新定位观众，确保取得更好的成果并减少不信任和沮丧的情绪。人工智能可以收集和跟踪实时战术数据，使营销人员能够立即作出决策，而不是等到营销活动结束。他们可能会根据数据驱动的报告来决定下一步该做什么，从而作出更好、更客观的决策。

（七）社交媒体

社交网络公司使用人工智能来分析大量数据，以确定趋势、不同的主题标签和模式。这些研究有助于理解用户行为。人工智能可以使用各种技术监控非结构化用户评论，以提供量身定制的体验并检测危机。人工智能技术还可以通过评估各种活动和人口统计数据来帮助内容创建。在 Instagram 上，人工智能会通过用户兴趣和关注的帐户来选择哪些帖子显示在用户的"探索"选项中。Facebook 正在采用人工智能以及一种称为 DeepText 的技术，该技术更好地解读用户讨论，它还可用于自动翻译语言之间的帖子。X. com 公司使用人工智能进行欺诈检测、宣传删除和恶性内容删除。X. com 公司还使用人工智能根据用户参与的推文类型向用户推荐推文。

除上述领域外，人工智能几乎渗透人们政治、经济与文化生活的各个领域。毫不夸张地说，我们已经进入了人工智能时代，人工智能真正成为我们生活的一部分，完全融入了我们的生活，操控了我们的生活模式与行为方式，对我们生活带来了全方位的影响。

二、各国人工智能技术运用现状

（一）人工智能技术运用的不均衡

美国是现今全球人工智能利用的领先国，在人工智能技术发展以及运用方面处于优势地位，是现今人工智能技术与运用的全球领先者，在引领人工智能技术研究、运用方面处于绝对领先的地位。中国与欧盟是人工智能技术发展的第二梯队。中国虽然在人工智能技术开发方面落后于美国，但在人工智能的基础性支撑资源如数据、基础设施等方面具有一定的优势。在具体运用场景方面，中国更具有创新性与活力。可以这样说，中国在人工智能技术创新性运用方面处于世界的前列。欧盟虽然在人工智能技术方面具有一定的领先性，但基于其严格的人工智能运用限制措施，欧盟在人工智能运用方面较为保守，缺乏创新活力。非洲、美洲等地区的国家虽然在人工智能运用方面有一定的实践，但其运用的广度与深度与中美欧之间存在着巨大差距。

（二）运用领域与理念存在差异

人工智能技术本身是具有中立性的技术方案。但人工智能运用领域的选择体现了各国政治、经济、文化的巨大差异。从现今的全球人工智能实践看，对于涉及个人权利保障，如个人信息保障、隐私保护、安全保障领域的人工智能运用，欧盟一般采取较为严格的监管态度，对可能侵犯个人权利的人工智能运用采取较为严苛的态度。这与欧洲保守主义文化传统注重个人权利保障密切相关。美国作为全球市场经济的领导者，在涉及人工智能运用时更多采用的是基于市场驱动的监管模式，其主要目的是希望通过市场之手解决人工智能发展面临的问题，因而，在人工智能的运用领域方面，美国更多采取的是一种较为放任的态度，希望通过市场方式来解决人工智能所引发的对个人权利损害问题。中国在人工智能运用领域方面采取了与美国基本相同的做法，基本不限制人工智能具体运用场景。在大力发展数字经济的背景下，中国更是鼓励企业在人工智能运用领域的探索。但与美国不同的是，中国虽然鼓励在人工智能具体场景的运用，但中国在人工智能监管方面非常重视人工智能发展对于国家主权、国家经济、政治、文化安全的影响，其监管的核心与重点是人工智能技术所引发的主权与安全问题。中国在规制人工智能技术的运用时也非常注重个人权利的保障，但基于中国社会特别是一般公众对于个人权益的重视还不够，中国企业在人工智能具体运用中损害个人权利的现象还较为常见，随意收集与处理个人信息，损害个人权益的现象比较普遍。这虽然有利于人工智能技术的运用与发展，但其也可能给个体、社会带来不利影响。

第四节　人工智能技术的主要争议

一、争议的主要问题

与大多数技术一样，人工智能是一把双刃剑，它带来巨大好处的同时也伴随着严重风险和副作用。人工智能最显著的优势在于其强大的分析能力。人工智能技术可以以极高的速度和前所未有的精度处理大量数据，作出更好的预测和决策，从而提高其应用领域的效率和生产力。然而，由于人工智能作为一种人造机器或系统，其必然产生各种错误与问题，因而，需要谨慎对待可能存在的风险和副作用。一方面，人工智能的一些风险和副作用源于技术错误和故障。随着相关技术的改进，这些问题可以得到解决，或者至少逐步得到改善。另一方面，人工智能驱动的人类社会本身也存在结构性的风险和副作用。试想劳动力市场的混乱、劳动力的流离失所、大规模监控、侵犯隐私以及国际社会南北分歧的加剧等。此外，在决策过程中加入人工智能因素会使根据国内法或国际法确定法律责任变得复杂。随着国际社会迈向人工智能驱动的社会，这些风险和副作用应该得到足够的关注。

随着人工智能在社会中发挥越来越大的作用，第二类结构性问题将变得越来越突出。一方面是如果在选拔过程中统一使用自动筛选流程，并通过人工智能实现准确的数据集，那么我们可以期待稳定的结果。然而，另一方面则是数据集本身嵌入的歧视与偏见。如果我们用社会上存在结构性歧视的数据来训练人工智能机器，那么最终的结果也会受到歧视性的影响。从某种意义上说，这种背景下的人工智能是底层人类社会或人类判断的一面镜子。因此，问题不在于如何实现进一步的技术改进，而在于如何对人工智能机器和系统进行编程以实现预定目标。换句话说，人为因素仍然存在，并且仍然是人工智能决策过程中的关键组成部分。人和实体作出的决策反过来构成了一个新的数据集，可供未来的人工智能机器和系统学习。任何使用人工智能机器和系统在人类社会数据集上运行的决策都可以说是人工智能与人类的"混合"或"联合"决策。当我们面临一旦出现问题谁该负责的问题时，混合决策过程就标志着一个固有的挑战。如上所述，即使人工智能能够无缝运行，因为它最初的编程不受任何人类社会造成的污染，也可能存在其他结构性问题。由于人工智能和第四次工业革命将为我们的社会带来前所未有的变化，与现有社会结构和框架的冲突似乎不可避免。一个例子是就业问题。当自动化在更多部门和更多任务中取代人力时，失业率就会飙升。在人工智能社会中，一些人的即时收益可能意味着另一些人的即时损失。不断扩大的分裂可能会导致社会和政治动荡。如何实现人工智能的整体收益的分配正义是目前悬而未决的问题。在下一部分中，我们将更详细地研究人工智能的好处以及对风险和副作用的担忧，以了解围绕人工智能利弊正在进行的争论。

二、人工智能的益处

　　人工智能的好处是广泛且明确的，它有助于代替人类完成繁重的工作，减少劳动时间，提高工作效率。对于商业领域的参与者来说，在制定未来商业策略方面，没有人能与人工智能相媲美。迫于预算限制和劳动力减少的压力，公共部门也将人工智能视为最后的手段。各国政府机构对人工智能的广泛应用和利用，都是基于对人工智能有助于加速行政服务、节约成本和效率的期望。随着人工智能技术和自动化的进步，这样的期望大多已经实现。

　　随着能源成为国民经济的热点话题，气候变化政策成为国家重要议程，不少国家政府开始关注人工智能技术，以提升相关行业供需双方的能源效率。人工智能技术有助于绘制地下资源的位置、规模和价值。人工智能还应用于风能和太阳能发电场的设计和运营，以增加可再生能源的产量。此外，人工智能还可以更有效地利用能源。这些能源项目可能有助于降低碳排放。人工智能使得在这些方面探索新的方案成为可能，例如绿色能源购买积分、能源购买决策调整、稳定电力供应和消费者需求调节等。如果气候变化需要紧急响应，而响应又需要有效利用能源，那么除了创造未来新能源之外，人工智能似乎是唯一的解决方案。凭借准确的数据集和公平的负担分担建议，人工智能还可以减轻国内利益集团的抱怨，这些利益集团可能会受到气候变化政策的负面影响。总的来说，在碳减排政策方面，人工智能可以帮助确保各国政府更好地调整和适应战略。一些政府已经在利用人工智能技术来促进气候变化。人工智能技术不仅仅局限于脱碳领域，其他环境问题也得到了人工智能的帮助。一些国家正在开发和部署传感器网络，以监测目标区域的生态系统和生物多样性的变化，这一切都通过人工智能技术的引入而成为可能。此外，一些国家正在创建数字平台来收集和分析野生动物物种分布、森林条件和天气变化。环境保护，无论具体的议题如何，都非常需要科学知识和分析，人工智能发挥着至关重要的作用，并将在未来继续发挥作用。

不可否认，有些人甚至认为人工智能的判断和决策比人类更准确。当然，人工智能决策的准确性取决于人类开发人员对人工智能技术和系统的事先编程。假设编程部分和软件组件完美执行，并且不发生技术或机械错误，人工智能作出的判断和决策可能比人类操作员作出的判断和决策更准确。这一趋势意味着在不久的将来人工智能可能会扩展到越来越多的决策岗位，从而对广泛的政府事务进行审查和判断。根据人工智能扮演的角色，它可以被称为"机器人监管者""机器人法官""机器人仲裁者""机器人调解者""机器人评估者"等。通过正确的编程和操作，人工智能决策者可以减少人为错误，提高工作效率并确保分析准确性。这些当然是人工智能应用和利用的直接好处。

综上，人工智能技术的主要优点如下：

一是高精确度且可减少人为失误。人类很可能会在繁琐和单调的任务中犯错，但如果编程正确，电脑就可避免这种错误。人工智能模型通过对汇编的资料应用演算法进行预测，从而减少错误，提高准确度。

二是实现重复性任务自动化。人工智能可使不同领域的常规单调任务自动化，如资料收集和输入、电子邮件回复等客户支援项目，或工厂作业中如视觉检查、软件测试等操作，可以减少人力所耗费的时间。

三是轻松处理大数据。人工智能可在非常短的时间内处理和理解大数据，它可以快速获取资料并提取相关数据进行分析，并且还可通过解释和转换进一步处理这些数据。

四是更快速作出决策。企业总是热衷于更快速的决策，以应对当今快速变动的市场。人工智能与各种技术结合，使机器能够带来综合资讯和预测，以协助更快的决策，有助于提升公司营运效率。

五是数字服务助手服务。聊天机器人可以大大减少应对常规和简单客户查询的客服人员需求。聊天机器人可以与客户进行互动，并根据需求提供相关资讯。

六是降低风险。人工智能应用上一个非常显著的优势是在高风险工作场所。人工智能系统可以最大限度地降低人类在如煤矿开采、海洋探勘、协助救援行动等这类任务中的风险。

七是模式判别。人工智能在发现文字、数字或图像中的模式上优于人类的才能。人工智能可以有效地发现资料集中的趋势和模式，因此，可以更快地产生更准确的预测。

八是改善过程和工作流程。企业都在努力寻找更有效率的工作方法，以提高生产力并增加收入，这其中的一个重要部分包含开发更好的工作流程。通过人工智能设计工作流程，能减少人为错误和修改情形的发生，也许可以实现更高的效率。

九是二十四小时可用不会疲劳。与人类不同，人工智能可以无限期工作不用休息或休假。机器可以比人类思考得更快，并同时执行多项任务，同时给出准确的结果。

十是提高决策的准确性。人工智能参与决策最大的优势可能是减少了决策的主观性，通过技术赋予的判断逻辑，人工智能技术消除了决策中的噪声，有利于提高决策的效率与准确性。

三、人工智能技术的风险与负效应

与任何创新技术一样，人工智能也并非完美无缺。除人工智能技术自身会产生错误外，人为错误是另一个值得关注的问题。正如古老格言所说，"人都会犯错"。即使机器和系统设计完美，人类也会不可避免地犯错误。人工智能系统也不例外。这两类问题比较常见，在现行的规制框架下似乎也能容易找到答案。但另一个需要应对的问题是那些本质上是结构性和系统性的问题。这意味着，即使人工智能完全按照预期应用和利用，没有任何错误，其所带来的挑战也将冲击我们现有社会和国家结构的核心。机器取代人类、数据驱动的经济活动、大规模监控网络是这方面最好的例子。人工智能改变了企业开展活动的方式、人们相互交流的方式、个人追求个人目标的方式，以及政府行使其监管权力的方式，同时也改变了国家与其他国家互动的方式。因此，国内和国际层面的结构性后果正在显现。

在人工智能时代的这个关头，国际社会的重要任务是识别这些结构性风险和副作用（即不滥用或误用人工智能），并探索未来避免或减少这些风险和副作用的方法。之前疫情的暴发和蔓延加速了人们对这些问题的认识。COVID-19 紧急情况迫使政府转向人工智能技术来控制病毒和管理社会扰乱。在冠状病毒大流行期间，英国政府设计了一种算法，可以根据学生之前的考试成绩和学校数据"预测"学生的表现，因为许多中小学的期末考试因大流行而不得不取消。尽管该算法成功地预测了结果并产生了相当可靠的分数，但对该决定的批评仍然存在，因为它与考试的具体情况不相符，即使对于同一名考生，分数也可能会有所不同。也许考试制度始于这样一种观念：选择或评估过程应该独立于以前的学术记录进行。事实上，这种基于过去记录的预测与影响个体的决策必须主要基于个体化因素的原则相矛盾。

人工智能就像任何其他统计模型或计算机程序一样，并不是万无一失的。如上所述，技术或人为错误可能总是会发生，这可能会扭曲结果。如果出现这样的错误，预测的考试成绩和后续评分可能不准确，"另类"考试系统的整个目的就会失败。因此，整个讨论和批评的前提是这种错误从一开始就没有发生。即便如此，结构性问题确实出现了（即使用人工智能分析之前的记录并预测未来的分数）并引起我们的仔细思考。这种基于记录的预测方案可能会对私营和公共部门实施的各种评估过程产生重大影响。在大学录取流程、招聘流程、银行融资流程、移民流程和建筑许可审批流程中考虑类似的方案。如果其应用范围扩大到医疗、刑事诉讼等更为敏感的领域，将会引发尖锐的社会争议。人工智能辅助的自动化决策将对个人的生活产生重大影响，需要对风险和收益进行全面仔细的权衡分析。特别是，在这些预测方案中考虑异常值的影响非常重要。由于各种原因，每个数据集都包含一些异常值。这些异常值可能会对预测产生显著影响，从而可能会扭曲最终结果。个人表现可能会因这些异常值的方差谱而被降级或升级。例如，英国政府设计的算法显著降低了历史上表现不佳学校的高成就学生的分数。最有可能的是，这些表现优异的学生的分数可能会被打折扣。因此，通过压力测试和黑天鹅建模等技术来限制异常值的影响在基于人工智能的评估中非常重要。随着技术和统计的进一步改进，人工智能技术和系统在依赖统计方面可能出现的错误和固有局限性可能会被克服。

由于人工智能技术的发展，现有社会框架和经济体系面临的压力越来越大。劳动力市场的混乱已经以多种不同的形式发生。基于人工智能的技术、机器和系统预计不仅会取代低技能工人（如出租车司机），还会取代高技能工人或专业人员（如医生、会计师或律师）。劳动力市场的很大一部分已经被基于人工智能或人工智能相关的劳动力或机器占据。有时，这些劳动力市场的变化会伴随着其他社会政策的变化。例如，自 2017 年以来，韩国的最低工资迅速提高，许多企业决定转向自动化来取代工人。虽然政府提高最低工资显然是为了更好地保护工人，但该政策导致失业率上升，部分原因是人工智能的快速发展。

对人工智能的另一个日益增长的担忧是数据拥有者的强大权力以及他们滥用权力的持续可能性。谁掌握了数据，谁就掌握了数字经济的主导权。政府与私营公司意识到了数据的实用性和重要性，用大量投资收集和处理消费者和行业数据。由于个人信息是私人和公共实体最有价值的数据集之一，隐私侵权最近成为一个热点问题。多个国家与地区出台了保护隐私的国内法律法规，多个多边条约正在尝试解决隐私问题，例如自由贸易协定的电子商务章节或独立的数字经济合作伙伴协议，其中包括跨境数据自由流动的例外情况（包括隐私保护）和禁止服务器本地化要求等。之前的 COVID-19 大流行再次将隐私问题凸显出来，跟踪、监控和发布个人的位置信息已被广泛采用。诚然，新冠疫情的前所未有的情景可能需要采取非常措施来收集和处理个人信息，但这一经验生动地证明了处理个人信息的效力和危险。换句话说，比竞争对手更快地收集数据并收集更好的数据的能力，在激烈的市场竞争中具有决定性的优势。因此，隐私保护和数据完整性保证是数字经济的标志，也暴露了数据的脆弱性。

那么，我们应该如何解决隐私问题呢？问题归根结底是如何在数据利用和个人信息保护之间找到平衡。前者是数字经济的重要组成部分，后者则源于基本人权。应该在两个相互竞争的目标之间找到一个平衡点。事实上，"平衡"是一个棘手的话题。不同的国家有不同的做法和观点。一方面，美国传统上倾向于更自由的数据利用，而欧盟则采取更为谨慎的立场。他们的立场在各自的国内立法中得到了很好的体现。另一方面，中国和俄罗斯采取了更具保护性的做法，原则上禁止将数据传输出各自的管辖范围。许多国家都在密切关注这一监管发展，考虑不同的方法，并试图提出自己的方案。韩国，由于隐私和个人信息日益敏感，公众要求构建更严格法律框架的呼声越来越高。该国的立法机构国民议会组织了一个特别工作组委员会（特别委员会）。该委员会的最终报告包含有关收集和使用个人信息领域的立法建议，包括适当的数据保护措施。该委员会还建议对违规行为进行严厉处罚，以确保未来立法的有效性。

人工智能也会在国际层面造成破坏。一些人认为，基于人工智能的武器部署成本足够低，足以让非国家行为体寻求路径，改变关于战争或冲突中国家和非国家行为体之间权力不平衡不对称的传统思维方式。从某种意义上说，随着人工智能武器系统的引入，战争的成本可能降低发动战争的可能性将提高，这确实是一个令人担忧的情况。网络攻击甚至已成为主权国家之间新冲突的一种形式。较小的国家发现网络战在与较大国家的对抗中更具吸引力。较大的国家也由于其低强度和无形的性质而转向网络战。未来，虚拟战场有可能成为军事冲突的爆发点，从传播虚假信息到利用恶意代码瘫痪军事控制系统。人工智能快速引入的另一个重大风险和副作用是南北分歧可能加深。技术、机器和系统的快速创新定义了未来全球商业和监管活动的格局。凭借已经建立的信息通信技术基础设施和可行的信息通信技术企业，发达国家可能在引领国际社会新格局方面享有竞争优势。他们拥有人力、技术和财力，能够以更大的活力投入参与新的数字体制。发达国家凭借其稳定的法律基础设施和专业知识也可以更有效地解决本小节中指出的问题。他们将为人工智能时代的新数字经济制定规范。因此，发展中国家可能比发达国家受到更严重的负面影响。举例而言，当前的全球价值链依赖于发展中国家大量的低技能工人。如果人工智能促进了劳动力成本的降低，发达国家将认真考虑是否应该将制造设施迁回本国。在此过程中，发达国家对发展中国家的剩余依赖将进一步缩小。此外，我们越依赖新技术和机器，对能源的需求很可能就越高。由于发展中国家的能源供应不稳定，除非有有意义的外部支持，否则它们利用人工智能和建设新数字基础设施的能力可能已经受到限制。因此，人工智能的扩散可能会加剧全球不平等。如果这种趋势持续下去，全球贫富差距将进一步扩大。总而言之，人工智能为商业实体和政府机构带来了新的机遇。同时，也会出现各种结构性问题和紧张局势，需要国际社会认真分析和充分准备，以实现人工智能技术向数字经济的平稳过渡。

概而言之，人工智能的主要缺点如下：

一是偏见、歧视。人工智能基于过往的数据进行模型训练。如果训练数据中含有偏见、歧视，这些数据中的偏见、歧视就会被人工智能学习并运用于具体的人工智能场景中，进而对用户带来偏见、歧视。

二是对个人隐私的侵犯。与传统技术不同，人工智能训练需要大量的数据。这些数据中包含大量的个人信息，有些甚至是非常敏感的个人信息。由于人工智能体系的安全保障不足，这些大量的个人信息存在极高的泄露风险。个人信息泄露将给个人带来无法弥补的巨大伤害。

三是诱发人类的惰性。任务的自动化和数字服务机器人的增加会提升对机器的依赖性，可能会因而导致人类的惰性。过分依赖人工智能完成简单的任务，如小规模计算或记住数字、地址等，会影响人类的日常活动，因为这些活动需要记忆或分析。

四是实施费用较高。人工智能的初始设定需要高额投资，因为公司必须投资人工智能框架，包含最新的软硬件。培训团队学习如何使用人工智能系统也会产生额外的费用。所有这些都使实施和维护人工智能系统变得昂贵。

五是增加失业率。虽然人工智能可以取代重复性工作和其他类型的劳力作业，这对组织来说是有利的，但这也对就业产生了负面影响。传统的工作在未来可能会被人工智能完全取代，导致从事这些工作的人员失业。

六是缺乏创意思维。由于人工智能系统是根据一套算法进行预测，需要随着时间的推移从资料和经验中学习，这些系统可能无法跳脱框架，缺乏创意力，特别是在内容营销领域。

七是无法理解情感。人工智能系统可以更快速地工作，不需要休息时间，但该系统不能在作决定前评估情绪或情感，始终保持高度理性和实用性，因此在行销与销售中无法做到与客户共情。

八是难以实现道德规范。由于人工智能系统不能处理人类的情绪和感受，要将伦理和道德纳入系统中是非常具有挑战性的。

虽然人工智能有优点和缺点，但它对全球产业的影响是不可否认的，从医疗、交通、金融到网络安全，人工智能都扮演着推进的关键角色。人工智能正在改变我们的生活、工作、爱情和娱乐方式，这已不是什么秘密。约会应用程序正在使用人工智能来挑选我们的潜在合作伙伴。零售商正在使用人工智能来预测我们的行为和愿望。一些人正在利用人工智能通过机器人和错误信息来说服我们。公司正在使用人工智能来雇用我们——或者不雇用我们。虽然人工智能有潜力让我们的生活变得更好，但人工智能也加剧了我们的不良倾向，让我们更加心烦意乱、自私、偏见、自恋、自以为是、可预测和缺乏耐心。随着人工智能变得更加智能、更加个性化，我们的社会、经济和人性将经历工业革命以来最巨大的变化。其中一些变化将增强我们的能力，但也可能会让我们失去人性，让我们在与人的互动中变得更像机器。人工智能最值得注意的不是人工智能本身，而是它重塑我们生活方式的能力，特别是它促使某些人类行为，将其转变为不良或有问题倾向的能力。无论技术进步的速度如何，也无论机器获得类似于智能的东西的速度有多快，我们作为一个物种，都会表现出一些我们最不想要的性格特征，即使根据我们自己的低标准也是如此。人工智能时代的这一方面应该是我们最关心的：这不是使人类自动化，而是使人性退化或恶化。[1]我们都知道，与人工智能一起生活已经改变了我们做某些事情的方式。从好的方面讲，我们现在可以让算法来筛选约会网站上的个人资料，准备我们的早间新闻，预测我们本周的在线杂货需求。不利的一面是，我们知道社交媒体中的人工智能如何对我们自己和我们生活的世界产生妄想的观点。当我们变得更加自恋和寻求更多关注时，我们将其归咎于技术，就像多年来我们归咎于所有新媒体工具一样。苏格拉底认为写作会削弱记忆。巴格斯认为电视节目杀死了广播明星。查莫罗-普雷穆齐克说，将人类的失败归咎于创新很容易，但你必须质疑这种方法的价值，因为现代人类的解剖结构在我们存在的 30 万年里几乎没有变化。如果我们以超然的视角看待人工智能，并看到它的本质——旨在使人类任务更加可预测的计算机代码——那么我们就可以开始客观地理解技术进化时间轴上的这个节点对我们人类意味着什么。从根本上说，这也许是我们第一次经历前所未有的重大社会变革。查莫罗-普雷穆齐克表示，这种变化是由高度互联的世界、数据化以及利润丰厚的预测业务这三个因素驱动的。它还正在将人类变成"无聊"的生物，人类丰富的经验正在被稀释，与生俱来的智力和社会好奇心正在被算法满足，决策能力正在被为我们做出决策的机器所削弱。从某

---

[1] Tomas Chamorro-Premuzic, *I, human*, AI, Automation, and the Quest to Reclaim: What Makes Us Unique, Harvard Business Review Press, 2023, p. 27.

种意义上讲，我们当今存在的目标是增强机器智慧。虽然我们人类花更多时间盯着闪烁的屏幕，但获胜者是人工智能本身。

我们需要适应并决定我们想要的生活和工作方式。选择权是我们的。我们会做出什么决定呢？

第五节　人工智能多边规制的必要性与可行性

一、人工智能多边规制的必要性

（一）人工智能规制的圈地运动

针对人工智能现实的风险与收益，国际社会就如何监管人工智能产生了巨大的争议。虽然国内监管的许多计划都是基于合理的关切和政策目标，但它们往往超出适当的监管范围，保守地解释现有法律和法规，在情况不明朗时收紧监管力度并阻碍创新。这对于以创造力和创新为驱动力的人工智能领域尤其有害。现有法律法规很少（如果有的话）能够解释人工智能时代的新情况，因此规范与现实之间的差距不可避免，而且实际上比任何其他领域都更大。政府机构常常将合法的政策目标作为监管理由，但问题不在于政策目标是否良性，而在于如此选择的监管手段是否恶性。在此过程中，重点强调的是对人工智能可能存在的已知和未知风险和副作用的担忧。当有疑问时，为了安全起见，默认答案通常是"否"，而不是"是"，这对于政府机构及其官员来说是可以理解的。可以说，从长远来看，好处是无形的和具体化的，但问题是显而易见的。现代社会的各个领域都遇到了这一障碍，但人工智能之所以脱颖而出，是因为它具有新的尝试和没有先例的性质。对预期风险和副作用的担忧是任何负责任政府的义务。但是，如果推向极端，担忧可能会变得过度。这就是监管变成"过度监管"的原因。过度监管可能会扼杀创新和创造力，这是人工智能发展的关键威胁。当想法和商业模式首次尝试新技术和新业态时，它们大多处于现有监管的模糊地带。在模糊地带，根据相关政府机构的政策取向，问题的答案很可能有"是"和"否"两个不同的方向。不同的政策取向所产生的不同答案，为国家间的激烈争端提供了良方。当我们进入新的人工智能领域时，类似的问题将会不断出现。在没有具体证据的情况下，没有理由过分担心。当然，在此过程中不应忘记的是，如何确保现有行业不被边缘化，从而威胁到这些行业工人的福利和生计。这并不一定意味着现有行业及其工人的利益应该始终放在第一位。与任何其他政府政策一样，应该取得平衡。这是当前人工智能对话中需要广泛争论的事情。至少，有一点似乎是明确的：允许对最坏情况的过度担忧或过度担忧作为维持现有监管或阻止新监管的全面理由，是不明智的。因此，人工智能并不能摆脱现有的社会正义问题，也不能凌驾于监管之上。同时，严格的监管也是人工智能技术创新的一大障碍。

随着人工智能产业的勃兴，各国也试图在人工智能领域的立法方面占据高地，尝试引领人工智能领域的立法，通过所谓的软实力强迫其他国家接受自己的标准。欧盟在个人数据保护方面的立法就是这方面的典型做法。欧盟通过《通用数据保护条例》（以下简称GDPR）构建了关于个人数据保护的标准，这一标准被称为所谓的个人数据保护的黄金标准。[1]由于人工智能运用基础性资源如数据、算法等的天然跨国性特征，一国的规制措施必然产生所谓的外溢性特征。所谓外溢性特征是指如果第三方国家不采取相同或近似的标准与措施，第三方国家的企业就难以在互联网环境下生存与发展。其原因在于一国在网络环境下的立法会天然产生所谓的第三方约束力，其他国家如果不按照该标准建立规制体系，这些国家的企业就可能无法在网络环境中生存与发展。这就是近年来各国竞相在人工智能领域率先立法的原因之所在。各国希望通过率先立法建立自己立法的先发优势，迫使更多的国家采纳自己的标准，进而通过立法占据人工智能发展的优势与领先地位。

国内过度监管的人工智能规制逻辑通过所谓的"布鲁塞尔效应"的跨国传导将使得人工智能的多边规制变得过于严苛。这种非合作的竞争性立法真的会有效吗？人工智能技术发展到今天的水平，这种圈地式的立法竞争真的有利于人工智能产业的发展吗？这种做法真的有利于人类福利的改善吗？事实上，我们的分析表明，这种圈地式的规制模式在人工智能技术发展至今天的水平既不现实也无可能。人工智能技术自身的跨国性、运用场景的跨国性以及损害的跨国性都要求各国通力合作共同规制人工智能技术发展带来的不

---

[1] Anupam Chander, et al. , "Catalyzing Privacy Law", *Minnesota Law Review*, Vol. 105, No. 4. , 2021, p. 1733.

利影响，任何单方面的自行其是都无法遏制人工智能所引发的负效应，最终可能带来强大的负面影响，甚至可能给人类带来灾难性后果。

（二）人工智能技术自身的跨国性

人工智能技术发展的三要素分别为数据、算法与算力。算力属于人工智能发展的硬件支撑，是纯粹的技术问题，较少涉及规制问题。算力方面的争夺更多涉及芯片等技术的管制问题，其基本无涉具体的制度规范问题。算法（模型）虽然本质上也是技术问题，但人工智能时代的算法具有广泛的用途以及自适应等特征，是实质性影响他人权益的最核心要素。因而，算法问题不单单是技术问题，而是规制社会的重要手段。这也就是我们常说的"代码即法律"的理念。通过代码，算法构建了社会的行为模式与行为规范，进而塑造了社会的发展形态。因而，对算法的规制是人工智能规制的最重要领域。除算法外，各国在人工智能领域的争夺主要涉及支撑性资源数据的获取、使用等问题。大数据提供了人工智能机器学习所需的基础性资源，是人工智能得以进化与迭代的最重要支撑。数据影响了人工智能模型的构建以及模型的进化与迭代。从某种意义上讲，数据是人工智能发展背后最关键的支撑，其影响了人工智能治理社会的方式、方法与路径。因而，对于数据的规制也是人工智能规制的最重要的方面。

数据、算法都是依托于具体的网络环境而存在。首先，互联网是数据得以产生、交换与使用的基础性环境。没有互联网环境的存在，将不可能产生出人工智能发展所需的庞大数据。互联网环境使得大量的用户可以在网络环境下遨游，从而留下大量有价值的数据。这些数据是人工智能得以发展的前提。其次，算法特别是机器学习等算法也必须依赖于网络环境而存在，没有网络环境的存在，算法无法完成学习与迭代，更无法完成算法的应用。

算法、数据处理技术因网络环境而生，依附于网络环境存在。依附于网络环境的算法、数据处理技术具有天然的跨国性特征。很显然，即使是存储于中国服务器的数据、算法等能轻易跨越所谓的国界，被位于第三方国家的当事方所利用。对于互联网公开的数据而言，中国服务器上所展示的数据与美国服务器上所展示的数据并没有多大的区别，都能轻易地通过爬虫等技术获取，并不存在所谓的跨境获取难题。同理，对于公开的算法而言，特别是对于开源算法而言，通过互联网获取这些算法也并非难题。从人工智能发展的现状来看，现今人工智能发展所需的训练数据大都是公开、免费使用的数据库。数据搜索引擎和存储库 Google Dataset Search、AWS Open Data Search、Microsoft Research、UCI Machine Learning Repository、Kaggle Datasets、Reddit R/Datasets；图像数据 Google Open Images、ImageNet Open Dataset；声音数据库 Mozilla Common Voice、Audioset、文本数据 Wikidata、Common Craw 等都是免费供公众使用的训练数据资源。就人工智能模型而言，开源也正成为一种趋势。加州大学伯克利分校计算机科学教授 Ion Stoica 表示，免费的人工智能模型现在在性能上"相当接近"谷歌和 ChatGPT 开发商 OpenAI 的专有模型，大多数软件开发人员最终将选择使用免费的模型。开源模型训练速度更快，可定制性更强，更私密，而且比同类产品能力更出色。他们正在用 100 美元和 130 亿的参数做一些谷歌 1000 万美元和 540 亿的参数难以企及的事情，而且在短短几周内就能做到，而不是几个月。

以上的分析表明，人工智能发展的基础性资源数据、算法从某种意义上讲是一种全球性资源而非某个国家或企业的独占性资源，这种全球性资源具有天然的跨国性，其规制必然需要全球性协同，任何单方面的规制努力注定是不会取得预期效果的。

（三）人工智能应用场景的跨境性

现今，人工智能技术已经渗透人们生活的各种场景。可以毫不夸张地说，只要有互联网接入之地就有人工智能的应用场景。虽然个体生活于物理环境之中，但个体的数字生活却永久地存在于网络环境中。我们理所当然地认为我们存在于一个有限的物理环境中，但事实上，基于人工智能技术的发展与广泛运用，我们已然脱离了物理空间的限制，构建了我们独特的数字生活与数字人生。个体能够完成数字生活与数字人生的构建与人工智能的广泛运用密不可分。现今，通过人工智能技术，个体得以与广泛的世界发生联系，个体的一言一行被互联网所记录，成为真正的数字人。网络环境下的数字个体并非具有国别身份的国家公民，其是网络环境下的独特存在，仅仅受制于独特的代码、协议的约束。个体的数字生活是基于网络环境下的生活，具有真正的跨国性特征。

就人工智能技术具体的应用场景而言，虽然每一个具体的应用如疾病诊断、人脸识别、智能助手等都发生于特定的时间与空间，但人工智能在特定时间与空间场景的应用的后果确实是跨国性的。对于纯粹发生于网络空间的行为如社交媒体而言，其应用场景无疑具有典型的跨国性特征。基于网络空间的无界性，我们在社交媒体的任何行为都具有全球性特征。对于如人脸识别、风险识别等线上与线下结合的场景而言，个体的行为虽然是线下发生，其个体行为的数字化却具有明显的网络化特征，通过互联网被记载与传播。物理世界的数字化转换与运用现已经成为人工智能发展的主要模式。通过人工智能技术的场景运用，物理世界以及我们在物理世界的一举一动被记录，数字化处理，进而塑造与影响我们的行为模式与生活方法。这种数字化的生活构成了现今人们生活的主要模式，给我们的生活带来巨大的影响。举例而言，人工智能在健康领域的应用显然是基于具体场景与时空的应用，但该应用所产生的后果如收集的个体健康数据却构成了个体的数字生活的一部分，成为无国界网络环境下重要的数据。也就是说，在人工智能时代，有的应用场景具有天然的跨国性；而有的应用场景虽然具有时空限制，但其影响确实具有跨国性。

（四）人工智能损害的跨国性

人工智能的运用会引发一系列可预知与不可预知的损害。在预测未来犯罪可能性方面，人工智能系统算法自带种族偏见，将没有犯罪记录的黑人标识为未来罪犯的概率高于白人两倍。[1]Deepfake 算法通过深度伪造技术伪装他人的形象、表达等。如果这种技术运用于一国国家元首发布战争动员或其他紧急行动，将给社会带来致命影响。技术信息在网络传播的扩散效应，即使相关方进行事后补救，但已经造成的损害将无可弥补。更为有害的是，Deepfake 技术滥用会导致社会真实信息传导偏差，使得公众不再轻易相信真实信息，并进而损害公民的社会参与。在 Web3.0 时期，人们通过去中心化的网络与市场进行交流，以点赞以及评论等为工具的群体化成为信任的基础。滥用这种群体化将导致信任崩溃，损害公民的社会参与。[2]

人工智能应用所引发的损害包括系统性伤害与对个体的伤害。随着更复

---

〔1〕　Julia Angwin, et. al., "Machine bias: There's software used across the country to predict future criminals. And it's biased against blacks", *ProPublica*, at https://www.propublica.org/article/machine-bias-risk-assessments-in-criminal-sentencing, 最后访问日期：2023 年 2 月 5 日。

〔2〕　Joshua Rothman, "In the Age of A.I., Is Seeing Still Believing?" *The New Yorker*, No.5., 2018.

杂算法的广泛使用、更大规模的数据被收集，市场已经超越对个体数据的交易，朝着从集体数据萃取价值方向发展。对集体数据的不当利用将导致对某些群体的系统性伤害，如对社会边缘群体的系统性偏见、歧视、压制、言论等以及对社会整体利益的损害，如引发社会整体信任危机。基于系统性伤害的普遍性、算法外在不可感知性等特征，受害人难以察觉其受到的伤害。很多受害者并不知晓其被算法画像、歧视。[1] 人工智能的系统性伤害如果没有对具体个人利益造成损害，在现行侵权法框架下，受害者无法获得有效救济。人工智能决策对个体伤害涉及个体的各个领域，从身体到精神，从政治、经济到文化的各个领域。

人工智能决策错误导致人身伤害的案件屡见不鲜。Uber 自动驾驶汽车的机器学习系统没能识别行人乱穿马路导致行人被撞身亡。无人机错误识别导致平民伤亡也见诸报端。医疗领域的人工智能决策错误可能导致医疗过错，给当事人的生命、健康带来伤害。人工智能识别偏差导致当事人错误关押会严重侵犯个体的人身自由。人工智能决策所导致的财产损失既包括具体的财产损失，也包括预期利益损失。具体财产损失如使用强化学习的扫地机器人错误将潮湿拖布放入插座引发火灾，无人机与自动驾驶对第三方财产的损害，算法攻击导致网络崩溃与财产损失（如医院系统被劫持、银行账号被盗等）等。此外，基于人工智能的错误决策所导致的工作机会丧失、没有获得应获得的社会救济、信贷资格、减刑或假释机会丧失等预期利益损失也时有发生。人工智能系统决策对个人隐私数据的非法利用侵犯了当事人的隐私权，对数据主体的其他数据利用侵犯了当事方的数据保护权。人工智能对个人数据的非法利用包括隐性利用与显性利用。显性利用是直接使用数据主体数据获利并对数据主体造成损害，而隐性利用是利用数据主体数据给第三人造成的损害。基于婚恋网站公开照片的算法系统对当事人性取向进行画像[2] 可能对数据主体造成伤害，但被错误画像的第三人受到的损害可能更为严重。[3] 人脸识别算法将人识别为动物、深度造假算法的复仇式色情等会给当事人人格利

---

〔1〕 Sandra Wachter, et. al., "Why fairness cannot be automated: Bridging the gap between EU non-discrimination law and AI", *Computer Law & Security Review*, Vol. 41, 2021, p. 105567.

〔2〕 "Advances in AI are used to spot signs of sexuality", *Economist*, Sep 27, 2017.

〔3〕 Sandra Wachter, Brent Mittelstadt, "A Right to Reasonable Inferences: Re-Thinking Data Protection Law in the Age of Big Data and AI", *Columbia Business Law Review*, Vol. 2019, No. 2., 2019, p. 496.

益带来伤害。算法画像将正常人识别为极端分子也可能给当事人带来不利后果。信用状况评价算法评价错误将影响企业与个人声誉。大量的深度造假新闻会给新闻机构的声誉带来不利影响。

有学者将人工智能时代的隐私伤害分为七种类型，其分别为：身体伤害、经济损失、名誉损害、心理伤害、自主权损害、歧视伤害、关系损害。[1]人工智能应用所造成的损害有些具有国别性特征如具体的身体伤害以及财产损失，但人工智能所引发的绝大部分损害其实是跨越国界的。在数字化生存日益成为人们生活的主流形式的今天，数字化存在与实体存在相互依存，互相影响。人工智能应用给个体所带来数字化损害与实体损害相互依存，密不可分。这种数字化损害既包括精神层面的损害如名誉权损害，也包括财产性损害如虚拟财产的损失等。这种数字化损害依存于互联网的损害，具有天然的跨国性特征，任何单一国家都无力也不可能应对这种损害。

综上，人工智能应用具有天然的跨国性特征，其所产生的影响通常超越国境。随着人工智能技术更广泛地应用，其对人们的政治、经济与文化生活的介入越来越深入。人工智能技术对人们生活的深度嵌入可能给个体、社会带来巨大的损害与不利影响。这种损害与不利影响具有明显的跨国性特征，任何单一国家都无力也不可能应对这种巨大挑战。现今，各国都尝试采取措施规制人工智能技术带来的负面影响。然而，这种基于国别的规范模式只可能引发非合作博弈，产生人工智能立法的非理性竞争，进而可能损害人工智能产业的有序发展，同时对个体权利保障带来致命伤害。因而，要真正将人工智能这一技术关进笼子里，需要国际社会共同努力，协同建立真正符合人工智能技术发展现状的国际规范体系与制度。联合国秘书长也指出，对于人工智能治理而言，虽然各国采取了各自的措施与行动，但这需要全球性的方法来解决。[2]

---

[1] Danielle Keats Citron, Daniel J. Solove, "Privacy Harms", *Boston University Law Review*, Vol. 102, No. 3. , 2022, p. 831.

[2] Secretary-General's remarks to the Security Council on Artificial Intelligence, at https://www.un.org/sg/en/content/sg/speeches/2023-07-18/secretary-generals-remarks-the-security-council-artificial-intelligence, 最后访问日期：2023 年 7 月 20 日。

二、人工智能多边规制的可行性

诚然，基于人工智能的天然跨国性特征，任何单一国家都无法建立有效的规制框架。没有其他国家的合作，任何人工智能的单边规制都会被轻易规避，进而无法达到有效规制的目的与效果。也就是说，对于人工智能的规制而言，除了多边合作，各国并无多大的选择空间。

然而，问题是现今各国一方面希望在人工智能规制领域进行合作，另一方面又希望基于网络主权更多地控制人工智能规制，不愿意分享与让渡网络空间的规制权力。这无疑是一种典型的规制悖论与规制困境。那么，是否存在着逃出这种困境的方法与路径，进而使得人工智能规制合作成为可能呢？

事实上，人工智能规制的合作并不存在任何行动上的障碍，其更多的是观念上的认知困境而不是真正存在合作的障碍问题。首先，网络空间主权与传统上的物理意义上的主权不可能是同一含义与范畴。网络空间并不存在所谓的边界问题，任何基于网络的行为在网络空间基本可以自由流动，除非一国关闭自己的网络，任何网络行为都天然具有国际性特征。任何国家都无法控制基于网络空间的所有行为，除非建立共同的规则体系。其次，就人工智能领域规制而言，现今最为重要的现象是所谓的数字扩张主义行为。其表现形式是通过所谓的"率先规制+强大的经济实力与市场"模式迫使其他国家接受自己所拟定的人工智能规制标准。这种数字扩张主义的最为典型的行为就是欧盟通过率先在个人数据保护的立法以及其强大的经济实力与市场基础，迫使其他国家接受欧盟所制定的个人数据保护标准。美国也通过数字扩张主义迫使其他国家接受美国的人工智能治理规则。美国数字扩张主义一个关键途径就是通过总部位于美国的大型科技公司来促使其他国家采取美国的立场与观点。就数字领域的规制而言，如果各国不建立多边合作机制，其后果必然是数字经济实力强大的国家占领人工智能规制的高地，其他国家别无选择，只能追随。基于网络主权原则而完全放弃人工智能多边规制的后果必然是拱手将人工智能规制的主动权让与数字经济强大的国家与地区，这显然对数字经济弱小的国家并不公平。因而，坚持网络主权原则对于人工智能治理固然重要，但坚持网络主权也必然意味着各国必须让渡一部分人工治理规制权以换取在人工智能多边规制的话语权，否则，数字经济发展较弱的国家将会完全丧失人工智能的话语权。我们必须转变网络治理观念，重新认识网络主权概念的价值与意义，进而更积极地参与网络空间的多边治理。从这种意义上讲，人工智能的多边治理既具有现实紧迫性，也具有现实可能性。

人工智能的国际法规制现状与问题

第一节 人工智能规制的理论框架

一、人工智能的技术与实践框架

人工智能从本质上讲是关于数据、算法的科学。要搭建人工智能系统，需要确定要解决的问题，收集正确的数据，创建算法，训练人工智能模型，选择正确的平台，选择编程语言，最后部署和监控操作人工智能系统。人工智能算法是事先定义的以价值（value）为输入，以产生某种价值为输出，将输入转变为输出的计算步骤顺序的程式。一个人工智能算法程序包括：一是基于收集的历史数据分析建立可达成目标的模型；二对实施该模型的算法进行编码；三是收集相关数据为算法提供输入；四是将定义好的算法操作应用于输入数据；五是基于数据分析链以预测或推荐形式所作出的输出。[1]

人工智能算法决策是基于对过去或现状的分析结果预测或决策未来行为。人工智能算法结果取决于所为之事、设计者立场以及目标何为、算法在实践中如何运行、用户如何与之互动以及对输入大数据的使用等。算法基于其标准化决策机制，无疑增加了决策效率与客观性。比如要建立个性化健康预警

---

[1] Robert Brauneis, Ellen P. Goodman, "Algorithmic Transparency for the Smart City", *Yale Journal of Law & Technology*, Vol. 20, No. 103., 2018, pp. 113-114.

系统，就必须：一是个性化健康预警系统将基于从历史数据中观察到的特定购买模式与关联性为基础构建的模型；二是基于上述关联性，程序设计者进行算法编码以实施上述模型；三是为了识别需健康预警的客户，顾客的购买记录被保存。这些数据被作为算法输入；四是将算法运用于顾客的数据；五是算法得出结果：预测分数。基于上述分数，系统决定是否发出个性化的健康预警。

算法对人的描述，不管其采取多么复杂的数学公式，其目的都是从组成我们每一个人生活的独特场景的杂乱中提炼一些基本与事实要素、可利用与标准化的要素。对人进行描述的数字或类别不仅仅是机器可读的数据，其也是关于人的活生生的故事。

二、基于技术视角的规制框架

从技术层面看，人工智能系统主要由算法、算力与数据构成。从技术层面规制人工智能系统必然涉及算法与数据的规制，这也是现今最为主流的人工智能规制模式。

就数据领域的规制而言，现今各国主要关注的是个人数据保护问题以及跨境数据流通问题。世界上主要国家都制定了关于个人数据保护的法律、法规。在跨境数据流动方面，各国也相继制定了各自的数据跨境流动规则，并尝试在双边层面解决跨境数据流动问题，如欧盟与美国在跨境数据流动领域达成《欧盟-美国数据隐私框架》协议。在算法规制方面，各国也相继出台了规制算法运用的具体措施。中国制定并公布了《关于加强互联网信息服务算法综合治理的指导意见》《互联网信息服务算法推荐管理规定》《互联网信息服务深度合成管理规定》《生成式人工智能服务管理暂行办法》等规范。世界范围内的算法专门立法文本相继公布，如美国的《算法问责法》（Algorithmic Accountability Act）和《算法正义和互联网平台透明度法案》（Algorithmic Justice and Online Platform Transparency Act），欧盟的《算法问责及透明度监管框架》（A Governance Framework for Algorithmic Accountability and Transparency）以及新西兰的《新西兰算法章程》（Algorithm charter for Aotearoa New Zealand）等。这些算法规制文本从价值与概念、原则与基础、评估与影响、透明与合作、行业标准、人权保障、算法治理的全球维度、算法决策问责制度等出发，对算法规制问题作出专门规定。[1]

三、基于运用领域的规制框架

在人工智能的具体运用领域，各国也相继制定了专门规则来规制人工智能的运用。从现今各国的立法与司法实践看，现今各国规制人工智能的运用领域主要集中于人脸识别、算法推荐、自动驾驶、信息服务、医疗健康、金融服务等领域。基于运用领域的规制是现今各国规制人工智能运用的最主要方法与手段。与从技术角度规制不同，基于运用领域的规制更多关注人工智能技术运用在该领域所引发的特殊问题。

就自动驾驶而言，该运用领域的人工智能规制主要关注人工智能技术的安全性问题，确保安全是该领域人工智能规制需要解决的核心问题。美国、中国、德国以及日本等国都建立了专门的自动驾驶法律规范体系。就人脸识别而言，该领域的人工智能规制关注的是个人信息保护与个人权益保障问题，如何确保个人信息安全以及人脸识别系统不用于歧视等非法目的是该领域人工智能规制各国关注的核心问题。欧盟对人脸识别的治理侧重于立法和监管的路径，主要以 GDPR 为基础开展。美国在联邦层面尚没有统一的法律规制人脸识别数据的收集和使用，但发布了一些政策指南等指导文件。在州的层面，主要通过各州单独立法分别进行规制。此外，在金融服务、社交服务、教育服务、医疗健康服务等众多领域的人工智能运用各国都进行了数量众多的规制尝试。

四、基于风险（损害）的规制框架

除了从技术层面以及具体场景的规制框架外，现今出现了一种基于风险（损害）的规制框架。所谓基于风险（损害）的规制框架是指以人工智能运用可能引发的风险大小为基础建立分层的人工智能规制体系。欧盟议会通过的《人工智能法案》正是这方面的典型代表。该法案依据人工智能系统可能造成的风险大小，从"最低风险"到"不可接受的风险"对人工智能系统进行四种类别的划分。依据该方案，人工智能系统的监管重点在于对人类可能

---

[1] 参见任颖：《算法规制的立法论研究》，载《政治与法律》2022 年第 9 期。

造成最大伤害的人工智能应用上。用于就业、教育及其他领域的高风险人工智能系统由于可能给个人生活带来巨大影响，因而面临着诸如数据利用透明度、准确性等苛刻的审查要求。基于风险（损害）的人工智能规制在某种意义上与基于场景的规制是殊途同归。从欧盟《人工智能法案》的具体内容来看，其对于风险的划分很大程度上是借鉴了场景规制的理论，以具体运用场景来划分风险的等级。但值得注意的是，基于风险的规制又非等同于基于场景的规制，其更多的是基于人工智能运用的结果来划分风险并构建不同的规制体系。比如根据该法案，部分人工智能系统因严重侵犯基本人权或违反欧盟价值观，故而被归类为不可接受的风险类型的人工智能系统，无论是其投放市场，或是投入服务或使用的行为均应被禁止。

基于风险（损害）的规制脱离了对于技术本身的考量，重点考察技术运用的结果，在人工智能技术自身的自适应不断强化，应用场景不断演化的背景下无疑具有合理性。基于风险的规制不再关注技术自身的发展，其更多关注的是技术运用的场景。以人脸识别技术为例，基于风险的人工智能规制不再对人脸识别技术本身的价值进行评判，其更多关注的是该技术的应用场景。将人脸识别技术运用于潜在的罪犯识别可能是高风险需要禁止的行为，但如果将其运用安全保障可能就是非高风险行为。基于风险的规制虽然以具体应用场景为基础构建，但其更多考量的是该人工智能系统可能引发的损害而非针对具体的应用场景。

第二节　人工智能的国际法规制现状

一、人工智能规制的国际软法

国际社会虽然没有建立统一的人工智能规制的国际法规范，但这并不意味着国际社会在人工智能规制方面无所作为。联合国、二十国集团与经济合作与发展组织（以下简称 OECD）等组织了大量的关于人工智能规制的讨论并提出了相关的意见与建议。此外，15 个国家于 2020 年建立了人工智能全球伙伴关系（GPAI），以促进人工智能国际协议的达成。除了国家主导的举措之外，行业参与者还通过国际标准化组织等机构制定人工智能相关技术标准以促进人工智能相关技术的一致性和互操作性。在过去的几年间，似乎每个与技术政策相关的组织都制定或认可了一套人工智能规则。现今，全世界各国政府与国际组织共发布 200 多种涉及人工智能伦理的指导规则。[1]2019 年 5 月，OECD 颁布《人工智能原则》；联合国教科文组织在 2021 年 11 月通过了《人工智能伦理问题建议书》。欧盟、日本、中国等都通过了自己国家的人工智能伦理相关规定。现今已经颁布了《人工智能北京共识》（Beijing AI Principles）《新一代人工智能治理原则——发展负责任的人工智能》《人工智能行业自律公约》等涉及人工智能规制的软法性质的文件。在瑞士日内瓦举行的联合国《特定常规武器公约》2022 年缔约国大会上，中国政府正式提交了《中国关于加强人工智能伦理治理的立场文件》。提出人工智能治理应坚持伦理先行，通过制度建设、风险管控、协同共治等推进人工智能伦理监管；应加强自我约束，提高人工智能在研发过程中的算法安全与数据质量，减少偏见歧视；应提倡负责任使用人工智能，避免误用、滥用及恶用，加强公众宣传教育；应鼓励国际合作，在充分尊重各国人工智能治理原则和实践的前提下，推动形成具有广泛共识的国际人工智能治理框架和标准规范。

通过对现今涉及人工智能的主要伦理规范的分析，我们发现其涉及的主要议题有：

1. 隐私。该主题下的原则主张人工智能系统应尊重个人隐私，无论是在使用数据开发技术系统时，还是为受影响的人提供人工智能服务时使用其数据和利用数据决策。97% 的人工智能伦理规范体现了隐私原则。

2. 问责。该主题涉及确保适当分配人工智能系统影响的责任以及提供适当的补救措施的机制重要性。97% 的人工智能伦理规范体现了问责原则。

3. 安全。这一原则要求人工智能系统安全、按预期运行，不易受到未经授权方的损害。81% 的人工智能伦理规范包含了安全原则。

4. 透明度和可解释性。该原则明确要求人工智能系统的设计和实施必须能够进行监督，包括将其操作转化为可理解的输出，并提供有关其使用地点、时间和方式的信息。94% 的人工智能伦理规范体现了透明度和可解释性原则。

---

[1] Jessica Fjeld, et. al., "Principled Artificial Intelligence: Mapping Consensus in Ethical and Rights-Based Approaches to Principles for AI", *Berkman Klein Center Research Publication*, January 15, 2020 No. 2020-1, at SSRN: https://ssrn.com/abstract=3518482, 最后访问日期：2023 年 5 月 1 日。

5. 公平和非歧视。基于人工智能偏见对个体影响的担忧，公平和非歧视原则要求设计和使用人工智能系统，以最大限度地提高公平性并促进包容性。100% 的人工智能伦理规范体现了公平和非歧视原则。

6. 人类对技术的控制。该原则要求重要决策仍需接受人工审查。69% 的人工智能伦理规范体现了技术的人类控制原则。

7. 专业责任。该原则认识到参与人工智能系统开发和部署的个人在系统影响中发挥的重要作用，并呼吁他们发挥专业精神和诚信，以确保适当的利益相关者利益并关注人工智能产品长期影响。78% 的人工智能伦理规范体现了专业责任原则。

8. 促进人类价值观。最后，人类价值观原则指出，人工智能的目标及其实施方式应符合我们的核心价值观，并普遍促进人类的福祉。69% 的人工智能伦理规范体现了促进人类价值原则。

值得注意的是，近年来颁布的相关人工智能伦理规范往往都涵盖这八个主题，这表明围绕有原则的人工智能的对话正在开始趋同，这些主题可能代表了基于原则的人工智能伦理和治理方法的"规范核心"。[1]

二、人工智能规制的国际实体法规范

现阶段国际社会并没有制定统一的规制人工智能运用的国际规则。相关规制人工智能运用的规则散见于国际人权法、国际人道法以及国际贸易法等国际条约与规范中。这些散见于国际条约的规范人工智能的规则主要涉及国际贸易、个人信息保护、人权保障等领域。

（一）国际贸易法规则

1.《服务贸易协议》（GATS）

世界贸易组织（以下简称 WTO）法律涵盖人工智能贸易（通常是数字服务或带有人工智能组件的服务化商品的贸易）。在这方面特别相关的是 GATS。因此，当贸易发生在 WTO 成员方之间时，限制人工智能贸易的成员方措施必

---

〔1〕　Jessica Fjeld, et. al., "Principled Artificial Intelligence: Mapping Consensus in Ethical and Rights-Based Approaches to Principles for AI", *Berkman Klein Center Research Publication*, January 15, 2020, No. 2020-1, at SSRN: https://ssrn. com/abstract=3518482, 最后访问日期：2023 年 6 月 1 日。

须符合 GATS，如果不符合 GATS 规定，其也必须满足相关的例外规定。

WTO 法律的运作基于对某物是商品、服务还是知识产权的区分，给数据分类带来了挑战，因为数据分类能连接所有这些类别。尽管如此，WTO 法律在某种意义上也涵盖数据流和人工智能方面的贸易。在美国赌博案中，WTO 争端解决机制认为在线电子提供服务属于 GATS 的管辖范围，并将其归为模式一。[1] 中国出版物和音像制品案中确认服务承诺延伸至在线提供的服务。[2] 任何规范个人数据跨境流动的措施都可能对服务贸易产生影响，个人数据传输与大量的服务贸易密切相关，特别是跨境服务的一个重要因素（模式一）与通过境外消费提供的服务的重要内容（模式二）。在许多情况下，对个人数据跨境传输的限制会为外国服务提供商提供不太优惠的待遇，从而可能违反国民待遇承诺。禁止个人数据跨境传输可能还违反了任何必然依赖于数据传输的服务的市场准入承诺，因为禁止数据传输相当于禁止提供服务。

适用于人工智能的国家措施可以多种形式落入 GATS 的范围内。许多国家在过去几年中采取了有关数据的措施，其中一些属于 GATS 的权限范围。例如，数据本地化要求可能会导致外国服务提供商的待遇低于国内服务提供商，从而违反国民待遇规则。从市场准入的角度来看，它们也可能存在问题。这也对云计算产生影响，因为企业面临的提供商选择范围缩小，他们不能依赖使用位于管辖范围之外的服务器的服务。数据保护规范可能会引发有关国民待遇条款的问题，但可以通过成员自由采取隐私保护来证明其合理性。特别是，数据本地化措施因其对贸易的影响而引起了激烈的争论，因此根据其电子商务联合声明倡议，该主题也被列入世贸组织的议程也就不足为奇了。[3]

在某些司法管辖区，市场准入仅授予向地方政府提供软件源代码的公司。事实上，政府可能出于安全原因（例如减少欺诈或确保国家安全）要求访问源代码。公开源代码等强制性技术转让要求受到 GATS 市场准入和国内监管纪律的约束（尽管知识产权和商业秘密受到《与贸易有关的知识产权协定》保

---

〔1〕 Appellate Body Report, "United States-Measures Affecting the Cross-Border Supply of Gambling and Betting Services", The American Journal of International Law, Vol. 99, No. 4., 2005.

〔2〕 WTO Panel Report, "China-Publications and Audiovisual Products", WT/DS363/R, para. 7. 1641-7. 1653.

〔3〕 World Trade Organization, "Joint Statement on Electronic Commerce" (WT/L/1056), 25 January 2019.

护）。此类规则现已被《跨太平洋伙伴关系协定》等新近的贸易协定所禁止。该协定禁止合作伙伴要求披露源代码，但有一些例外，例如安全原因。值得注意的是，这些表面上违反世贸组织原则的措施在 GATS 下却是合理的，因为这些措施有多种正当性理由支撑，此类措施可能因与安全、公共道德和隐私相关的一般例外条款而变得合理。GATS 第 5 条涉及经济一体化，并使成员方能够成为与其他缔约方进行贸易自由化的协议的缔约方。GATS 第 14 条涉及一般公共利益措施。GATS 第 14 条之二，允许成员方追求其安全利益。迄今为止，尚未将这些问题的案件提交 WTO 争端解决程序。

过去，各成员方较少利用安全豁免。然而，据预测，未来各成员方可能会更广泛地依赖此类例外，这反过来将增加总体贸易限制。事实上，这种现象已经开始发生。2019 年，WTO 在《俄罗斯关于过境运输的措施》中发现，WTO 争端解决小组可以审查 GATS 的安全例外，以确定《关税及贸易总协定》第 21（b）条是否存在客观安全理由，并且援引该条款的成员必须表明存在真实的基本安全利益。根据第 14（c）条规定，成员方可以追求重要的公共利益，包括防止欺骗和欺诈行为以及保护隐私，只要这些措施符合规定的实质性要求和序言部分。

除了一般 GATS 计划之外，许多特定部门的规则也与 WTO 法律下纳入人工智能的商品和服务贸易相关，例如电信部门的特定承诺作为金融服务附件。后者规定，出于数据保护原因必要的情况除外，成员不得采取措施阻止信息传输或禁止处理财务信息，包括"通过电子方式传输数据"。尽管《信息技术协议》是在 WTO 的支持下通过的，但它仍然是一项诸边协议（这意味着它仅对签署该协议的各方具有约束力）。发展中国家和发达国家的许多主要司法管辖区都已签署，但这只是一种关税削减机制，不包含有关非关税壁垒的具有约束力的承诺。此外，《信息技术协议》的运作基础是追溯至 1989 年的产品分类列表，不用说，此类分类不能轻易应用于当前和未来的技术。

还必须强调的是，未来 WTO 可能会有更详细的电子商务规则。2019 年 1 月，欧盟、美国、中国等 76 个 WTO 成员宣布启动电子商务新规则谈判。在相关谈判进行的同时，欧盟已经就 WTO 电子商务规则提出了提案。除其他事项外，该提案建议：

- 电子传输和内容的关税永久豁免
- 有条件地禁止数据和技术本地化措施，但出于个人数据和隐私原因

除外

- 保护源代码免受成员要求披露源代码的措施的影响。

欧盟委员会 2018 年《人工智能通讯》及其 2020 年《人工智能白皮书》强调了算法透明度的重要性。一个关键问题是软件的透明度达到什么程度才是理想的。采用相反的贸易规则可能会大大限制欧盟在值得信赖和道德的人工智能方面的规则制定能力。尽管做出了这些努力，但迄今为止 WTO 规则显然尚未对各种变化做出前瞻性的反应。从这个意义上说，数据和数据流并没有被刻意地解决。一方面，WTO 法律及其广泛的原则被设计为一个技术中立的框架，预计随着技术发展的展开，能够经受住时间的考验。然而，研究还表明，从数据经济的角度来看，通过司法解释进行的调整不能被认为是令人满意的，因为该框架目前并不完整，无法提供足够的法律确定性，并且由于在人权等问题上存在根本分歧，WTO 法律完全不适应人工智能规制的需要。尽管 WTO 法律尚未发生重大变化，以适应数字化转型带来的社会经济转型，但最近的自由贸易协定已经表现出更加积极主动的做法。

2. 全面与进步跨太平洋伙伴关系协定（CPTPP）

CPTPP 可能包含现有区域贸易协定中最雄心勃勃的电子商务章节。第 14 章涉及电子商务，并包含许多与人工智能以及尽力而为相关的具有法律约束力的条款。以下规定对于人工智能尤为重要：

一是 CPTPP 尽最大努力保护个人信息。

二是协议规定，任何一方不得将转让或获取源代码作为在其境内进口、分发、销售或使用相关软件或包含该软件的产品的先决条件。关键基础设施中使用的软件存在例外情况。源代码的提供并不排除在商业谈判合同实施与提供源代码相关的条款和条件，或者为遵守不一致的法律法规而需要修改软件源代码的要求与协议。此外，该规定也不应被解释为影响专利法规定的公开要求。

三是协议规定，计算设施本地化要求可能不是在特定司法管辖区开展业务的先决条件。

四是该协议禁止对电子传输（包括电子传输内容）征收关税。

五是该协议包含非歧视条款，根据该条款，另一方的数字产品不应得到比内部数字产品更优惠的待遇。

六是该协议涉及电子签名和电子认证的相关规定。CPTPP 还包含与电子商务相关的最佳努力，包括承认在线消费者保护和个人信息保护重要性的承诺。进一步的最佳努力涉及无纸化交易以及访问和使用互联网进行电子商务的原则以及互联网互连费用共享。此外，签署方还承诺采取或维持措施打击未经请求的商业电子信息，并在一系列问题上进一步合作，包括监管经验共享、促进中小企业发展、消费者获取在线商品的信息交流和服务业、以发展电子商务为目标的多边论坛合作，以及通过旨在促进电子商务发展的行为守则、示范合同、准则和执行机制发展私营部门自我监管。各方还承诺在网络安全问题上进行合作。

3. 区域全面经济伙伴关系协定（RCEP）

RCEP 协定内容丰富，包括 20 个章节，涵盖货物贸易、服务贸易、投资等市场准入方面的规则。就数字贸易而言，RCEP 在强调跨境数字传统规则的同时，纳入知识产权保护、电子商务等重要规则。无纸化贸易、电子认证和电子签名等在国内发展已成熟的数字技术的推广必将促进区域内产业的数字化转型；消费者权益、个人信息、知识产权等方面的保护规则将有利于构建数字贸易发展的良好营商环境；网络安全与数据传输监管将为数字贸易发展提供强有力的保障；传输设备等硬件建设将为数字贸易的发展提供强大技术支撑；新技术应用规则将加速跨境电商以及新型物流业的飞速发展；数字贸易对话与争端解决机制将推动区域贸易争端的高效解决。[1]

尽管 RCEP 电子商务章节包括电子商务条款的三项原则，即数据自由流动、禁止数据本地化要求以及禁止源代码要求。但这些实际上都是"软"承诺，不可强制执行。

4. 数字经济伙伴协议（DEPA）

新加坡已经缔结了两项相关协议：《数字经济伙伴协议》（DEPA）和《新加坡-澳大利亚数字经济协定》（SADEA）。它们与现有的自由贸易协定相关，但实际上被视为独立协定。DEPA 中有一个关于人工智能的条款如下：

第 8.2 条：人工智能

1. 各方认识到人工智能技术在数字经济中的使用和采用日益广泛。

2. 各方认识到为可信、安全和负责任地使用人工智能技术制定道德和治

---

〔1〕《借力 RCEP 推动数字贸易发展》，载 https://servicetrade.sww.sh.gov.cn/action/Important_view? news.id=219，最后访问日期：2023 年 4 月 5 日。

理框架的经济和社会重要性。鉴于数字经济的跨境性质，双方进一步认识到发展相互理解并最终确保此类框架在国际上保持一致的好处，以尽可能促进人工智能技术的采用和使用跨越双方各自的司法管辖区。

3. 为此，各方应努力推动采用道德和治理框架，支持人工智能技术的可信、安全和负责任的使用（人工智能治理框架）。

4. 在采用人工智能治理框架时，缔约方应努力考虑国际公认的原则或准则，包括可解释性、透明度、公平性和以人为本的价值观。

此外，新加坡和澳大利亚于 2021 年 8 月缔结了 SADEA。该协议被认为是截至 2022 年 3 月覆盖面最广的协议。SADEA 在第 31 条中也有一个关于人工智能的独立条款。

第 31 条 人工智能

1. 双方认识到，人工智能技术的使用和采用在数字经济中变得越来越重要，为自然人和企业带来显著的社会和经济效益。双方应根据各自相关政策，通过以下方式开展合作：

（a）分享与人工智能技术及其治理相关的研究和行业实践；

（b）促进和维持企业和整个社区负责任地使用和采用人工智能技术；

（c）鼓励商业化机会以及研究人员、学术界和工业界之间的合作。

2. 双方还认识到为可信、安全和负责任地使用人工智能技术制定道德治理框架的重要性，这将有助于实现人工智能的好处。鉴于数字经济的跨境性质，双方进一步认识到确保此类框架尽可能在国际上保持一致的好处。

3. 为此，双方应努力：

（a）通过相关区域和国际论坛，协作并促进开发和采用支持可信、安全和负责任地使用人工智能技术的框架；以及

（b）在制定此类人工智能治理框架时考虑国际公认的原则或准则。

关于人工智能国际贸易的全球规则制定工作将带来众多优势，它可以确保新的贸易规则不仅确保数字商品和服务的市场准入，而且还确保贸易规则为消费者带来真正的好处并确保尊重基本权利，确保任何贸易框架都尊重数据保护和隐私标准。全球统一的规则将消除国际贸易中的摩擦。现在，很多事情都是通过自由贸易协定来处理的，这些协定纳入了许多 WTO 附加承诺，并澄清 WTO 成员无法达成一致的问题（例如电子传输的关税豁免）和 WTO 额外主题（即 WTO 法律未涵盖的问题），例如数据保护和隐私、消费者保护

以及数据自由流动的保障等。虽然自由贸易协定可以让更少的参与方更快地达成协议，从而提高灵活性，但它们也会产生"多个重叠协议的拼凑"，加剧世界"财富分配不对称和规则碎片化"，并且无助于数据的全球自由流动。然而，目前也有理由对有关人工智能的全球规则制定保持谨慎。尽管各国在保护个人数据方面进行了大量的立法，但各国仍在定义其对数据驱动型经济的许多其他要素（包括人工智能）的方法。事实上，关于贸易规则如何在数据经济中运作，无论是在规则内容还是其实际影响方面，仍然没有足够的经验证据。

与人工智能技术相关的数字服务跨境贸易正呈稳步增长趋势。如上所述，有些与人工智能相关的跨境交易可以纳入国际贸易法的规制体系与范畴。然而，服务与商品的交融触发了国际贸易法适用前提问题。在传统贸易协定中，货物与服务贸易严格区分，分别受到相关的货物贸易协议与服务贸易协议的约束。这种传统的二元贸易结构协议与区分方式现已成为历史。新产品的出现并通过产品提供服务，以及通过新产品创造新服务，是刚刚起步的数字贸易和数字经济的重要特征。一方面，服务本身正成为国际贸易中日益重要的组成部分；而另一方面，商品也越来越多地包含服务成分。使用数字设备和装置的商品和服务的混合、瓦解和再混合将继续扩大。创造这些新产品和服务以及在产品和服务之间架起桥梁的数字组件反过来又植根于知识产权体系，这是贸易协定的另一个核心支柱。因此，现代贸易协定的三部曲——商品、服务和知识产权——正在塑造新时代全球经济的新格局。数字经济或贸易涉及一种不同于以往的新的生产、供给和消费形式。最值得注意的是，商品和服务是同时提供和消费的，它们相互融合、嵌入。因此，基于收集、分析和传输相关数据集的能力，数字产品与相关服务一起被消费。[1]由于数字产品无处不在，服务变得更加容易为公众所接受。以智能手机为我们提供的各种新服务为例，随着物联网的进一步发展及其通过紧密网络的相互联系进一步加强，商品和服务的这种混合将继续加强。当两者结合时，也将促进新型商品和服务的实验和创造。这可以称为商品和服务的"融合"或"整合"现

---

[1] Margaret Sedgewick, "Transborder Data Privacy as Trade", *California Law Review*, Vol. 105, No. 5., 2017, p. 1513; Nivedita Sen, "Understanding the Role of the WTO in International Data Flows: Taking the Liberalization or the Regulatory Autonomy Path?" *Journal of International Economic Law*, Vol. 21, No. 2., 2018, p. 324.

象。[1]云计算和存储设施是硬件，因此是商品，但其中包含的是提供服务的要素。Netflix 在新加坡的云设施是商品（即计算机、存储芯片和非存储芯片），但从该设施分发给亚洲观众的电影是服务（即视听服务），因此，它也是一种服务。消费者的终端设备自然而然地扮演着商品和服务提供者的角色。订阅付费后观看 Netflix 电影的人们既消费商品（即机顶盒）又消费服务（即电影内容）。与此同时，所有这些打包在一起的商品和服务都受到知识产权保护制度的保护。总之，当前正在发展的数字经济呈现商品、服务和知识产权共同出现、共同跨越国界、共同满足消费者需求的局面。最重要的是，使商品、服务和知识产权变得更有价值的是组合三角框架中包含的内容——个人信息。物联网的出现使这成为可能，现在随着人工智能的快速发展和渗透，它上升到了一个新的水平。

即使是这种新的监管制度也正在由人工智能赋能和运作。人工智能也有两种作用：一是人工智能开创了新的监管制度；二是新制度本身也依赖人工智能。这两个部分都值得法律认真关注。前者涉及探索与人工智能的到来相称的新制度；后者探讨了人工智能是否以及如何正确利用来履行政府职能。如果说有什么不同的话，那就是当出现问题时由谁负责的关键问题出现在这两个领域。无论如何，到目前为止，无论是在国内还是全球，第二部分受到的关注似乎都少于第一部分。在促进国际法讨论时，这两个部分也应受到同等程度的关注。可以说，第二部分在涉及人工智能的国际法对话中受到的关注相对较少。

因此，国际法领域也正在考虑、辩论和通过新的规范。现有规范与全球社会新的数字格局并不相符。贸易和投资领域是这种变革动力最明显的领域之一。这并不奇怪，因为数字变革目前正在影响经济部门，正如数字经济一词本身所包含的那样。传统贸易形式和方式正在发生重大变革，目前的贸易制度是通过船舶等运输工具将生产的商品从出口国送到进口国。这显然不是数字贸易的操作方式。数字领域的首选贸易方式是电子传输、航空运输和国际邮件。用户从亚马逊、谷歌和 Netflix 购买的内容是通过互联网连接到达用户住所的。尽管传统的运输方式和贸易方式也将继续使用，因为货物运输仍然

---

〔1〕 South Centre & United Nations Economic Commission for Africa (UNECA), "The WTO's Discussions on Electronic Commerce", *Analytical Note*, 2017, pp. 5-6.

不可避免（数字货物也是要运输的货物），但其重要性和份额正逐渐被新的运输方式所掩盖。特别是服务贸易将进一步通过网络电子方式进行。现在几乎所有服务都可以在线提供，这意味着外国服务提供商也可以轻松便捷地进入另一个国家的服务市场。自 2020 年 1 月以来，COVID-19 大流行进一步加速了这一转变。相应地，主要基于船舶运输/大件货物海关程序的现有交易系统正在逐渐让位于互联网/数字物品的交付程序。正如 2017 年生效的 WTO《贸易便利化协议》（TFA）所指出的，计算机化和海关手续的快速化对于现代商人来说至关重要。请注意，TFA 旨在促进传统意义上的货物贸易的海关处理。大部分数字贸易首先不涉及国际运输，因此边境没有传统的海关程序，数字贸易的便利化被推到了极限。采用 TFA 的理由充分说明了数字贸易的重要性。各国政府可能不一定喜欢海关边界的消失，因为这意味着边境关税收入减少。但消费者对取消或简化数字贸易海关程序的强烈需求实际上迫使政府适应新趋势。不用说，海关相关设备和系统的现代化以及建立充足的数据库对于货物顺利运输至关重要。在全球范围内，TFA 确实是一项重要成就。尽管如此，该协议并没有充分回应人民和市场在数字贸易方面的需求。我们现在面临的是一种新型的贸易，需要一种新的规范。仅仅在现有规范中添加数字调味剂总比什么都不做要好，但这远远不能满足市场和国际社会的真正需求。

货物贸易与传统的国界观念密切相关，这同样适用于服务贸易。GATS 将"服务贸易"定义为通过四种不同模式"提供服务"。GATS 还将"服务提供"定义为"包括生产、分配、营销的活动、销售和服务交付。"换句话说，从提供者到消费者提供服务的一系列多样化活动都是"服务的提供"的一部分。四种服务供给模式为：模式一跨境服务；模式二境外消费；模式三商业存在；模式四自然人的流动。具体的服务供给对应这四种模式中的哪一种，取决于服务提供者和消费者在"服务供给"时如何以及在哪个国家领土上的互动。因此，现有的服务贸易体系也是在国界基础上运作的，服务贸易也取决于传统的国界概念。四种模式中，"模式一：跨境服务"与其他模式的不同之处在于，这种背景下的服务提供者和消费者需要物理上跨越边界。然而，假设买方通过电话或互联网与卖方进行一次性或临时的联系以提供服务。在这方面，模式一与数字贸易不同，数字贸易在服务消费国境内随时提供服务（服务提供设备作为货物包的一部分）。卖方和买方实际上居住在同一个网络空间中。因此，新的数字贸易项目甚至不同于通过模式一提供的服务。同样，严峻的现实要求为数字贸易引入新的规范。类似的考虑也适用于国际法的其他分支，具有同等效力。必须用数字眼镜重新审视传统条约和习惯国际法中的现有规范，并在为时已晚之前做出必要的改变。

（二）国际人权法规则

自卡雷尔·瓦萨克首次将国际人权法描述为三个不同的"时代"以来，已经过去了四十多年。[1]每一个时代都产生了一些有影响力的国际条约，其中最为重要的就是《国际人权法案》，包括《世界人权宣言》、《公民权利和政治权利国际公约》（ICCPR）以及《经济、社会和文化权利国际公约》（ICESCR）。除这些条约外，国际人权法还包括国家间和区域体系内的习惯做法和一般法律原则。

现今的国际人权法体系围绕个人的自由与尊严保障展开，涵盖了从基本权利到公民自由，再到经济、社会和文化权利等各个方面。这些议题在人工智能时代出现了新的争议。国际法旨在确保和平与安全，但人工智能带来了限制其效率的新挑战。

生命权是围绕人工智能和自主武器系统潜在影响争论的核心。《联合国宪章》序言指出，我们联合国人民决心免后世再遭战祸。《世界人权宣言》第3条也承认，每个人都有生命权、自由权和人身安全权。据估计，到2025年，全球机器人技术支出预计将达到870亿美元。对致命自主武器的不断增长的投资对这一权利构成了严重威胁。自主武器系统的引入在国家之间引发了一场有争议的讨论，因为它们对生命权构成了真正风险，需要对武力的使用进行紧急审查。完全自主武器系统与人类失控的武器是目前对生命权、和平与安全最危险的威胁。新武器的合法性是有关自主武器系统争议性讨论的主要问题。1977年日内瓦四公约（第一附加议定书）第36条规定，在研究、开发、获取或采用新的武器、作战手段或方法时，缔约方有义务确定其使用是否会在某些方面造成损害。因此，各国需要与所有利益攸关方合作，确保和平时期和战争期间对人权的技术和法律保护。重新思考国际法和国家立法现在是一项义务，而不是一种选择。在同样的背景下，各国需要随着自主武器系统的发展调整其政策和国际机制。自主武器系统的威胁是反应时间问题，

[1] Karel Vasak, "A 30-Year Struggle: The Sustained Efforts to Give Force of Law to the Universal Declaration of Human Rights", *The UNESCO Courier*, 1977, p. 29.

所有这些新技术的发展速度都快于国际法变化。因此，需要修订有关使用武力和防御等国际规范，以确保和平与安全并保护生命权。

《世界人权宣言》第 19 条规定，人人享有发表见解和言论自由的权利，这项权利包括持有见解而不受干涉的自由，以及通过任何媒介、不分国界寻求、接受和传递信息和思想的自由。关键问题是，当舆论受到人工智能的影响时，如何保证言论自由？这个新工具给自由带来了新的风险。人工智能提供了创建内容的新工具。虽然人工智能有可能支持言论自由，这是民主的基石和腐败的敌人，但实际上它增加了对社交媒体平台的控制能力。社交媒体中包含的人工智能系统被用于影响公众舆论并指导社会运动。人工智能可以提供个性化内容、生成、过滤内容，它对言论自由具有可怕的影响。人工智能还可能传播虚假信息，这对社会稳定以及信任机制带来了巨大影响。近年来，网上错误信息增加将近一倍。例如，2022 年有关 COVID-19 的错误信息激增，社交媒体上分享的 110 万篇文章包含有关 COVID-19 的错误信息。这种增长带来了令人担忧的后果，如疫苗怀疑论、两极分化、暴力极端主义和种族主义的增加。[1]

《世界人权宣言》第 12 条，任何人的隐私、家庭、住所或通信不得受到任意干涉，其荣誉和名誉也不得受到攻击。然而，结合卫星图像、面部识别摄像头和手机位置信息等数据系统可以提供个人行动的详细图片，并预测未来的行动和位置。因此，政府可以很容易地利用它来对个人和团体层面的行动自由进行更精确的限制，也可以被旨在推动政治变革的外国行为者利用。

一些人工智能系统在某些任务上比人类更有效，例如模仿他人的声音和图像来影响人们的观点并促进政治变革（也称为深度伪造）。中国科技巨头百度开发的创建假视频的机器学习软件这项新技术可以用短短几秒的音频再现可信的假声音，就像创建假视频的机器学习软件的概念一样。一个总部位于蒙特利尔的人工智能初创公司声称它可以仅使用一分钟的音频进行文本到语音转换。这意味着个人不再能够控制其舆论的产生和安全，而是由人工智能代表。当他们的思想表达受到社交网络上传播的信息的影响并且他们与算法的个人互动受到操纵和滥用时，他们不再相信自己的自主权。显然，人工智

---

〔1〕　Valentina Vellani, et al. , "The illusory truth effect leads to the spread of misinformation", *Cognition* , Vol. 236, 2023, p. 105421.

能技术的发展对于个人权利的保障带来了巨大挑战，而 COVID-19 大流行加剧了这些挑战，它正在促进向不同于二战后建立的全球秩序的新世界秩序过渡。

考虑到一些国家在 Facebook 上发布呼吁隔离期间自由的言论后，智能手机的使用成为言论自由的真正风险，国家主权在网络空间的应用非但没有保护用户，反而让当局可以自由地镇压人权。许多国家利用 COVID-19 来证明其与公司和电信提供商合作参与大规模监控的合理。这场流行病以及一些政府为应对虚假信息而采取的法律，对自由和隐私造成了严重限制，并带来了与国际人权相关的新的法律挑战。为此，联合国教科文组织为国家和地区各级的法官和法院发布了指导方针，其可以作为应用国际法和人权标准的理论框架来保护和促进言论自由的参考。

今天的智能手机甚至能够远程访问一个人的心电图。鉴于个人和政府之间在人权和民主方面的紧张关系，这带来了从隐私到言论自由的新风险和挑战。面部识别是引发隐私问题的技术之一。这一技术可能会加剧数字独裁。随着机器人越来越多地被用于在线购物和送货、数字和非接触式支付、远程工作、远程学习等，COVID-19 和人工智能正在将世界各地的社会带入历史的另一个阶段。人工智能正在改变我们的生活。今天借助智能手机，我们可以搜索每个 COVID-19 病例，这有利于减轻这一流行病的影响。数字技术可以在成员国实施的接触者追踪计划中发挥作用。一些国家正在使用人工智能来确保信息获取和追踪 COVID-19。根据《国际卫生条例》，会员国有义务开发公共卫生监测系统，为其应对 COVID-19 捕获关键数据，同时确保此类系统透明、响应社区关切，并且不会造成不必要的负担，例如，侵犯隐私。世界卫生组织表示，这种数据使用还可能威胁到 COVID-19 大流行期间和之后的基本人权和自由。监视可以快速跨越疾病监视和人口监视之间的模糊界限。自由和开放的科学数据带来了其他挑战，需要考虑到与国家及其主权相关的新概念的出现，重新思考国际法。科学数据的开放获取正在给数据主权带来新的风险，这也是中美冲突的根源之一。造成这种冲突的原因是数据主权，而数据主权对于技术主权至关重要。

《消除一切形式种族歧视国际公约》将种族歧视定义为基于种族、肤色、世系或民族或人种的区别、排斥、限制或优惠，其目的或效果为取消或损害政治、经济、社会或公共生活任何其他方面人权及基本自由在平等地位上的承认、享受或行使。条约规定，缔约国应消除一切形式的种族歧视，并促进所有种族间的谅解、在其所辖领土内消除种族分隔及"种族隔离"、消除一切煽动种族仇恨和歧视的行为、不分种族、肤色或民族地保证人人享有权利、保障有效的司法保护和赔偿以及采取措施打击种族偏见，促进种或族裔群体间的谅解和容恕。利用人工智能技术进行的种族歧视行为违反了上述公约的规定。此外，《消除对妇女一切形式歧视公约》《儿童权利公约》等可以规制对女性的歧视行为以及对儿童权利的危害行为。

人工智能技术的发展速度快于国际法。因此，国际法，例如有关使用武力和防御的法律，需要修改，保证使用武器系统的指挥官（人类或非人类）能够并且将会尊重核心法律义务。恶意使用人工智能带来的最重要挑战不仅限于国际法某些基本原则的现代化。国际法需要更新，以考虑人工智能的各个方面及其影响，包括自动化、人格、武器系统、控制和标准化等。

人工智能对国际法和人权提出了新的挑战，在制定有关各种问题的国际法时普遍使用的"人工智能时代"一词凸显了这些挑战。因此，有必要重新思考国际法，并将伦理问题纳入人工智能开发中，这是确保安全和应对国家间紧张局势的唯一途径。人工智能的伦理是对新困境的回应，这种困境要求国际社会对人工智能带来的许多伦理挑战提供法律回应。国际社会现在比以往任何时候都更需要考虑人工智能的伦理问题。

自 2019 年 11 月以来，联合国教科文组织开始以建议的形式详细制定第一个人工智能伦理全球标准制定工具。为此，它提名了一个由 24 名来自不同学科、代表世界所有地区的个人组成的特设专家组。该过程包括与广泛的利益相关者进行包容性和多学科的磋商，根据《人工智能伦理问题建议书草案》文本，联合国教科文组织详细阐述了人工智能系统生命周期中的所有参与者首先应尊重以下价值观和原则，并通过修改现有法律、法规和商业准则以及制定新的立法、法规和商业准则来推广这些价值观和原则。这必须符合国际法以及国际人权法的原则和标准，并应符合社会、政治、环境、教育、科学和经济可持续发展目标。该草案强调了生命权、言论自由、隐私权等基本人权的重要性，并向成员国提出了多项政策行动建议。该草案于 2021 年 11 月 24 日在联合国教科文组织第 14 届大会上通过。尊重、保护和促进人的尊严、人权和基本自由是《人工智能伦理问题建议书》中包含的第一个价值观。根据该建议书第 13 段，每个人的尊严构成了不可分割的人权和基本自由体系的基础，并且在人工智能系统的整个生命周期中至关重要。

在人工智能系统的整个生命周期中，每个人的生活质量都应得到提高，而不会侵犯或践踏人权或人类尊严。在与人工智能系统的互动过程中，人永远不应该被物化，也不应该损害他们的尊严。另外，草案还包括其他三个价值观：环境和生态系统的繁荣、确保多样性和包容性、和谐与和平。这些价值观与以下十个项原则相关：相称性和无害性、安全和保障、公平和非歧视、可持续性、隐私、人类监督和决定、透明度和可解释性、责任和问责、意识和素养、多利益相关者以及适应性治理和协作。为了落实这些价值观和原则，草案描述了道德影响评估等十个领域的政策行动，这对于确定人工智能对人权的影响至关重要。为了落实这些价值观和原则，草案描述了道德影响评估等十个领域的政策行动，这对于确定人工智能对人权的影响至关重要。关于性别、数据政策、教育和研究、健康和福祉以及其他政策领域的建议都包含在第一个人工智能道德国际文书中。

2019 年 5 月 22 日，OECD 通过了一项关于人工智能的建议。OECD 的建议确定了五项基于价值的原则。福祉、民主价值观和尊重法治是这些原则的核心。这些价值观基于现行国际法律框架和国际人权法，但其具体内容与范围并不确定，五个价值观之间的联系并不明确。例如，第一个价值观是包容性增长，这不是一个目标，而是确保可持续发展和增进民生福祉的一种方式。

与这些基于价值的原则相一致，OECD 还提供了五项建议，强调了赋予人们人工智能技能并支持工人从事将使用人工智能的工作的重要性。虽然这五项建议涉及诸如培养人工智能的可信度、增强公共和私人伙伴关系等主题，但它们忽略了解决受人工智能系统影响的各个领域。五项建议与基于价值观的原则之间的联系具有模糊性。这些建议应首先向成员国提出，然后通过他们向其他利益相关者提出。虽然这些建议有时是针对公共和私营部门以及公民的，这些实体不是 OECD 成员。除了这些建议外，OECD 还建立了人工智能政策观察站，旨在通过鼓励、培育和监督负责任地开发值得信赖的人工智能系统，为社会的利益制定这些原则，为需要援助的国家提供指导。现今，只有四十多个国家采用。

（三）国际人道法规则

军事技术快速发展可以追溯到第一次世界大战和第二次世界大战。第一次世界大战被认为是坦克和飞机等先进技术被引入现代战争的时期。作为第一次技术战争，第一次世界大战是历史上军事战术和技术方面最大的一次革命。[1]战斗和武器技术的发展为此后的渐进式技术改进奠定了基础。第二次世界大战也见证了为了赢得战争而取得的技术进步。第二次世界大战后，主权国家越来越渴望利用先进技术发展军事能力，一直在大力投资与改进依赖人工智能的作战手段和方法。人工智能在军事应用中展示了多种能力，达到人类智能水平甚至更高，可以在人类有限干预的新环境中运行。人工智能的快速进步以及增强军事行动的独特能力已将这项技术的各个方面重新推向军事关注的前沿。基于人工智能的发展及其彻底改变未来战争的能力，许多军队在新的战争手段系统中使用人工智能算法系统。

关于战争的现代人道法可以追溯到十八世纪。1899 年的《海牙公约》是重要的里程碑。"海牙法"国际人道法体系包括一系列国际条约和宣言，其中包含规范战争、规范作战手段、战争方法以及敌对行为的规则。除了作为国际人道法主要条约来源之一、构成这一法律制度核心的海牙公约的规定外，1949 年的四项日内瓦公约也是国际人道法规则的一部分，这些规则于 19 世纪首次编纂成文。这一趋势中的一个特殊里程碑是 1864 年通过了《改善战地武警部队伤者境遇的公约》。在 1864 年日内瓦公约基础上，经过 1906 年、1929 年、1949 年先后几次修改和补充发展为的 1949 年的日内瓦公约的迭代中得到了扩展，包括 1949 年《日内瓦公约》，旨在保护因受伤或被俘而退出战斗的非战斗平民和士兵。第一个条约 1864 年通过后，又进行了修订，并于 1906 年、1929 年和 1949 年被《指导性公约》所取代。《日内瓦第一公约》与《日内瓦第二公约》在结构上很接近，分别涵盖了对战争期间陆地伤病员和海上失事军事人员的保护。《日内瓦第三公约》涉及战俘待遇，并取代了 1929 年《关于战俘待遇的日内瓦公约》。这些公约只涉及战斗人员，不涉及平民，但《日内瓦第四公约》是关于在战争时期保护平民的，并涉及保护人民免受战争的某些后果的影响。目前有关武装冲突的国际法具有两条发展主线：一条是所谓的"日内瓦法"，适用于对武装冲突中的伤者、病者、遇船难者、战俘和

---

〔1〕　David Zabecki, "Military Developments of World War I, in International Encyclopedia of the First World War", at https://encyclopedia. 1914-1918-online.net/pdf/1914-1918-Online-military_ developments_ of_ world_ war_ i-2015-05-07. pdf，最后访问日期：2023 年 4 月 3 日。

平民等战争受难者的保护，目前主要由 1949 年日内瓦四公约组成；另一条是所谓的"海牙法"，适用于武装冲突中的武力使用，主要由 1899 年和 1907 年《海牙公约》组成。[1]

尽管主要的国际人道法文书是在人工智能发展之前起草的，但国际人道法的适用范围旨在规范武装冲突期间的所有军事活动，包括新武器。国际人道法通过其关于作战手段和方法的规则限制了自动武器系统的开发和使用。尽管国际人道法规则适用于自动武器系统技术，但它并非没有挑战。关于法律和国际人道法监管，联合国政府专家组已确认国际人道法继续全面适用于所有武器系统，包括致命性自主武器系统的潜在开发和使用。[2]国际人道法确实存在为塑造国家行为提供约束的法律原则，但仍然需要审查国际人道法，以随着技术进步实现其规则的适用性和适当性。

技术进步和挑战对现有的战争法律规范施加了压力，引发了人们对需要新法律或应采取其他政策的担忧。最实际的挑战是自主技术尚未被禁止。这主要是因为完全禁止几乎是不可能的，因为这些技术正在逐步发展，没有国际公认的定义，而且军队倾向于保持技术优势。这就是为什么全面禁止不可能被普遍接受的原因。因此，应该制定一些在武装冲突背景下监管自主武器系统的策略。最重要的是，应该有明确的定义，以充分了解此类技术及其具体运用，以便快速对其进行有效监管。

所有军事人工智能系统和武器都应按照这些国际人道法规则运行，各国有义务在开发包括自动化武器在内的新战争系统时确保这种能力。必要的决策能力是否可以被编程到机器中是值得怀疑的。对于国家来说，将这种能力应用到机器上仍然是一个挑战。这种武器的决策能力并不像人类那样伴随着责任或问责，而且可能会导致遵守国际人道法关于敌对行为的规则出现问题。由于部署了这些武器，人类需要对违反国际人道法的行为承担责任。考虑到战场上可能出现的情况的数量，完全自主武器可能不会被预先编程来根据具

---

〔1〕 参见张卫华：《国际人道法的现代化——1977 年两个议定书的起源和发展》，载《人权》2018 年第 6 期。

〔2〕 "Draft Report of the 2019 Session of the Group of Governmental Experts on Emerging Technologies in the Area of Lethal Autonomous Weapons Systems", Agenda Item 6, CCW DocCCW/GGE. 1/2019/CRP. 1/Rev. 2（report adopted 21 August 2019）. Annex Ⅳ, 'Guiding principles', para（a）, at https://undocs. org/pdf？symbol＝en/CCW/GGE. 1/2019/CRP. 1/REV. 2，最后访问日期：2023 年 6 月 2 日。

体情况确定预期的军事优势是否超过预期的平民伤害，特别是在军备竞赛的背景下。因此，此类武器可能违反国际人道法，危及平民。自动化武器目前无法评估对平民或民用物体造成的伤害，也无法接受遵守法律规范和国际人道法规则的训练。由于人工智能在新兴技术中的表现缺乏确定性，人工智能在自主武器中的军事应用不太可能完全遵守国际人道法原则。因此，针对军事人工智能新技术的发展，进行法律审查至关重要。

第三节　人工智能技术对国际法的挑战

技术与国际法发展长期以来就是一个值得关注的问题。纵观历史，技术创新推动了国际法的创建、修改或破坏。[1]同样，在人工智能领域，人工智能可能直接或间接地改变国际法发展。人工智能技术所引发的社会变革可能导致传统国际法无法适应人工智能技术发展现实，可能对旧有国际法律秩序带来破坏，从而需要建立新的国际法规制。

一、制度与规则挑战

人工智能技术需要新的特殊规则来处理新情况或行为形式，或禁止特定技术或特定应用。人工智能可能会带来新的、道德上问题或政治上或战略上具有破坏性的行为，这可能带来法律上的不确定性。人工智能系统的自主性、不透明性和不可预测性可能会给归因、控制和责任等国际法概念带来不确定性。[2]此外，新技术创造了新的环境，导致现有法律不适当的过度包容性和包容性不足。以前没有问题的法律突然被发现有不适当的范围。比如国际法的传统责任主体一般国家、个人与实体。近年来，呼吁赋权人工智能以促进人工智能产业发展见诸各种论坛与文章。那么，算法可以作为国际法的责任主体吗？这似乎没有明确的答案。此外，由于人工智能技术的发展，基于传统物理世界的国际法可能不再适应新的技术现实，成为过时或不必要的法律。

---

〔1〕　Colin Picker, "A View from 40,000 Feet: International Law and the Invisible Hand of Technology", *Cardozo Law Review*, Vol. 23, No. 1., 2001, pp. 149-156.

〔2〕　Matthew U. Scherer, "Regulating Artificial Intelligence Systems: Risks, Challenges, Competencies, and Strategies", *Harvard Journal of Law and Technology*, Vol. 29, N0.2., 2016, pp. 363-366; 376-392.

二、体制与机制挑战

人工智能技术的快速迭代与国际法的缓慢发展之间存在非适恰性问题。国际法的形成和应对挑战的速度可能非常缓慢。即使是在最好的情况下，习惯国际法可能会需要十到十五年才能制定出来。[1]习惯国际法进展缓慢，需要国家实践的明确证据。条约通常要求双方在技术上拥有大致均等的利益、遵守条约的明确收益预期、共同就明确定义达成一致的能力以及有效验证合规性的能力时才能达成。国际法院往往行动缓慢，对具体案件反应迟钝，而且缺乏技术专家。关于新兴技术的有效国际法制度历来依赖于一系列要素，包括在某种程度上预测并就发展路径和应用达成一致的能力、就技术定义达成一致的能力以及有效验证合规性的能力。这在人工智能的背景下似乎都难以实现。此外，由于人工智能技术的发展，现存的以国家为基础建立的国际法体系也可能面临挑战。现今一些平台型互联网公司控制了数十亿人的信息，对数十亿人的行为模式产生了影响。这些企业拥有比传统国家更为强大的控制能力，在全球范围内产生了广泛的影响。这些强大企业所建立的规则可能取代或虚化传统的国际法体系，使得现行国际法规则失去其价值。另外，人工智能技术也可能弱化现行的国际法规则。人工智能技术赋予了国家强大的控制力，这可能弱化传统的国际多边合作的价值，导致国际规则价值的虚化。

第四节 现有人工智能相关国际规范存在的问题

一、国际法规则与人工智能技术的非协同性

正如前文所述，国际法规则发展缓慢，而人工智能技术却在快速的迭代与变化。国际法的发展与变革和人工智能技术的变革之间并不协同。从某种意义上讲，现今国际法规则对于人工智能的规制完全是无效的，现行国际法规则基本无力应对人工智能系统的革命性变革。以国际贸易法为例，一方面，近年来各国制定了大量阻碍数据、算法和计算能力贸易的措施；而另一方面，

---

[1] Colin B. Picker, "A View from 40,000 Feet: International Law and the Invisible Hand of Technology", *Cardozo Law Review*, Vol. 23, No. 1., 2001, p. 185.

贸易法也进展缓慢，很难适应数字化转型。鉴于个人和非个人数据跨国流动以及人工智能等数据挖掘技术的重要性日益增加，这些发展引发了全球规则制定机会的问题。新近的自由贸易协定，例如《综合性经济贸易协定》（CETA）和 CPTPP 是朝这个方向的首次努力，因为它们直接解决了过去设立的一些国家贸易壁垒，例如数据本地化和源代码披露要求。人工智能对贸易法的影响仍在研究和探索中，这些规则对人工智能的影响仍然不确定。数字贸易自由化可能会加剧与数字经济现有相关政策的冲突问题。以技术为媒介的经济是不完美的，并且充满了信息不对称、数据垄断、算法不透明以及伴随这些变化而来的赢者通吃效应。鉴于全球范围内人工智能贸易的方式各不相同，因此很难就任何建议达成共识。目前围绕人工智能的技术环境正在经历持续的技术进步和变化。在基于当前现状的假设基础上制定法律框架很快就会有过时的风险。

二、现行国际法规则的碎片化

2023 年 3 月，英国政府发布了一份白皮书，提出了人工智能的监管方法，与其他做法（例如欧盟的《人工智能法案》）相比，英国没有提出额外的具体人工智能监管措施，而是认为人工智能目前完全可以通过现有法律框架进行监管。然而，AWO 报告《有效防止人工智能危害》对政府的立场提出了质疑。其认为现有的规则仍然存在差距，阻碍了有效保护个人免受使用人工智能工具造成的伤害。[1] 那么，从国际法层面看，现有规则能有效应对人工智能运用所带来的挑战吗？人工智能技术的大规模运用所引发的对个体生命、财产以及表达权利的伤害，我们可以在现有国际法规范如《世界人权宣言》中找到答案。对于跨境的数据传输，我们也可以在相关贸易协议中找到些许的应对之道。比如警察违规使用人脸识别系统来识别可能的嫌疑犯的行为可能违反了《世界人权宣言》第 1、2、3、5、9、11、12、19、20 以及 30 条的规定；使用人工智能系统进行招聘可能违反《世界人权宣言》第 1、2、5、12、22、23、25 以及 30 条的规定。然而，人工智能所引发的问题并非都是老问题，其对某一社群的大规模歧视，其自适应性与自我迭代性所引发的问题

---

〔1〕"AWO analysis shows gaps in effective protection from AI harms", at https://www.awo.agency/blog/awo-analysis-shows-gaps-in-effective-protection-from-ai-harms/，最后访问日期：2023 年 6 月 5 日。

如自动化决策对个体的伤害在现行规则中并无有效的解决方案。此外，人工智能技术的快速迭代可能引发不可预期的伤害，现行制定于 20 世纪的国际规则显然不可能应对这些不可预知的风险。这些国际规则主要是应对物理环境下的个人权利保障问题，其显然无法应对主要发生于网络空间的行为。

以互联网、人工智能等为代表性技术创新的技术进步阶段被称为第四次工业革命，其核心是数字化革命，其中互联网和物联网发挥着重要作用。现今，数字化革命的核心驱动力是所谓的人工智能技术。人工智能技术发展对社会的影响是全面、深入与系统的，而非局部性的有限影响。人工智能技术变革对社会的巨大影响需要我们作出系统性的应对而非仅仅是因应性的个案应对。

基于技术路径的人工智能国际法规则

第一节　人工智能国际法规制的理论再思考

在前面的章节我们详细分析了人工智能规制的技术路径，其主要包括基于人工智能技术系统的规制路径、基于人工智能运用场景的规制路径以及基于风险的人工智能规制路径。此外，我们还分析了人工智能技术本身的跨国运用性、运用场景的跨国性以及人工智能损害的跨国性，提出了构建人工智能规制国际体系的重要性。在这里，我们将主要运用经济学分析路径探讨构建人工智能国际规制体系的重要性。

一、人工智能运用的负外部性

人工智能技术运用可能增加全社会的总体福利，其增加了社会运行的效率，减少了沟通的成本，有利于创新驱动等。但值得关注的是，其引发的越来越频繁的负面效应也给社会公众带来了巨大影响，人工智能在大规模杀伤性武器领域的运用严重危害了个体的生命安全，人工智能运用对个体隐私的侵害日益频发，对国家政治、经济与文化安全都带来了巨大影响。而这种影响通常跨越国界，对个体、社会与国家带来巨大伤害。从国内视角看，人工智能运用引发的负外部性主要包括失业率的增加，个体隐私的伤害。从国际视角看，人工智能运用所引发的负外部性主要包括外包等就业机会的减少、环境污染、安全危害等。

随着人工智能技术的广泛运用，一些海外外包工作机会正呈现逐渐减少趋势。举例而言，首先，人工智能在智能服务助手领域的运用将大大削减海外外包工作机会，甚至可能导致这些工作机会的消失。其次，人工智能产业涉及算力等硬件设施的广泛利用。而算力的开发需要芯片等硬件的支撑，而这些芯片的生产对环境的影响巨大。再次，人工智能技术的开发需要大规模的数据训练，这些数据训练所产生的碳排放惊人。据第三方研究人员分析，ChatGPT 部分训练消耗了 1287 兆瓦时，并产生了超过 550 吨的二氧化碳排放量。最后，人工智能运用所引发的安全问题，包括个体安全与国家安全问题。在无国界的互联网环境下，人工智能运用所引发的海外欺诈事件层出不穷，跨国窃取个体信息的事件也时有发生，这严重损害了个体的经济与信息安全。就国家层面而言，通过人工智能技术操纵选举，通过虚假信息操纵他国的舆论，通过人工智能技术跨国窃取他国的商业秘密与经济信息，通过人工智能手段损害他人的基础设施等现象也不断出现。

从人工智能的发展趋势看，现今的人工智能发展所引发的负外部性非常巨大，其给世界的政治、经济、文化以及气候都带来了非常大的负面影响。随着人工智能技术特别是以庞大训练数据为基础的深度学习等技术的发展，未来人工智能运用对人类的负面影响可能更为深远。

二、人工智能负外部性规制的囚徒困境

现今，人工智能跨国规制正演化为一种典型的囚徒困境，各方都以最大化自己利益为自己的目标，完全漠视此种行为对他国的损害。人工智能应用将产生与互联网非常相似的影响，一方面扰乱社会，另一方面创造巨大的市场。就训练数据而言，不考虑社会外部性，训练智能算法所需的大数据的易获取性使中国处于优势地位。在西方，公众对隐私、民主问责制以及私营部门和公共部门之间明显区别阻碍了科技企业家获得人工智能发展所需的大数据。由于印度缺乏基础设施和数据监管，软件工程师必须使用欧洲或美国的数据集来训练他们的算法，这使得人工智能应用程序很难适应当地的情况。在发达经济体，劳动力成本高等市场条件一直刺激着开发使用人工智能的自动化系统。在劳动力廉价且广泛可用的发展中国家，同样的激励措施并不适用，并会导致不同的效果。如果没有市场拉动，印度政府当局需要找到促进人工智能发展的方法，以改善服务并确保印度有能力将其广泛的软件产业融

入全球经济。在数据流动规制方面，各国都希望获得更多数据来训练其人工智能系统，但却不愿意他国获得本国的数据，因而，数据的本地存储、跨境限制现已经成为各国限制数据流动的主要措施。而数据的本地存储、跨境流动限制反过来又给人工智能的发展带来了负面影响。这种对数据流动的限制显然是一种零和博弈，导致各方都无法获得训练人工智能所需的良好数据。

此外，随着人工智能的运用，一些国家虽然创造了更多的就业机会，但其本质是以他国就业机会的减少为代价。同样，对于算力的开发，各方都希望拥有强大的算力，然而，这些强大的算力开发所需的成本如环境污染、气候变化却需要由他国承担。由于这种负外部性主要由他国承担，各国在发展人工智能产业时根本不考虑这些负面效应。但事实上，这种负面影响巨大。从某种意义上讲，虽然人工智能开发与运用给某些特定国家带来了福利改善，但从全球视野看这种福利改善根本无法人工智能运用所带来的巨大负面影响。这意味着现阶段的人工智能开发与利用从社会总体福利而言可能并没有带来全社会整体福利的提升。

最后，在人工智能制度建设方面，也存在着所谓的囚徒困境问题。由于人工智能技术的快速发展与迭代，各方都希望尽快占领人工智能规制的高地，通过先发优势引领人工智能规制标准。基于人工智能发展与运用的非国界性特征，这种先发优势能很快转换成人工智能的规制标准。欧盟在个人信息保护领域的立法正是这方面的先例。然而，对于其他国家而言，这种基于先发优势而塑造的规制真的合适吗？事实上，其他国家别无选择，被迫接受这种可能不适应于其国内现状的规范体系。另外，这种基于先发优势考量的规制思路可能导致人工智能规制体系的过于超前或过于落后，这取决于谁先在人工智能领域进行率先立法。举例而言，欧盟在个人信息保护方面的立法现已经成为个人信息保护领域立法的黄金标准，但该立法真正适合处于发展中的国家吗？

第二节　人工智能国际法规制的基市原则

联合国秘书长指出，需要采取措施确保人工智能系统的透明、可归责以及被监管，确保人工智能能弥补社会、数字以及经济鸿沟，构建相信安全和和平的体系，促进向善人工智能的开发，实现可持续发展目标。OECD《人工智能原则》指出，人工智能应该通过推动包容性增长、可持续发展和福祉来造福人类和地球；人工智能系统的设计应尊重法治、人权、民主价值观和多样性，并且应包括适当的保障措施，例如在必要时允许人为干预，以确保社会公平公正；人工智能系统应该具有透明度和负责任的披露，以确保人们在与人工智能系统互动时能够理解并能够对结果提出质疑；人工智能系统必须在其整个生命周期中以稳健、安全的方式运行，并且应不断评估和管理潜在风险；开发、部署或运营人工智能系统的组织和个人应根据上述原则对其正常运行负责。该原则现已被多国采用，美国、日本、中国都在各自国家的人工智能发展伦理规范中引入了 OECD 人工智能发展五原则。

然而，2019 年制定的 OECD《人工智能原则》显然无力应对近年来勃兴的人工智能浪潮，特别是近年来人工智能技术发展呈现出向通用人工智能技术发展的趋势。通用型人工智能技术的发展深刻影响了人工智能产业的发展，将人工智能从执行具体特定任务的工具向逐渐替代人的方向发展。人工智能的这种发展趋势将深刻影响人的行为模式与认知模式，进而可能给整个社会带来颠覆性影响。在新的人工智能技术背景下，强化人的中心地位，尊重人之为人的价值观将具有关键性意义。因而，从人工智能发展的现实来看，从国际多元视角出发，人工智能的多边规制应坚持以下原则。

一、主权原则

早在 20 世纪 90 年代，不同国家的政策制定者就开始使用"数字主权"、"网络主权"和"数据主权"等术语来表示国家对网络空间的控制。2013 年斯诺登泄密事件之后，网络主权概念开始获得国际社会更多关注，中国和上海合作组织其他成员国提出了"互联网主权"的理念。20 世纪 10 年代初期和中期，一些南半球国家推出了旨在加强对数据流动控制的"数据主权"政策。最近，欧盟也开始利用"数字主权"的理念来促进对数据、数字基础设施和新兴技术进行更全面的控制，以确保它们符合欧洲价值观。虽然使用了不同的术语与概念，然而，这些术语暗含的共同理念是"对数字资源与环境的合法控制"。

网络主权是国家主权在网络空间的自然延伸，是一国基于国家主权对本国境内的网络设施、网络主体、网络行为及相关网络数据和信息等所享有的最高权和对外独立权。[1]网络主权意味着各国可以出台各种政策，从数据本地化要求到禁止特定 IP 地址，再到限制外国直接投资和外国收购等。

近年来，"数字扩张主义"盛行，其表现形式包括利用强制力（硬实力）迫使人们服从、利用协商一致的诱因来激励人们服从，以及通过合法行使权力来指挥人们服从。这些不同的数字扩张主义举措同时也被用于增强一国对另一国的外部控制，或削弱竞争对手国家维护自身控制的能力。网络主权概念代表了一种保护国家权威免受各种威胁的"防御"机制，是对"进攻"型"数字扩张主义"行为的有效反击，是确保互联网全球治理秩序的根本。因而，坚持人工智能系统规制的主权原则不是鼓励各国自行其是采取措施限制人工智能的运用与发展，其本质是通过"数字扩张主义"限制对他国的无端干涉，维护主权国家对数字空间基于本国国情的独立自主的决策权与规制权。

首先，主权原则意味着任何国家都可基于本国国情制定网络空间治理规则，其他国家无权干涉别国的网络治理行为。其次，主权原则意味着网络空间的治理需要各国达成共识性意见，形成共识性机制，一国不能强迫他国接受自己制定的网络空间治理规则。最后，主权原则并不意味着各国在网络空间治理方面可以任意作为。基于网络空间的无疆特征，任何网络治理规则都不可避免地产生外部效应，而网络经济实力强大的国家的规制外部性更加明显。如果不对这种外部性进行规制，这种任意的网络治理可能演变为"网络霸权"行为。因而，主权原则同时也意味着一国在制定本国的网络治理规则时需要考虑其他国家的利益与实践。

二、以人为本

人工智能应用现已渗透我们生活的各个领域，为获得少数大型科技公司提供的所谓免费服务，个人不得不将掌控生活的权力让渡。这些大型数据处理者不但对个体进行全方位监控以便获取更多关于个人的数据，同时还利用个人免费提供的数据操控个体以获取最大化利益。[2]支撑这一切的商业模式

---

[1] 《网络主权：理论与实践（2.0 版）》，at http://www.cac.gov.cn/2020-11/25/c_160786992 4931855.htm，最后访问日期：2023 年 5 月 10 日。

[2] 脸书等社交平台通过算法操控用户不断进行信息披露以获取用户数据从而获取最大化价值。See Ari Ezra Waldman, *Industry Unbound*: *The Inside Story of Privacy*, *Data*, *and Corporate Power*, Cambridge University Press, 2021, p.2.

称为"监视资本主义"。[1]谷歌和脸书等科技利维坦单方面声称"人类经验是转化为行为数据的免费原材料"。对个体的全面了解使得数据处理者能轻易对个体施加影响与控制。[2]掌控强大说服力技术的数据处理者对个体越了解,就越可能激发个体行动的信息。利用大数据分析以及心理测绘目标程序数据处理者能轻易发现个体的脆弱性之所在,[3]利用该脆弱性操控个体决定与行为,[4]从而重塑个体的生活。[5]由此,个体被拥有垄断权力的数据处理者消解,困于数据经济体系中被数据化、被操控、被利用,异化为数据处理者的获利材料。

数据处理者不但对个体进行操控,还试图通过算法画像对个体进行身份重构。个人信息组合,一定程度上可以彰显一个人的兴趣、爱好、审美情趣、文化修养,可能勾勒出一个人的人格侧面。[6]通过大数据分析对个人客观特征与社会属性进行定性与定量描述并不存在任何技术障碍。[7]但这种描述常与个人客观实际情况背离。[8]算法画像错误高发的原因在于算法所使用的个人数据缺乏具体语境,所呈现的只是世界的抽象表征,而不是世界本身。由此,行动和感知之间的联系被算法侵蚀,个体丧失对其自身身份与社会评价的控制,被数据处理者异化处理为非本我的数字化存在。[9]

在权力极端不对等的数字经济环境中,拥有"数字生命权力"(Digital

---

〔1〕 Shoshana Zuboff, *The Age of Surveillance Capitalism: The Fight for a Human Future at the New Frontier of Power*, Public Affairs, 2019, pp. 8–12.

〔2〕 See Neil Richards, "The Dangers of Surveillance", *Harvard Law Review*, Vol. 126, No. 7., 2013, p. 1953; 在 Jacob Kröger et al., "How Data Can Be Used Against People: A Classification of Personal Data Misuses", at https://papers. ssrn. com/sol3/papers. cfm? abstract_ id = 3887097, 一文中, 作者系统论述了数据滥用行为如弱点识别、个性化说服对个体带来的伤害。

〔3〕 Daniel Susser, et al., "Technology, Autonomy, and Manipulation", *Internet Policy Review*, Vol. 8, No. 2., 2019, pp. 1–9.

〔4〕 Manal al-Sharif, "Captive Mood: How Big Tech Manipulates Your Emotions to Serve Advertisers", *Michael West Media*, August 25, 2021, at https://www. michaelwest. com. au/captive-mood-how-big-tech-manipulates-your-emotions-to-serve-advertisers/, 最后访问日期: 2023 年 2 月 5 日。

〔5〕 Meredith Whittaker, "The Steep Cost of Capture", *Interactions*, Vol. 28, No. 6., 2021, p. 50.

〔6〕 黄燕诉腾讯网络侵权责任纠纷案: 北京互联网法院 (2019) 京 0491 民初 16142 号民事判决书。

〔7〕 Ayse Cufoglu, "User Profiling–A Short Review", *International Journal of Computer Applications*, Vol. 108, No. 3., 2014, p. 3.

〔8〕 Douglas Heaven, "Expression of Doubt", *Scientific American Mind*, Vol. 31, No, 3, 2020, p. 502.

〔9〕 KaiTai Chan, "Emergence of the 'Digitalized Self' in the Age of Digitalization", *Computers in Human Behavior Reports*, Vol. 6, 2022, pp. 1–7.

Bio-power）[1]的数据处理者不仅操控、干预我们的生活，同时也塑造了我们的数字生活模式，实质行使着规范化、规则性的"管理生命"权力。早在20世纪80年代，德国宪法法院就指出，必须警惕现代数据处理方式将个体异化为客体的趋势。[2]如今，这一警告已然成为现实。个体已然被算法操控、重塑，整合进有效的经济控制系统之中，成为数字经济的客体与获利对象。个体不再是活生生的现实物理存在，更多被赋予了便利数字经济发展的"新意义"。这种"新意义"削减了人之为人的内在尊严。人的内在尊严要求作为人类的个体必须被他人和国家予以必要尊重。当个体能够以自己的方式追求自己目标时，他的尊严就得到最好的尊重或实现。[3]然而，在权力极端不对等的数字环境中，个体丧失了基本的选择自由，成为被操控的对象，其内在尊严几无实现可能。同时，这种"新意义"也阻碍了人的外在尊严的实现。外在尊严的要义是尊重与认可个体的独特性，个体只有通过更广泛的社会承认才能拥有尊严和自我感。[4]外在尊严强调尽管个体之间存在差异，但所有个体及其生活选择的平等价值应当获得承认。然而，在权力极端不对等的数字环境中，个体的独特性被算法界定、操纵与数字化，个体的尊严与自我感被消解于冰冷的数字之中，成为企业获利的重要因素。据美国有线电视新闻网（CNN）统计，42%的首席执行官认为人工智能有可能在五到十年后给人性带来毁灭性影响。[5]

在个人数据处理的新现实下，要避免人异化为数字化客体，维护人的尊严与价值，唯一的解决之道就是坚持人本主义的人工智能规制路径，将人放在最为中心的地位。

首先，尊重人的自决权意味着人工智能系统需要以人为中心。这意味着

---

［1］ "生命权力"概念起源于福柯。"生命权力"是作为对生命及其一举一动进行监视、干预、扶植、评估、调节、矫正的全方位权力体系。参见吴冠军：《生命权力的两张面孔——透析阿甘本的生命政治论》，载《哲学研究》2014年第8期。

［2］ Maria Tzanou, "Data Protection as a Fundamental Right Next to Privacy? 'Reconstructing' a Not So New Right", *International Data Privacy Law*, Vol. 3, No. 2., 2013, p. 89.

［3］ Neomi Rao, "Three Concepts of Dignity in Constitutional Law", *Notre Dame Law Review*, Vol. 86, No. 1., 2013, p. 203.

［4］ Neomi Rao, "Three Concepts of Dignity in Constitutional Law", *Notre Dame Law Review*, Vol. 86, No. 1., 2013, p. 244.

［5］ Matt Egan, "42% of CEOs say AI could destroy humanity in five to ten years", at https://edition.cnn.com/2023/06/14/business/artificial-intelligence-ceos-warning/index.html, 最后访问日期：2023年7月1日。

人工智能系统需要基于"致力于为人类和公共利益服务，以改善人类福利和自由为目标"。换句话说，人工智能系统需要为人类的进步而建立，并促进人类的福祉和尊严，即它们必须使人类蓬勃发展，他们必须尊重人类的自由和自主权，避免人类受到伤害。人类应保持对自己的自主权，人工智能系统不应仅将人类视为要"筛选、分类、评分、监控、调节或操纵"的对象。其次，伤害预防原则意味着人工智能系统不应从尊严和身心的角度对人类产生不利影响。例如，人工智能系统不应导致雇主与雇员、企业与消费者、政府与其公民之间的权力失衡，进而损害弱势地位者的利益。同时，人工智能系统需要特别保护儿童和老人等弱势群体。这涉及人工智能系统是否会削弱人类的审议能力，例如人类监督。它还包括知情同意，因为人工智能系统应该允许人类撤回他们的同意。这包括人工智能系统必须能够抵御黑客的攻击。这与防止伤害的原则有关，不仅与人类与人工智能系统交互，而且与更广泛的社会和环境的可持续性有关。再次，人工智能系统的设计应确保它们不会被挪用于不同的用途（例如，交付无人机被武器化）人工智能系统还应该设计有一个"后备计划"，如果系统出现问题，它应该能够自我监控并纠正或停止。最后，人工智能还应该保护人类的身体与精神的完整性。人们应该知道如何使用他们的数据并同意其使用。人们应该有权访问、删除或更正他们的数据。个人信息应受到保护，未经同意不得出售或共享。

三、公平

人工智能的设计和实施也应该是公平的，平等对待群体，没有不公平的偏见与歧视。虽然很难定义和衡量公平性，但公平是人的决定，而不是技术或数学的决定。人工智能系统的歧视与偏见源自数据偏见以及设计偏见等众多因素。搬家公司需要员工承担很多繁重的工作，因而它以比女性更高的比例雇佣男性，这可能是因为男性通常比女性更强壮，因此不同的男女雇佣率可能是与工作相关的原因。但当这些数据被用于人工智能训练时，就可能给女性等群体带来歧视。公平意味着尽量削减数据中存在的固有偏见与歧视，在规则设计时确保公平地对待每一个人，对于敏感的自动化决策需要人的介入。公平原则要求人工智能系统的开发人员避免人工智能偏见，对不同子群体的不合理的区别对待或结果。

四 、透明与可解释

与其他技术相比，人工智能系统运行最大的问题就是所谓"黑箱"问题。所谓"黑箱"是指人工智能内部的运行逻辑外界无法知晓。当内部和外部人员无法弄清楚为什么企业的基于人工智能的自动决策系统会作出他们所作的决定时，这些算法会引起人们的挫败感。这一原则要求明确传达人工智能系统的能力和目的，以及它们的决定和任何输出都可以向受影响的人解释。否则，质疑和质疑决定是具有挑战性的。透明度和可解释性是建立人工智能信任的关键，这一要求与可解释性原则有关。基于人工智能的系统如何工作以及如何作出决策需要透明，目标是避免"黑箱"场景，即不清楚人工智能系统是如何作出决定的，这意味着这些决定应该是可追溯的。此外，对于模仿人类的人工智能系统，应该让消费者清楚是在与人工智能系统交互，而不是与真实的人类交互。如果对人工智能系统没有正确的理解，它可能在给定的任务上表现良好，但由于"聪明的汉斯"预测器产生的虚假相关性，它可能会在不知不觉中做到这一点。

五 、问责

无论是国内法还是国际法，引入人工智能所产生的核心法律问题都围绕着自我判断和自我决策要素。归根结底，谁真正做出决定，直接导致谁承担法律责任的问题。例如，在使用无人机的武装攻击中，如果操作者是一名人类士兵，而无人机仅仅是由他或她操纵的，则由该操作士兵承担任何法律责任（如果有的话）。相比之下，如果无人机的编程方式已经是收集敌人信息、选择目标并发起攻击，那么责任问题就会变得更加复杂。诚然，这里仍然涉及人的因素，但攻击的最终决定是由机器作出的。是否应该以某种方式减轻人类责任，或者机器最终是否应该承担责任？这个问题盘旋在现代战场上，并且在未来更是如此。有许多类型的自动化和自主决策机器和系统（所谓的"杀手机器人"），旨在自主收集信息、处理信息、作出判断和发起攻击。错误的攻击会引发关于谁应该为错误承担法律责任以及依据什么承担法律责任的争议。最初部署杀手机器人的国家是否应该承担法律责任尚不确定；监督杀手机器人的士兵（和/或其上级）是否应该承担责任；或者，只要国家在部署前完成了必要的检查和确认过程，并且士兵在操作中尽职尽责，国家和士兵均不承担任何责任。如果发现设计或制造过程以某种方式存在缺陷，杀手机器人的制造商也将因其分担的责任而受到牵连。确实，也许上述所有参与者都与最终结果有关，因此任何法律责任都可能需要集体承担。换句话说，杀手机器人从制造到战场上运行的每一步都涉及不同程度的人类参与，从而引发了相应程度的法律责任问题。如果相同的逻辑适用于本身具有人工智能驱动的子功能的零件和组件，那么复杂性就会呈指数级增加。许多中介机构的存在可能会淡化法律责任的数额和责任感。正如古老的格言所说，每个人的责任都是没有人的责任。此外，人工智能一词目前的使用相当广泛和模糊。鉴于人工智能只是一种新现象，这似乎是不可避免的。因此，长周期中任何一个环节所涉及的具有自我判断特征的新技术和机器都可以简称为人工智能或人工智能技术和系统。这里不同的技术和机器具有不同程度的自我判断能力。自我判断能力的不同，反过来又影响衡量法律责任的尺度。因此，更相关的问题不是是否使用人工智能，而是使用何种程度的决策能力。问责与公平原则有关。其要求对人工智能进行人工监督，即保持"人在循环中"，并要求人类对人工智能造成的任何危害负有最终责任。它还需要以算法影响评估的形式进行审计，包括公平性、可解释性和对在系统失败或黑客攻击情况下的弹性等问题。

六、安全与可信

2023 年 7 月 21 日美国领先的 7 家互联网公司（包括微软、谷歌、亚马逊、Meta、Open 人工智能、Anthropic 和 Inflection）承诺强调了人工智能未来的三个基本原则：安全、保障和信任。[1]

安全是指公司有责任在向公众推出产品之前确保其产品是安全的。这意味着需要测试其人工智能系统的安全性和功能，对其进行外部测试，评估其潜在的生物、网络安全和社会风险，并将这些评估结果公开。

保障是指公司有责任构建将安全性放在首位的系统。这意味着保护他们的模型免受网络和内部威胁，并分享最佳实践和标准，以防止滥用、降低社

---

〔1〕 The White House, "Ensuring Safe, Secure, and Trustworthy AI", at https://www.whitehouse.gov/wp-content/uploads/2023/07/Ensuring-Safe-Secure-and-Trustworthy-ai.pdf, 最后访问日期：2023 年 7 月 29 日。

会风险并保护国家安全。

信任是指企业有责任为公众做正确的事并赢得人们的信任。这意味着用户可以轻松辨别音频和视频内容是否为原始形式，或者是否已被人工智能更改或生成。这也意味着确保该技术不会助长偏见和歧视，加强隐私保护，并保护儿童免受伤害。同时这还意味着利用人工智能帮助应对社会面临的最大挑战，从癌症到气候变化，并管理人工智能的风险，以便充分实现其好处。

第三节　基于技术路径的国际法规制的对象

基于技术路径的国际法规制意旨从技术视角考虑人工智能的多边规制逻辑。从技术角度看，人工智能系统主要由三部分组成：算法（模型）、算力与数据，任何一个人工智能系统的开发与使用都离不开上述三要素支撑。基于技术路径的人工智能规制也就是对于算法、数据与算力的规制。

一、算法（模型）

（一）算法技术

人工智能领域包括许多不同的子领域，如机器学习（其中包括人工神经网络和深度学习）、计算机视觉（实时捕捉以及处理、分析和理解图像）、自然语言处理（包括计算机分析、理解和生成人类语言的能力）等[1]。其中机器学习是目前人工智能中最常见的子领域，由于其可用于训练大型数据集和计算能力的提高，成为广泛使用的一种通用技术，整个机器学习的过程依赖于不同算法（逐步渐进的指令）对数据的分析，主要包括三个阶段：首先，编写模型架构；其次，基于训练算法和训练数据集在训练过程中建立模型；最后，将模型应用于新数据，生成一定的输出。[2]传统算法是指简单的商业

---

[1]　Yoann Garraux, "Artificial Intelligence and Copyright: A Comparative Analysis" (June 21, 2019). at https://papers. ssrn. com/sol3/papers. cfm? abstract_ id=3533822，最后访问日期：2023 年 1 月 5 日。

[2]　Josef Drexly, et al. , "Technical Aspects of Artificial Intelligence: An Understanding from an Intellectual Property Law Perspective" (October 8, 2019), *Max Planck Institute for Innovation & Competition Research Paper* No. 19–13, at SSRN: https://papers. ssrn. com/sol3/papers. cfm? abstract_ id=3465577，最后访问日期：2023 年 1 月 4 日。

方法、算法、计算机程序算法等方法或步骤，这些内容一般难以获得专利的保护。而人工智能算法则不同，究其本质是因为人工智能一直在不断尝试模仿人类的思维步骤（进行自主学习），已然超出传统算法的设计范式（即以人为干预操纵为主）。[1]这种思维步骤包括识别问题、分析问题、解决问题等。在 2018 年欧盟发布的人工智能报告中，其中将人工智能视为一种能在一定程度上自主分析客观环境，并基于此采取相关行动以达到某种目的的智能系统。人工智能不仅能够独立于计算机程序（如人脸识别系统、图像分析程序），还能够嵌入其他应用设备（如机器人、无人机、自动驾驶汽车等）。而在这过程之中，人工智能需要不断地进行自主学习（机器学习），这必然会牵涉如何训练机器，即计算机在基于某种算法之下，输入许多数据后进行自主学习。[2]在上述背景之下，人们针对算法的研究大致采取两种模式：第一种模式是"从下到上"，即编程人员基于计算机语言设计代码程序，此时代码程序相当于一个固定的程序模型，只要输入相应的数据就能产生设计者所想要的结果；另外一种模式则是"从上到下"，即事先向机器输入各种数据，让其从这些数据当中探寻客观规律，并基于此作出预测，输出相应的结果。[3]将两种模式进行对比可以得出：第一种模式主要是先分析数据，而后将其进行区分归类，进而使机器"明白"应当如何进行学习。而第二种模式则是让机器进行自主学习，自动学会如何抓取数据、分析数据、处理数据，这也就是人工智能算法的最初之义。当然，这两种模式的算法设定路径并不总是相互矛盾的，当机器需要输入大量数据时，第一种模式能够弥补第二种模式的不足。基于此，可以将人工智能算法分为"广义人工智能算法"与"狭义人工智能算法"。前者是指只要能让机器变得更加智能，无论是何种算法形式（甚至包括传统算法）都属于广义人工智能算法的范畴。后者则是指如今人工智能技术应用或机器学习（自主学习）所必需的核心要素，即本书所指称的"人工智能算法"（狭义人工智能算法）。

而结合人工智能算法的应用场景来看，其与传统算法（主要指计算机程序算法）存在以下差异之处。第一，人工智能算法与传统算法相比，前者能

---

〔1〕 参见苏宇：《优化算法可解释性及透明度义务之诠释与展开》，载《法律科学（西北政法大学学报）》2022 年第 1 期。

〔2〕 参见吴飞等：《深度学习的可解释性》，载《航空兵器》2019 年第 1 期。

〔3〕 参见张吉豫：《智能时代算法专利适格性的理论证成》，载《当代法学》2021 年第 3 期。

够使相关应用变得"拟人化"。人工智能时代的到来，使得人们能够将算法应用于模拟人脑思维的机器当中，所有应用在模拟人脑思维的机器上的算法都能够被视为人工智能算法。人工智能算法与应用在计算机程序的传统算法不同，后者是计算机程序得以高效运行的工具，前者则是在人工智能时代诞生出的新兴事物如卷积神经网络、深度学习等算法，能够深度模拟人脑思维。[1]第二，人工智能算法与传统算法相比，前者的算力需求更大。传统算法的算力水平往往与计算机性能息息相关，人工智能算法虽然也能借助计算机程序运行，但后者的运行速度、性能还是无法满足人工智能算法的算力需求，强行应用容易导致各种问题。同时，人工智能算法的应用场景如自动驾驶、无人机等对算法要求极为苛刻，而当下全球范围内算力最高仅能达到几十个万亿次每秒水平，科学人员预测到 2025 年才能够达到每秒上千万亿次水平。[2]第三，人工智能算法与传统算法相比，前者的表现方式更为丰富，即后者主要以代码为其表现形式，前者还有以神经网络的连接参数等为表现形式。虽然人工智能算法在输入机器之前应当通过源代码的设计编写，但由于其具有复杂的技术性，故其目标代码很有可能是以网络连接参数等方式表现。第四，人工智能算法与传统算法相比，前者所对应的代码形式具有多变性。一些人工智能算法是以外部输出的数据为运行基础，依据数据的种类、大小等权重进行自我调节，故即使其源代码相同，但因输入的数据不同所输出的结果也会有所差异。第五，人工智能算法与传统算法相比，前者具有"不可知性"。在传统算法中，编程人员设计算法是采用计算机语言的方式以解决特定的问题。传统算法会服从技术人员的指令，应用某个既存的数据库，解决特定的问题。当需要解决的问题发生变化时，此时编程人员就会介入干预调整或重新编写传统算法的运行代码。[3]而人工智能算法一旦经过设计完成，就会自动分析、处理数据，基本上不再需要人们的介入干预。易言之，往机器中输入不同数据，机器就会自动处理不同的问题，人们甚至自己对此过程所涉及的算法的

---

〔1〕　参见［德］托马斯·维施迈尔：《人工智能系统的规制》，马可译，载《法治社会》2021 年第5 期。

〔2〕　Nikhil Malik, et al., *Deep Learning in Computer Vision: Methods, Interpretation, Causation and Fairness*, at https://papers. ssrn. com/sol3/papers. cfm? abstract_ id = 3395476，最后访问日期：2023 年 3月 8 日。

〔3〕　参见张思思等：《深度学习中的对抗样本问题》，载《计算机学报》2019 年第 8 期。

运算原理都无法知悉。而这种"不可知性"可以概括为"运行层面"与"结构层面"的不可知性。就前者而言，主要是指人工智能算法的最初"模型"虽然能由人们设计生成，但其在运行过程中很可能脱离人们的控制，乃至出现不可预知的安全漏洞。比如一些人工智能集合算法（即多种类型算法的集合），这些不同种类的算法结合虽能够在一定程度上达到设计的目的，但容易因为某些算法的不可控性导致整个集合算法的不可知性。而就后者而言，主要是指人工智能算法与数据的结合引发了算法的不可知性。算法训练者（数据输入者）通常将数据输入算法后，而后再将产出的数据输入算法，如此反复循环，即使是算法的原始设计者也仅能从产生的数据结构推理出前一个循环的算法运行逻辑，对于其他算法运行环节逻辑难以知晓。[1]

（二）算法应用

随着人工智能技术的广泛应用，以算法为基础决策在各领域获得了广泛应用。算法不但被用于对人进行客观描述，如推测人的兴趣、犯罪倾向、爱好、财务状况、性取向、社会关系、工作能力等，同时其被用于选举、公共健康应对、自动驾驶服务、虚假信息传播与应对、图像识别、医疗服务、人员雇佣等领域。可以毫不夸张地说，现今算法决策已经渗透我们日常生活的各个领域。算法正悄悄地构建着我们的生活方式，其不但可以决定互联网搜索结果、广告呈现的内容，同时也可以准确推测消费者的信用状况、偏好、兴趣等。算法时代无疑已经降临，[2]其对社会[3]、政治[4]、

---

〔1〕 参见周尚君、伍茜：《人工智能司法决策的可能与限度》，载《华东政法大学学报》2019 年第 1 期。

〔2〕 Sofia C. Olhede，Patrick J. Wolfe，"The growing ubiquity of algorithms in society：Implications，impacts and innovations"，*Philosophical Transactions of the Royal Society A*，Vol 376，No. 2128. ，2018.

〔3〕 Cathy O'Neil，*Weapons of math destruction：How big data increases inequality and threatens democracy*，Crown Publishing Group Affil，2016；Safiya Umoja Noble，*Algorithms of oppression：How search engines reinforce racism*，New York University Press，2018；Virginia Eubanks，*Automating inequality：How high-tech tools profile，police，and punish the poor*，St. Martin's Press，2018.

〔4〕 Zeynep Tufekci，*Twitter and tear gas：The power and fragility of networked protest*，Yale University Press；Siva Vaidhyanathan，*Antisocial media：How Facebook disconnects us and undermines democracy*，Oxford University Press，2017；Yochai Benkler，et al. ，*Network propaganda：Manipulation，disinformation，and radicalization in American politics*，Oxford University Press，2018；Jonathan Zittrain，"The hidden costs of automated thinking"，The New Yorker，July 23，2019.

新闻〔1〕以及认知〔2〕带来的深刻影响将重塑人们的行为模式与经济发展模式。现今算法决策也已经在各个领域获得了广泛应用，基于算法决策的自动驾驶，新冠肺炎公共健康应对〔3〕、人脸识别〔4〕正渗透我们生活的各个领域，对人们的隐私、社会评价、行为模式等方方面面带来了巨大影响。这些影响有些具有正面价值〔5〕，然而其对社会带来的负面效应正日趋显现。如没有健康码的人群丧失了自由行动的权利，错误的算法结果给企业声誉带来了伤害〔6〕以及人脸识别技术误用给当事人带来的致命伤害〔7〕。算法也会产生过滤泡沫〔8〕、助长两极分化〔9〕、加剧现有的社会不平等〔10〕、并导致虚假

---

〔1〕　John P. Wihbey, *The social fact: News and knowledge in a networked world*, MIT Press, 2019; Jihii Jolly, "How algorithms decide the news you see", *Columbia Journalism Review* May 20, 2014; Laura Hazard Owen, "One year in, Facebook's big algorithm change has spurred an angry, Fox News-dominated-and very engaged! -News Feed", NeimanLab, https://www.niemanlab.org/2019/03/one-year-in-facebooks-big-algorithm-change-has-spurred-an-angry-fox-news-dominated-and-very-engaged-news-feed/.

〔2〕　Jonathan Zittrain, "The hidden costs of automated thinking", The New Yorker, July 23, 2019.

〔3〕　基于大数据与算法的健康码系统在中国应对新冠肺炎公共健康危机时获得了广泛应用。

〔4〕　人脸识别被广泛应用于交通管理，金融服务、犯罪应对等。

〔5〕　算法基于其标准化的决策机制，无疑增加了决策的效率与客观性。MIT 的研究人员通过算法发现了现存药品的新用途，https://www.cell.com/cell/fulltext/S0092-8674（20）30102-1，最后访问日期：2023 年 1 月 3 日。进化神经网络算法比皮肤病专家更能有效发现潜在癌变皮肤损伤，见 Angela Lashbrook, "AI-Driven Dermatology Could Leave Dark-Skinned Patients Behind", Atlantic（Aug. 16, 2018）, at https://www.theatlantic.com/health/archive/2018/08/machine-learning-dermatology-skin-color/567619/，最后访问日期：2023 年 2 月 5 日。基于算法的医疗设备可以精准发现脑瘤的位置，见 "Computer program beats doctors at distinguishing brain tumors from radiation changes"（Sept. 16, 2016）, *Neuroscience News*, https://neurosciencenews.com/ai-brain-cancer-neurology-5058/，最后访问日期：2023 年 2 月 10 日。算法可以有效解决交通拥堵问题，见 Francesca Baker, *The technology that could end traffic jams*, BBC Future, Dec. 12, 2018, http://www.bbc.com/future/story/20181212-can-artificial-intelligence-end-traffic-jams，最后访问日期：2023 年 1 月 5 日。

〔6〕　企查查平台发布关于蚂蚁微贷虚假信息。

〔7〕　（2019）闽 0203 刑初 890 号案中，被告就成功破解了厦门银行的人脸识别系统。在中国人脸识别第一案中，原告认为被告行为侵权其隐私权等。在美国，底特律警察基于人脸识别技术错误逮捕了一位黑人。

〔8〕　E. Pariser, *The Filter Bubble: How the New Personalized Web is Changing What We Read and How We Think*, Penguin Books, 2012.

〔9〕　J. Van Bavel, et al., "How social media shapes polarization", *Trends in Cognitive Sciences*, Vol. 25, No. 11., 2021, pp. 913-916. 也有学者认为，算法可能不是两极化加剧的主要原因，参见 Andrew M. Guess, et al., "How do social media feed algorithms affect attitudes and behavior in an election campaign?" *Science*, Vol 381, No. 6656., 2023, pp. 398-404.

〔10〕　Z. Obermeyer, et al., "Dissecting racial bias in an algorithm used to manage the health of populations", *Science*, Vol. 366, No. 6464., 2019, pp. 447-453.

信息传播[1]。

（三）算法瑕疵

算法基于其标准化决策机制，无疑增加了决策效率与客观性。有研究发现，算法在诊断乳腺癌方面的表现优于医生，进化神经网络算法比皮肤病专家更能有效发现潜在癌变皮肤损伤，基于算法的医疗设备可以精准发现脑瘤的位置，通过算法能快捷发现药品新用途。然而，算法决策并非总具正面意义。在预测未来犯罪可能性方面，人工智能系统算法自带种族偏见，将没有犯罪记录的黑人标识为未来罪犯的概率高于白人两倍。[2]Deepfake 算法通过深度伪造技术伪装他人的形象、表达等。如果这种技术运用于一国国家元首发布战争动员或其他紧急行动，将给社会带来致命影响。技术信息在网络传播的扩散效应，即使相关方进行事后补救，但已经造成的损害将无可弥补。更为有害的是，Deepfake 技术滥用会导致社会真实信息传导偏差，使得公众不再轻易相信真实信息，并进而损害公民的社会参与。在信任 3.0 时期，人们通过去中心化的网络与市场进行交流，以点赞以及评论等为工具的群体化为信任的基础。滥用这种群体化将导致信任崩溃，损害公民的社会参与。[3]

算法决策瑕疵所引发的损害包括系统性伤害与对个体的伤害。随着更复杂算法的广泛使用、更大规模数据被收集，市场已经超越对个体数据的交易，朝着从集体数据萃取价值方向发展。对集体数据的不当利用将导致对某些群体的系统性伤害，如对社会边缘群体的系统性偏见、歧视、压制、仇视言论等以及对社会整体利益的损害，如引发社会整体信任危机。基于系统性伤害的普遍性、算法外在不可感知性等特征，受害人难以察觉其受到的伤害。很多受害者并不知晓其被算法画像、歧视。[4]算法决策对个体的伤害包括人身

---

[1] Jack Bandy, Nicholas Diakopoulos, "Curating quality? How Twitter's timeline algorithm treats different types of news", *Social Media + Society*, Vol. 7, No. 3. , 2021.

[2] Julia Angwin, et. al. , "Machine bias: There's software used across the country to predict future criminals. And it's biased against blacks", ProPublica, 23 May 2016, at https://www.propublica.org/article/machine-bias-risk-assessments-in-criminal-sentencing, 最后访问日期：2023 年 2 月 9 日。

[3] Joshua Rothman, "In the Age of A. I. , Is Seeing Still Believing", *The New Yorker*, November 5, 2018.

[4] Sandra Wachter, et. al. , "Why fairness cannot be automated: Bridging the gap between EU non-discrimination law and AI", *Computer Law & Security Review*, Vo. 41, 2021, p. 105567.

伤害、财产、可得利益损失以及隐私权、数据保护权、名誉权、荣誉权等权益损害等。算法决策错误导致人身伤害的案件屡见不鲜。Uber 自动驾驶汽车的机器学习系统没能识别行人乱穿马路导致行人被撞身亡。无人机错误识别导致平民伤亡也见诸报端。医疗领域的算法决策错误可能导致医疗过错，给当事人的生命、健康带来伤害。算法识别偏差导致当事人错误关押会对人身自由带来损害。算法决策所导致的财产损失既包括具体的财产损失，也包括预期利益损失。具体财产损失如无人机与自动驾驶对第三方财产的损害，算法攻击导致网络崩溃与财产损失（如医院系统被劫持、银行账号被盗）等。此外，基于算法的错误决策所导致的工作机会丧失、没有获得应获得的社会救济、信贷资格、减刑或假释机会等预期利益损失也时有发生。算法系统决策对个人隐私数据的非法利用侵犯了当事人的隐私权，对数据主体的其他数据利用侵犯了当事方的数据保护权。算法对个人数据的非法利用包括隐性利用与显性利用。显性利用是直接使用数据主体数据获利并对数据主体造成损害，而隐性利用是利用数据主体数据给第三人造成的损害。基于婚恋网站公开照片的算法系统对当事人性取向进行画像[1]可能对数据主体造成伤害，但被错误画像的第三人受到的损害可能更为严重。[2]人脸识别算法将人识别为动物、深度造假算法的复仇式色情等会给当事人人格利益带来伤害。算法画像将正常人识别为极端分子也可能给当事人带来不利后果。信用状况评价算法错误评价将影响企业与个人声誉。大量的深度造假新闻会对新闻机构的声誉带来不利影响。

算法决策通过数据学习构建模型进行决策，通过算法对数据集进行分析并建立相关模型进行决策是算法决策的基本路径。算法决策效果与目标变量、类别变量、训练数据标签、训练数据收集、特征选择以及代理等因素相关。数据是算法运行的基础。没有大数据支撑，算法不可能进行深度学习从而建立有效的决策模型。数据是影响算法决策结果的决定性因素。数据瑕疵包括数据不准确与不合时宜。不准确数据主要是因果关系逻辑推理错误，不合时宜的数据是将不应纳入考量的数据纳入分析范畴。数据瑕疵体现在：

---

〔1〕　"Advances in AI are used to spot signs of sexuality", *Economist*, Sep 27, 2017.

〔2〕　Sandra Wachter, Brent Mittelstadt, "A Right to Reasonable Inferences: Re-Thinking Data Protection Law in the Age of Big Data and AI", *Columbia Business Law Review*, Vol. 2019, No. 2., pp. 501-502.

一是数据固有瑕疵。数据的价值在于通过对数据理解、分析，发现更优、更快以及更普适的算法赋予数据的意义。算法是使数据具有价值的载体。算法对现存社会现实的描述，不管采取多么复杂的数学公式，其目的都是从组成我们每一个人生活的独特场景的杂乱无序中提炼可利用与标准化的事实要素。这种描述方式嵌入了社会对某一问题与事实的某种认知。如果现存认知本身就存在偏差与错误，那么对现存事实与问题的数据化处理无疑也嵌入了某种固有偏差与错误。数据的固有偏差与错误源自社会的结构性歧视，导致算法据此建立的模型缺乏公正性。由于黑人等边缘群体受到的系统性不公正待遇导致黑人群体的再犯罪率明显高于其他族群。以此固化现存社会系统性偏见的历史数据作为算法训练数据的再犯罪可能性预测的假释系统势必对黑人群体造成系统性歧视。以歧视女性行业的历史数据作为训练数据进而建立预测职业发展前景的算法系统势必对女性群体造成系统性伤害。由于美国医疗体系对黑人与拉美裔群体的系统性不公，以此历史数据构建的美国 13 个涉及医疗领域的算法都无意识地歧视黑人与拉美裔病人，使其更难以获得适宜的医疗关怀。[1]IB 成绩预测算法以该校学生的历史表现数据以及教师成绩预测数据为基础构建算法模型进而由此决定学生的 IB 成绩。然而，这对历史表现数据差的学生以及受教师偏见群体明显不公。机器学习基于用户反馈数据会生成新的决策模型，但错误的反馈数据会导致机器学习算法决策偏差。美团学习算法基于外卖骑手的错误反馈数据导致其算法系统进一步缩短骑手配送时间导致对骑手权益的损害。

二是数据收集瑕疵。完整、真实数据是算法学习的前提。残缺、有误差、重复数据必然导致机器学习错误理解特征之间的关系或模式并建立错误模型，将该模型运用于预测或决策必然引发错误结果。算法系统所使用的数据集必须具有充分代表性，特别是需要确保与性别、族群以及其他禁止歧视的可能原因相关的维度在这些数据集中获得适宜反映。算法系统设计者应要求训练算法的数据集必须足够广泛，涵盖需要避免偏差与错误的所有场景。数据收集瑕疵主要源于不准确的收集方法，从而导致数据对现实描述存在错误。在人脸识别算法系统中，训练数据集所包含的图片不完整，如妇女、少数族裔

---

〔1〕 Shron Begley, "Racial bias skews algorithms widely used to guide care from heart surgery to birth, study finds", *STAT*, June 17, 2020.

群体严重不足将导致算法中对妇女与少数族裔群体的识别偏差。对人脸识别算法的研究表明对于浅色皮肤的男性其错误率仅为 0.8%，而对深色皮肤的女性的错误率高达 34.7%。[1]

三是数据集标注与归类瑕疵。机器学习算法通过被标签的训练数据集获取变量之间关系模型。算法模型无误的前提是对数据的正确标注。如何理解被标签的对象体现了标注者对客观世界的感知，数据标注体现了标注者对现实世界的认知。广泛运用于图像识别算法训练的 Tiny Images 数据集错误地将黑人、猴子照片标签为"黑鬼"这一蔑称词汇，将穿比基尼或怀抱孩子的女人标签为"妓女"这一侮辱性词汇。亚马逊公司对 ImageNet 数据库图片的标注错误地仅关注图片中的单一物体而忽视其他物体或遮挡（occlusion）。这些对数据集的标注瑕疵将导致其作为基准数据集使用时与标注的真实数据（ground truth）或直接观察发生偏差。[2]信息归类是对现实世界强大的语义与政治化干预。类别是什么？什么东西应归入该类别？谁来决定实践中如何实施这些分类？这些都是对事物状况与应然情况的有力断言。[3]算法归类体现了设计者对现实世界的理解，如在机场安检系统决策算法中，如果算法仅仅将人的性别归为男、女两类，那么性别中性群体就被排除于算法决策系统之外。

数据自身并不足以发生损害。对数据进行分析、处理与运用的算法瑕疵才是算法决策系统损害发生的直接原因。算法设计者自身理念受社会支配矩阵影响与制约，设计者规范性假设看似公正、进步，其本质上是反映、复制现实世界的不平等。为谋取算法决策利益的最大化，算法设计者总是假设其用户是健康的、有能力者、中产阶级等。算法瑕疵包括：

一是算法设计理念瑕疵。算法决策并不总是最优选择，很多场景并不适合运用算法决策。关键性政治决定并可能引发严重后果的领域显然不宜运用算法决策。HireVue 算法招聘系统通过分析过去较为成功的 25 000 个应聘者的人脸与语言信息建立招聘算法模型。其人脸分析要素包括皱眉情况、眉毛上

---

〔1〕 Larry Hardesty, "Study finds gender and skin-type bias in commercial artificial-intelligence systems", *MIT News*, February 11, 2018.

〔2〕 Khari Johnson, "MIT researchers find 'systematic' shortcomings in ImageNet data set", *Venture-Beat*, July 15, 2020.

〔3〕 Tarleton Gillespie, "The Relevance of Algorithms", in Tarleton Gillespie, et al. eds., *Media Technologies: Essays on Communication, Materiality, and Society*, MIT Press, 2014, p. 171.

扬、眼睛睁开幅度、嘴唇紧闭情况、下巴上升情况以及微笑情况等。350个语言分析要素包括应聘者语调、使用被动词或是主动词情况、句子长度以及表达速度等。算法决策还被运用于预测跳槽与作弊可能、预测国际预科项目成绩、[1]基于邮编决定谁可以进入大学[2]等。事实上，是否存在着跳槽、作弊可能更多是随机因素等非客观要素影响所致，这些领域并不适宜数字化决策。应聘者是否合格、是否可以进入大学、学业成绩如何等受客观具体条件严格约束，基本不存在数字化决策空间。

算法设计者不能故意偏离或违背现行法律、社会规范约束设计算法。算法设计者必须坚持设计正义，遵从法律与社会规范要求，在现行法律、社会规范的框架内选择最优算法。算法设计者设计无差别、违反比例原则的武器攻击系统是违反人道法的行为。算法设计者设计的算法工具降低了弱势群体与边缘群体福利，不当损害这些群体的利益有违设计正义。

二是算法模型设计瑕疵。算法对现实世界的内化需严格限制分析框架，分析框架受制于设计者的目标选择。在客户信用评价算法中，设计者最大化利润率还是还贷数量要素导致机器学习建立不同的分析模型进而影响算法结果。算法适恰性要求设计者考虑价值优先性与算法益处，而算法普适性倾向会阻止计算机科学家对算法限制的认知以及算法适用性的全面评估。算法的客观化、内部化与普适化所采取的形式主义方法将可能排除其他知识，特别是个性化知识的适用。

乔丹·埃伦伯格在《魔鬼数学》中指出，你有没有注意到，在你约会的人中，那些有魅力的人往往是混蛋。作者认为，你对约会对象的选择取决于两个因素：魅力与个性。你可能不会同既刻薄又没有魅力的人约会。也就是说，你删掉了所有的"负-负"结果。这种筛选造成了魅力与个性的伪相关关系。[3]也就是说，我们在数据选择过程中故意删除了"负-负"结果，那么其构建的模型必然错误，从而导致后续应用出现偏差。同样，在一份甲状腺

---

[1] Tom Simonite, "Meet the Secret Algorithm That's Keeping Students Out of College", *Wired*, July 10, 2020.

[2] Bridget McCrea, "Science develops an algorithm for college selection—but does it work?" *Ecampus News*, November 16, 2015.

[3] Judea Pearl, Dana Mackenzie, *The Book of Why：The New Science of Cause and Effect*, Allen lane, 2018, p. 86.

疾病的研究报告中，数据显示吸烟者的存活率（76%）比不吸烟者存活率（69%）高，平均多出 20 年。然而，该研究的样本选择没有考虑年龄这一混杂因素。如果根据年龄来分割数据，其结论就完全不同。[1]有研究者根据现有数据发现经济状况与移植后成活率密切相关，依据该数据进行机器学习该算法系统将不会推荐经济状况不佳者进行器官移植。[2]如果算法设计者在算法设计时将经济状况作为分析变量纳入算法决策考量，那么经济弱势群体的利益无疑将受到严重损害。事实上，经济状况恶化导致移植者没有获得后续的有效康复与营养可能是存活率低的原因。

三是算法安全保障不足。算法系统安全是算法得以商业运营的前提。美国将系统安全作为人工智能规制最优先考虑因素。欧盟在其值得信赖的人工智能行动方案中也提出人工智能系统的弹性与安全性要求，建立了应对安全的非强制性检查清单。算法决策系统的安全包含系统自身安全以及系统不会对第三方造成安全风险。所谓系统自身安全是指算法自身不存在明显的安全漏洞，如易于泄露用户隐私与数据，易于受到黑客攻击，易于受到对抗算法干扰等。为避免算法安全隐患，算法设计者必须开发应对潜在对抗算法的合理威胁模型，算法设计者除了考虑算法的表现维度外，还需考虑算法的安全特性。[3]近年来，算法决策系统泄露当事人隐私与个人信息的情况见诸报端，韩国用于新冠肺炎应对的算法系统就存在易于暴露隔离人员隐私信息的缺陷。对第三方的安全保障义务是算法设计时必须将第三方的安全保障放在最优先地位，在具体运用中，必须确保第三方的隐私安全、数据安全、人身安全、财产安全等。当存在安全冲突考虑时，算法决策系统必须以一种损害最小化目标决定决策结果。在 Uber 自动驾驶汽车致人死亡案件中，美国国家运输安全委员会就认为 Uber 算法不太适宜安全风险评估程序是死亡发生的原因之一。

四是算法误导与非适应性。机器学习算法基于用户反馈产生新模型并进而生成新决策。对抗样本例子反映了机器学习魔法般预测力的阴暗面，导致机器以一种人类难以识别、理解与控制的方式被误导。通过对抗算法，对算法输入作对人类观察者无意义的细微改变可能引发归类错误率的极大提升。

---

〔1〕 Judea Pearl, Dana Mackenzie, *The Book of Why: The New Science of Cause and Effect*, Allen lane, 2018, p. 163.

〔2〕 Dhruv Khullar, *A. I. Could Worsen Health Disparities*, New York Times, Jan 31, 2019.

〔3〕 Anthonyd D. Joseph, *Adversarial Machine Learning*, Cambridge University Press, 2020, p. 252.

对抗样本的存在表明能够解释训练数据，甚至能够正确标识测试数据并不意味着算法建立的模型真正理解人类赋予的任务。事实上，其线性回应对在数据分发过程中没有发生的点过于自信，而这些自信预测经常是高度不正确的。计算与理解之间的鸿沟引发深度学习在社会领域应用的错误与偏见，对算法分类机制的无知可能带来错误结果。攻击者可以操纵无人驾驶的物体识别算法系统错误识别"停止"标志从而引发无人驾驶的致命混乱。有研究者在图像识别算法中增加了一个特别设计，不易察觉的向量就导致系统将大熊猫识别为长臂猿。[1]

算法以客观标准化数据作为分析对象，通过数据分析来反馈社会的现实状况。然而，任何社会形态都不是标准化的静态过程，而是处于不断变化的个性化现象。以客观化、标准化的数据来决策动态化的、个性化的社会现实可能引发算法结果的假阳性与假阴性。这种假阳性与假阴性既可能由设计者设计偏差与错误引发，也可能由于通过机器学习后建立的算法模型不可知导致通过该模型输出的结果存在偏差与错误。假阳性意味着对错误的肯定；而假阴性是对正确的否定。以蓝牙技术与 GPS 技术为核心的近邻判断方法是现今许多社交距离追踪算法惯常使用的技术。该算法将处于不同房间相邻两人界定为需要隔离的对象，这样的算法结果就是假阳性。新加坡因为假阳性结果导致错误封城。美国的人脸识别算法错误将一个黑人识别为犯罪嫌疑人从而导致对该人的错误逮捕的假阳性给当事人带来了人身损害。上述的近邻算法也存在假阴性可能，其主要原因在于 APP 的位置与近邻系统错误，感染病毒但没有使用该 APP 却在附近的人也可能传染他人。

二、数据

（一）数据是人工智能发展的核心资产

飙升的数据和信息流现在产生的经济价值高于全球商品贸易。[2] 数字数

---

〔1〕 Alex Campolo, Kate Crawford, "Enchanted Determinism: Power without Responsibility in Artificial Intelligence", *Engaging Science, Technology, and Society*, Vol. 6, 2020, pp. 1-19.

〔2〕 James Manyika, Jacques Bughin, Jonathan Woetzel, *Digital Globalization: The New Era of Global Flows* (2016 McKinsey Global Institute), available at https://www.mckinsey.com/capabilities/mckinsey-digital/our-insights/digital-globalization-the-new-era-of-global-flows, 最后访问日期: 2023 年 2 月 1 日。

据越来越多地融入营销战略中；它是大多数平台的核心资产。要求用户数据换取免费服务是大多数平台获取原始数据的主要手段。除了这些以原始数据外，平台通常还通过数据挖掘、处理、大数据分析等获取更适合其特殊需求的数据。平台不仅自己收集用户数据信息，还与第三方数据收集公司合作，在其他平台上通过 APP 收集数据。据统计，谷歌应用程序商店中 88% 的免费应用程序将与谷歌共享相关数据。Facebook 上大约 43% 的 APP 将与 Facebook 交换数据。即使用户没有 Facebook 帐户，Facebook 也可以从某些应用程序高度接收个人信息。[1] 其他平台（如 X. com，亚马逊和微软）也与该平台的外部用户共享和交换数据。[2] 多年来，Facebook 为一些全球最大的科技公司（微软、亚马逊与雅虎）提供了比其披露更具侵入性的用户个人数据访问权限。大多数第三方数据公司都能够跨平台和应用程序收集数据并集成数据。通过分析收集的数据，数字平台和第三方数据公司可以清楚地描述用户的个性特征。实际上，所有平台提供商都会跟踪其网站上的用户活动，并收集用户的个人、行为和其他数据。随着大数据的广泛运用与数据处理能力的提升揭示我们习惯、社交关系、品位、思想、观点、能量消耗、心跳、甚至睡眠模式和做梦的数据点与其他数据点的关联性更加广泛且紧密。然后，计算机对所有内容进行排序、分析和使用，以优化和定位高度个性化的广告，供我们在线查看。从行业的角度来看，数据永远不会太多。[3] 如今，普通消费者不可能知道如何收集和使用他们的数据，也不可能逃避被收集他们的个人数据。数字平台获取原始数据和间接数据的能力存在巨大差距。一些平台具有使用大数据和算法来获取用户间接数据和业务数据的强大能力，而一些平台获取数据的能力有限并且必须从第三方购买数据。

　　收集数据只是数据货币化的第一步。收集的数据必须进行处理、汇总、分析，然后商业化，以便为平台经济利益相关者创造利润。数据处理和聚合的能力决定了平台的商业模式。通常，大多数平台的商业模式是通过处理所

---

〔1〕　Sam Schechner and Mark Secada, "You Give Apps Sensitive Personal Information. Then They Tell Facebook", *The Wall Street Journal*, 22 Feb2019, at https://www. wsj. com/articles/you-give-apps-sensitive-personal-information-then-they-tell-facebook-11550851636, 最后访问日期：2023 年 4 月 3 日。

〔2〕　Reuben Binns, et al., "Third Party Tracking in the Mobile Ecosystem", at https://arxiv. org/pdf/1804. 03603. pdf, 最后访问日期：2023 年 4 月 7 日。

〔3〕　Ronald J. Deibert, The Road to Digital Unfreedom: *Three Painful Truths About Social Media*, Journal of Democracy, Vol. 30, No. 1., 2019, pp. 25-39.

获取的数据并将数据应用于相关区域来获得利润。数据处理是通过一个过程将原始数据转换为有意义的信息。根据 GDPR 第 4.2 条，处理是指"对个人数据或个人数据集进行的任何操作，无论是否通过自动化方式，如收集、记录、组织、结构、存储、适应或通过传播或以其他方式提供，对齐或组合、限制、删除或销毁的变更、检索、咨询、使用、披露"。从广义上讲，数据处理包括以下 6 个阶段：数据收集，数据准备，数据输入，数据处理，数据输出，解释和数据存储。数据聚合是数据和分析之间发生的步骤。数据聚合在组合，处理和聚合数据时增加了价值。数据聚合是一个过程，在此过程中，数据以基于报告的汇总格式进行搜索、收集和呈现，以实现特定的业务目标或流程和进行人工分析。

仅凭数据无法保证平台的成功。分析数据的能力对于平台也很重要。大数据和大分析具有相互促进的关系。如果公司无法快速分析数据并对其采取行动，那么大数据的价值将会降低。算法的学习能力随着处理更多相关数据而提高。具有大量数据的简单算法最终将优于具有少量数据的复杂算法。部分原因在于算法有机会通过反复试验来学习。另一个是看到大数据集的相关性。[1]此外，算法通过反复试验来学习，并从更大量和更多种类的数据中找到模式。随着平台收集更多用户数据，并且其算法有更多实验机会。通过数据的收集，聚合，处理和分析，数据最终成为一种有价值的特定信息，可以在商业领域中轻松探索。[2]

数据商业化意味着将数据转换为新的收入来源。实际上，数据本身越来越成为商品。但是，有效货币化数据的能力——而不仅仅是囤积数据——可以成为数字经济中竞争优势的源泉。通过处理所有可用信息，从而监控和分析或预测竞争对手对当前和未来价格的反应，竞争对手可以更容易地找到他们可以达成一致的可持续的超竞争价格均衡。[3]从理论上讲，公司可以同时

---

[1] Ariel Ezrachi, Maurice E. Stucke, *Virtual Competition: The Promise and Perils of the Algorithm-Driven Economy*, Harvard University Press, 2016, pp. 24-25.

[2] Barbara Wixom, Jeanne Ross, "How to Monetize Your Data", *MIT Slogan Management Review*, January 09, 2017.

[3] 参见 Competition Law and Data, at https://www.autoritedelaconcurrence.fr/sites/default/files/Big%20Data%20Papier.pdf, 最后访问日期：2023 年 2 月 1 日。参见 Ariel Ezrachi, Maurice E. Stucke, "Artificial Intelligence and Collusion: When Computers Inhibit Competition", *Illinois Law Review*, Vol. 2017, No. 5., 2017, p. 1776.

采用多种方法来实现数据货币化。

以电子商务平台为例，平台通过整合、处理消费者提供的数据信息，并将其提供给相应的数据经纪人，买方使用该数据信息从目标广告服务中获取利润。平台还通过探索综合信息向消费者推荐新用户，从而扩大用户规模，从而产生更多数据和更多广告收入。此外，用户数据具有固有的可扩展性，可以非常低的成本轻松扩展到其他相关领域。平台可以快速构建一个相对独立的数字平台生态系统。阿里巴巴在非购物领域快速扩张和成功的主要原因是它能够整合消费者数据并将其应用于相关领域。如果此时的关键资源是数据——不仅仅是针对广告，而且还要优化产品和服务本身——拥有最多数据的公司不仅仅处于主导自己行业的最佳位置，他们也准备好接管相邻的领域。此外，如果这些公司获取有关用户的政治敏感信息并调整用户的内容体验，他们也是强有力的政治角色。平台的核心资产是数据。平台从本质上讲是数据收集、整理与商业化平台。因而，从规制有效性角度看，控制了平台数据就控制了平台。

（二）数据是人工智能发展的核心支撑

大数据一词是指大量、复杂和高速的数据集。大数据是推动人工智能决策发展的基础。可以探索和分析大数据以获得信息和见解。大数据分析是利用人工智能和机器学习等流程和技术来组合和分析大量数据集，目的是识别模式并形成可行的见解。这可以帮助我们作出更快、更好的数据驱动决策，从而提高效率、收入和利润。

大数据和人工智能具有协同关系。人工智能需要大量数据来学习和改进决策流程，而大数据分析则利用人工智能来进行更好的数据分析。通过这种融合，企业可以更轻松地利用增强或预测分析等高级分析功能，并更有效地从大量数据存储中获得可操作的见解。借助大数据与人工智能支持的分析，企业可以为用户提供所需的直观工具和强大技术，以从数据中提取高价值见解，培养整个组织的数据素养，同时获得成为真正的数据驱动型组织的好处。通过将大数据和人工智能技术结合，企业可以通过以下方式提高业务绩效和效率：

一是预测并利用新兴行业和市场趋势。

二是分析消费者行为并自动进行客户细分。

三是个性化和优化数字营销活动的绩效。

四是使用由大数据、人工智能和预测分析推动的智能决策支持系统。

人工智能可以在大数据周期的所有阶段，或者从不同来源聚合、存储和检索不同类型数据所涉及的过程中为用户提供帮助。其中包括数据管理、模式管理、上下文管理、决策管理、行动管理、目标管理和风险管理。人工智能可以识别数据类型，找到数据集之间可能的联系，并使用自然语言处理识别知识。它可用于自动化和加速数据准备任务，包括数据模型的生成，并协助数据探索。它可以学习常见的人为错误模式，检测并解决信息中的潜在缺陷。它可以通过观察用户如何与分析程序交互来学习，快速从海量数据集中获得意想不到的见解。人工智能还可以学习含义的细微差别或特定上下文的细微差别，以帮助用户更好地理解数字数据源。例如，它可以提醒用户数据中的异常或意外模式，主动监控事件并从系统日志或社交网络数据中识别潜在威胁。大数据和人工智能在各个领域的研究和技术创新方面也相互联系。大数据技术运用人工智能理论和方法，人工智能依靠大量数据和大数据支撑技术来提高和演进决策能力。

三、算力

算力是算法和数据的基础设施，算力大小决定了数据处理能力的强弱，芯片则是决定算力的硬件基础。人工智能在数据、算法、以及算力的支撑性下得以高速发展。每一个小小的便利时刻——无论是回答问题、开灯还是播放歌曲都需要一个庞大的全球网络，并由不可再生材料、劳动力和数据的开采提供动力。所需资源的规模比人类操作家用电器或按下开关所需的能源和劳动力要大很多数量级。全面核算这些成本几乎是不可能的，但如果我们要理解和管理贯穿我们生活的技术基础设施，掌握其规模和范围就变得越来越重要。[1]

各国对于算力无止境的追求导致大量的环境污染问题。另外，人工智能的算力运行还需要大量的能源，据估计，目前人工智能的能源消耗占全球能源消耗的约3%。

---

〔1〕 Kate Crawford, Vladan Joler, "Anatomy of an AI System", at https://anatomyof.ai/，最后访问日期：2023年4月5日。

第四节　数据的多边规制

一、数据多边规制现状

如前所述，现今国际社会并不存在规范数据应用的共识性规范体系，关于数据流动与运用的国际规范体系散见于各种贸易协议中，这些贸易协议主要规制的是数字产品与服务问题，并非专门针对人工智能运用的大数据的规范。WTO 法律涵盖数据流和人工智能方面的贸易。在美国赌博案中，世贸组织争端解决机制认为在线电子提供服务属于 GATS 的管辖范围，并将其归为模式一。[1]数据本地化要求可能会导致外国服务提供商的待遇低于国内服务提供商，从而违反国民待遇规则。除了一般的 GATS 规则之外，许多特定部门的规则也与 WTO 法律下纳入人工智能的商品和服务贸易相关，例如电信部门的特定承诺（如电信附件所预见）作为金融服务附件。后者规定，成员不得采取措施阻止信息传输或禁止处理财务信息，包括"通过电子方式传输数据"，出于数据保护原因必要的情况除外。CPTPP 可能包含现有区域贸易协定中最雄心勃勃的电子商务章节，第十四章涉及电子商务，并包含些许与人工智能相关的具有法律约束力的条款。就数字贸易而言，RCEP 在强调跨境数字传统规则的同时，纳入了知识产权保护、电子商务等重要规则。尽管 RCEP 电子商务章节包括电子商务条款的三项原则，即数据自由流动、禁止数据本地化要求以及禁止源代码要求，但它们实际上是"软"承诺并不具有强制执行可能。此外，一些双边的自由贸易协议还包含了专门的人工智能条款。

二、数据多边规制需要解决的主要问题

（一）数据本地化规则

如今，75% 的国家或地区已经实施了一定程度的数据本地化规则。这些对于公司的 IT 数据治理和数据架构以及与当地监管机构的互动等都具有重大

---

[1] Appellate Body Report, United States-Measures Affecting the Cross-Border Supply of Gambling and Betting Services, 197, 203-04, WTO Doc. WT/DS285/AB/R (Apr. 7, 2005).

影响。GDPR、《中华人民共和国网络安全法》（以下简称《网络安全法》）和《俄罗斯联邦个人数据法》等法规都概述了处理公民个人数据的系统标准。GDPR 通过严格监管向"不安全"地区的数据传输，制定了法律中未明确规定的事实上的本地化要求。印度强制规定数据（或副本）必须在国内实际存在。中国和俄罗斯施加了额外的技术本地化要求（例如，对源代码的审查和对密码学的限制），这可能会使知识产权、系统和资产面临风险。一些立法，例如《网络安全法》规定未经政府许可不得将一些关键性部门商业信息转移到境外。这些行业包括电信、能源、金融服务、政府和关键基础设施。本地化规则通常旨在防止网络犯罪（例如身份盗窃）、促进当地经济（例如通过创造就业机会），或许最重要的是解决人们对隐私泄露日益增长的担忧。数据本地化规则可分为四大类：

一是数据导出的地理限制要求数据在给定的国家或地区内存储和处理。因此，公司必须为每个人创建单独的基础设施、计算能力和团队。例如，在欧洲，Schrems II 案限制在没有适当保护级别的情况下进行第三国个人数据传输。因此，公司必须建立区域基础设施，并且不太能够为跨地区的客户提供服务。例如，在中东，本地化规则迫使公司在特定国家或地区构建 IT 架构。与此同时，在中国的跨国公司正在构建 IT 架构来隔离其在中国的业务，以确保他们按照所在国家的法律要求使用数据。

二是地理限制允许将数据复制到原籍国之外进行处理，但需要在本地基础设施中复制。这些规则（例如在印度尼西亚和马来西亚）通常旨在发展当地经济。

三是基于许可的法规要求机构必须获得特定个人的同意才能传输数据。巴西和阿根廷特别要求银行获得客户的明确许可才能跨境转移数据。

四是基于标准的法规允许机构更自由地将数据转移到原始管辖范围之外，但要求它们确保客户数据的安全和隐私。

数据本地化的作用与全球化鼓励标准的趋同并降低贸易壁垒趋势背道而驰，其降低了工作效率，因为机构必须在特定市场中保留更多的人员和技术，并降低了企业在各国提供无缝、一致服务的能力。数据本地化还增加了合规风险水平。在一些国家，数据本地化要求甚至可能使市场在经济上失去吸引力，促使机构退出，限制其全球足迹，并剥夺该市场的服务。

（二）数据的跨境流动

数据跨境流动是促进人工智能发展与运用的关键性环节，是现今人工智能规制面临的最主要问题。现今各国都制定了较为严格的数据跨境流动规则。GDPR 包含对将个人数据传输至未提供足够保护水平的第三国的限制。它们防止通过简单地将个人数据转移到第三国来规避严格的《欧洲个人数据保护法》。中国《数据出境安全评估办法》规定了数据出境安全评估的范围、条件和程序，为数据出境安全评估工作提供了具体指引。

　　数据作为人工智能的支撑性资源，在"技术即权力，数据即主权"的背景下，日益成为各国争夺的战略性资源。各国都希望占有这些优势的数据资源，但同时也希望禁止他国利用自己的资源，这必然导致各国在数据资源保护方面各自为政，互相掣肘。各国争夺数据资源的过程是典型的零和博弈，都希望其他国家采取宽松的数据保护制度，而对自己拥有的数据采取严格的保护措施。这必然导致各国竞相采取严格的数据保护措施，这无疑将有损数字经济的健康发展。因而，有必要从国际层面建立规制数据跨境的特殊措施。

（三）数据的可携带

　　数据可携带权可以使数据主体不受阻碍地将个人数据从一个数据控制者转移到另外一个数据控制者。现今，许多国家在其数据保护法中都规定了数据可携带权。[1]CPTPP 包含所谓的数据可携带权条款。[2]欧盟有关数据可移植性的法规有一个雄心勃勃的目标：致力于创建一个以数据自由流动为特征的有效数据生态系统。数据可移植是一个主要服务于数据自由流动而非个人数据保护的概念。现今各国基于不同的数据类型建立了不同的数据可携带规则。比如欧盟针对个人用户的可携带权适用于 GDPR 制度，而基于商业客户及其大数据分析提供商的可携带权适用的是《非个人数据自由流动框架条例》。[3]显然，数据的可携带有利于自由贸易，有利于数据价值的实现与最大

---

〔1〕　G Greenleaf, "The Influence of European Data Privacy Standards Outside Europe: Implications for Globalization of Convention", *International Data Privacy Law*, Vol. 2, No. 2., 2012, pp. 77-108.

〔2〕　CPTPP, Article 13. 5. 4 (Each Party shall ensure that suppliers of public telecommunications services in its territory provide number portability without impairment to quality and reliability, on a timely basis, and on reasonable and non-discriminatory terms and conditions).

〔3〕　Regulation (EU) 2018/1807 of the European Parliament and of the Council of 14 November 2018 on a framework for the free flow of non-personal data in the European Union (hereinafter NPDR), OJL 303, 28. 11. 2018, 59-68.

化。然而，这里的问题是数据可携带的范围与边界何在？用户能将数据从国内控制者自由转移到国外控制者吗？

（四）个人数据的特殊保护

现今，几乎所有国家在数据保护立法方面都严格区分个人数据与非个人数据，基本都对个人数据提供更为严格的保护。个人数据的严格保护在于在人工智能时代的价值与内涵发生了革命性变化。"个人"数据这一表述暗含个人是相关数据的唯一相关方。这一表述在前人工智能时代具有一定的适恰性。基于算力、存储与算法能力限制，前人工智能时代的个人数据一般关涉个人客观特征、行为的数字化呈现，是真正的"个人"数据。然而，在人工智能时代，数据处理者处理个人数据广度、深度、系统化、集成化能力的跨越式发展不断延展与丰富个人数据内涵与价值，个人数据已然超越原初意义，呈现出关乎个体、集体与社会特征的新意义。

首先，个人数据呈现关联性特征。数字经济是监控、控制经济，通过算法、互联网技术等赋予的强大数据收集、预测与推断能力，数据处理者能轻易获取用户个人数据，整合个人数据以控制用户选择、塑造用户偏好，获取最大化利益。数据处理者除通过知情同意、行为观察等手段直接获取用户的个人数据外，还可以通过算法推断借助数据之间的关联性对用户画像间接获取个人数据。[1]消费者个人身份数据不再是纯粹的身份信息，其同时也被赋予了推断个人教育背景、心理状况与经济状态的意义。个人位置数据不再仅仅表明个人所处位置，其也与个人社群、身份信息密切相关。个人的网购数据不再单纯是购买记录，其也被广泛用于推断个体信用、经济状况等。其次，个人数据呈现涉他性特征。数字经济是连接经济。人与人连接、人与物连接、物与物连接所获得的大数据是数字经济发展的"石油"。连接营销已然成为所

---

〔1〕 通过照片信息推测性取向、心理与生理状态、在线表达推测性格特征、X 光片推测种族信息已然成为现实。Andrew Reece 等人使用机器学习工具成功识别 Instagram 帖子中的抑郁标记，参见 Andrew G. Reece et al. , "Instagram Photo Reveal Predictive Markers of Depression", *EPJ Data Science*, Vol. 6, No. 15. , 2017, p. 1. 英特尔公司开发的系统依据脸部表情与课堂互动情况可识别学生的学习状态。苹果公司利用摄像头与语音传感器收集数据以及用户移动与打字方式分析用户是否存在抑郁与情绪失控状况。Uniphore 公司的智能销售系统通过用户声音频率、眼睛与面部动作等特征分析用户心情。Tiktok 等公司宣传其推出的"Focused View"项目可推测用户是否真正关注、在情感上认同个性化广告，分析用户与个性化广告的互动效果。

有互联网平台企业的核心商业模式，推动更宽、更广连接是互联网平台企业核心追求。更宽、更广连接使得个体更深度地与他人、环境发生关联。而关联信息通过大数据的系统化、集成化处理后又会生成更多的关于个体、他人与环境的关联信息。以连接营销为核心的数字经济必然赋予个人数据以他者意义，自我信息必然与他者关联。[1]也就是说，个人数据既关乎自我，也涉及他者。[2]再次，个人数据呈现出社会性特征。数字经济是大数据经济，从大数据萃取价值是数字经济发展的关键。大数据分析的重点是群体特征而非个体，[3]其关注的是群体决策与画像。大数据虽由单独的个人数据聚合而成，但其已然超越个体性，成为具有独特意义的数据资源。例如微信平台数据，其既包括单一的个体数据，也包括通过数据集成、交互等共同构成整体数据资源。[4]数据处理者利用机器学习等模型发掘集体数据存在的隐含模式，进而发现新商业模式与决策机制。个人数据集合隐含关于集体的特征、模式表明个人数据不仅与个体利益相关，也与集体利益、公共利益相关。例如，个体种族、性别信息可能关涉对某一群体的算法歧视。[5]个人数据不仅仅属于

---

〔1〕　个体位置信息与他人密切相关。有研究发现，利用伦敦 1% 人口手机上安装的追踪器可以轻易获得超过城市一半人口的实时位置。个人的微信数据会涉及微信好友用户个人账号数据以及微信好友通过相互交集而共同提供的用户数据［腾讯诉浙江搜道网络技术有限公司等不正当竞争纠纷案，案号：杭州铁路运输法院（2019）浙 8601 民初 1987 号］。个体社交网络信息与朋友密切相关，社交网络用户的行为会意外暴露或侵犯其朋友隐私，参见 Mark MacCarthy，"New Directions in Privacy：Disclosure，Unfairness and Externalities"，*A Journal of Law and Policy for the Information Society*，Vol. 6，No. 3. ，2011，p. 450.

〔2〕　Neil Richards，"The Dangers of Surveillance"，*Harvard Law Review*，Vol. 126，2013，p. 1939.

〔3〕　Anuj Puri，"The Group Right to Mutual Privacy"，*Digital Society*，Vol. 2，2023. p. 1.

〔4〕　参见腾讯诉斯氏（杭州）新媒体不正当竞争纠纷案［案号：杭州铁路运输法院（2021）浙 8601 民初 309 号］。

〔5〕　GPT-3 深度学习模型基于现有数据学习的输出结果对穆斯林群体造成了歧视。参见 Abubakar Abid et al. ，"Large Language Models Associate Muslims with Violence"，*Nature Machine Intelligence*，Vol. 3，2021，p. 461-463. 由于黑人等边缘群体受到的系统性不公正待遇导致黑人群体的再犯罪率明显高于其他族群。以此固化现存社会系统性偏见的集体数据作为算法训练数据的再犯罪可能性预测的假释系统势必对黑人群体造成系统性歧视。由于美国医疗体系对黑人与拉美裔群体的系统性不公，以此集体数据构建的美国 13 个涉及医疗领域的算法都无意识歧视黑人与拉美裔病人，使其更难以获得适宜的医疗关怀，参见 Darshali Vyas et al. ，"Hidden in Plain Sight — Reconsidering the Use of Race Correction in Clinical Algorithms"，*The New England Journal of Medicine*，Vol. 383，No. 9. ，2020，pp. 879-881. 算法招聘系统对女性的歧视由来已久，而人工智能技术的广泛运用使得这种歧视更普遍化，参见 Stella Lowry，et al. ，"A Blot on the Profession"，*British Medical Journal*，Vol. 296，No. 6623. ，1988，p. 657；Clementine Collett，et al. ，*The Effects of AI on the Working Lives of Women*，UNESCO，OECD，ID（2022）.

个体，其已然成为公共产品。[1]当个体披露其个人数据与隐私时，其将相关人士也置于危险境地。

另外，个人数据的价值也呈现逐渐增加的趋势。在数字经济中，通过平台的数据流对于实现增长最大化至关重要，并且多年来一直被认为是经济增长和生产力的关键驱动因素。平台的运行取决于所谓的同边和异边效应。平台运营商通常试图为平台的每一侧实现尽可能多的不同用户组以实现这些类型的网络效果。没有规模经济和数据流的平台市场没有可持续发展的基础。只有规模才能产生所谓的"多边效应"和"间接网络效应"。因此，追求用户规模是所有平台发展的基础。只有规模才可以带来可探索的大数据。只有规模才能将"多方效应"变为现实。追求规模意味着平台必须尽一切努力获取数据资源。没有数据的平台不是真正的平台。这些平台的扩张性质意味着在完全不同领域运营的公司正在竞争性地攫取数据的压力下不断融合。今天的互联网平台为某些类型的用户提供免费服务，以收集他们想要的数据。例如，Google 的模式就是收集相关客户的数据以用于广告目的。Google 可以为客户提供更有可能购买广告客户产品的权利，并且重要的是，帮助以用户愿意支付的最高价格销售这些产品。无论如何，谷歌（或任何搜索广告商）向广告商提供的核心价值来源是其庞大的用户个人数据数据库中包含的对于用户的深入了解。当各国对行为数据收集施加限制时，如在欧洲部分地区，研究发现广告效果急剧下降，表明用户数据对在线广告至关重要。平台的本质就是一种匹配行为。平台通过在生产者和消费者之间建立联系来促进价值流动，数据是成功匹配的核心，并将平台与其他商业模式区分开来。平台捕获有关参与者的丰富数据，并利用该数据促进生产者和消费者之间的联系。因此，数据成为平台在双边市场上销售的商品。数据是双边数字经济的利润中心和新石油。这些数据是核心资产，也是平台运营和新货币的基础。自 20 年前互联网成为主流以来，大数据是市场营销和销售的最大机会。大爆炸的数据释放了数 TB 的洪流，从客户行为到天气模式，再到新兴市场的人口消费变化。控制并能够快速分析大数据可以为平台提供关键的竞争优势。

---

〔1〕 Kieron O'Hara et al. , "Privacy on the Data Web", *Communications of the ACM*, Vol. 53, No. 3., 2010, p. 41.

平台成为主导，不是因为它们拥有的东西，而是因为它们通过连接用户创造的价值。在平台中，我们可以看到几个不同的价值单位。这些价值单元中的一些来自相同的交互，而一些来自交叉的交互。互联网平台以追求这些不同价值单元的增长为中心。不同的价值单元本质上是具有不同值的不同类型数据。以社交网络平台为例，平台提供商将整合和处理最终用户提供的数据信息，并将其出售给相应的数据销售商。卖方将这些数据信息用于广告。此外，平台提供商还通过浏览收集的数据向现有用户推荐新用户。因此，用户的规模不断扩大，从而产生更多数据，并且平台获得更多的广告收入。基于平台丰富的数据信息，平台运营商可以轻松地将业务扩展到相关领域，也可以为自己创建相对独立的数字业务生态系统。社交媒体平台承诺将用户联系起来，将消息传递给选定的受众（有时是一个人，有时是朋友列表，有时是所有可能想要找到它的用户）。但作为其服务的一部分，这些平台不仅托管该内容，还组织它，使其可搜索，在某些情况下甚至通过算法选择它的一些子集作为首页产品、新闻、订阅频道或个性化推荐。在某种程度上，这些选择是平台销售的核心商品，其旨在吸引用户并将其保留在平台上，以换取广告和个人数据。

基于个人数据在数字经济与人工智能发展的支撑性地位，各国对个人数据都采取了较为严格的保护措施。这方面的典型代表就是欧洲的 GDPR，该条约现已经成为各国保护个人数据立法的样本。[1]个人数据的严格保护无疑有利于个人权利的保障，但过于严苛的个人数据保护可能不利于人工智能产业的发展。如何平衡个人权利保障与人工智能产业的有序发展是构建国际规则时必须思考的问题。

三、数据多边规制的基本原则

（一）权利保障优先

如前所述，人的权利保障是人工智能发展必须优先考虑的事项，任何以牺牲个体为代价的发展都不具有正当性，这也是人工智能规制的人本主义的

---

[1] PAul M. SCHWARTZ, "Global Data Privacy: The EU Way", *94 NYU Law Review*, Vol. 94, 2019, p. 771.

内在要求。数据多边规制的权利保障优先原则意味着数据的跨境流动与利用不得损害个体的权益，个人权利保障优先于任何商业性的数据利用行为。在人工智能时代，数据作为最为重要的资源，其不但提供了人工智能机器学习的基础性资源，也构成数字经济发展的核心。如何最大化利用这些数字资源是促进人工智能产业发展的关键。然而，人工智能的数据不但具有经济属性，其还具有某种人身属性与社会属性。数据既是某种经济资源，其同时也与个体、群体的信息、认同等密切相关。如果仅仅关注数据的经济属性而忽视其人身与社会属性，其后果必然是对个体与群体权益的忽视与异化，使得个体成为冰冷地促进数字经济发展的养料。这显然不是我们大力发展人工智能的目标与期许。因而，在数据的多边规制中，必须将个体、社群的权利保障放在优先地位，防止其被异化为纯粹的数字经济发展的养分。

（二）平衡性

数据作为人工智能产业发展的支撑性资源，如果对数据施加过于严格的保护，其可能导致人工智能发展缺乏必要的训练数据支撑。但是过于宽松的数据保护可能损害个体与社群的权益，严重的话可能导致社会的整体失序。平衡性原则强调需要认识到数据对人工智能，特别是机器学习的核心价值与作用。需要提供足够的高质量数据以便于人工智能技术的发展。没有大规模的数据存在就不可能有今天的人工智能。因而，对于数据的多边规制而言，各国要保持一个相对开放的态度，使得其他国家能便于获得人工智能发展所需的数据资源。正如我们所论述的，在人工智能时代，数据与太多的人、事以及领域发生着紧密的联系，通过萃取数据的价值，我们可以便于获得关于个体、社群的相关信息，我们甚至还可能从数据中分析出一国的政治、经济与文化现状。正因为数据如此深刻地影响着我们的社会，我们不能放任对于数据价值的无限攫取与滥用，必须确保数据的利用符合基本的法律与伦理规范，在数字经济发展与数据伦理间找到平衡点。

四、个人数据保护的特殊规则

人工智能时代的个人数据既是一种核心的资产，同时也与个体的基本权利保障密切相关。据统计，现今已有 137 个国家制订了个人数据与隐私保护的法律。[1] 这些法律的核心目标是通过限制数据处理者非法处理个人数据的行为来确保个人数据与隐私获得适宜保护。"知情同意原则"是各国限制个人数据处理体系的核心规则。这一规则背后的核心要义是个人是其自身数据利用的最佳判断者，是限制个人数据处理行为的主要义务承担者。依据该原则，如果数据主体对数据处理行为有明确认知，且同意该数据处理行为，该数据处理行为一般具有合法性。如果数据主体放弃限制个人数据处理行为的责任，国家原则上不介入数据处理行为。

如前所述，"知情同意原则"仅仅解决了个人数据处理的门槛问题，处理个人数据仍须受到个人数据处理原则以及相关实体性规范约束。规定这些例外约束条件的主要考量是违法收集、使用个人信息等行为不仅损害人民群众的切身利益，而且危害交易安全，扰乱市场竞争，破坏网络空间秩序。[2] 在获得数据主体知情同意的情况下（数据主体对数据处理行为所带来的损害有明确认知并愿意承担损害的情况下），对数据处理行为的限制更多是基于公共利益与公共秩序的考量。这意味着在现有个人数据保护模式下，数据主体应承担限制个人数据处理的主要责任。

然而，在个人数据的内涵与外延不断延展、个人数据处理的环境与模式发生颠覆式改变的新现实下，上述规则与逻辑能否适用这种新常态呢？

（一）知情同意规则与限制个人数据处理困境

知情同意规则是各国限制数据处理者处理数据的核心程序性规则。美国相关个人信息保护制度[3]、GDPR[4] 以及《中华人民共和国个人信息保护法》（以下简称《个人信息保护法》）[5] 等都确立了以"知情同意"为核心

---

〔1〕 UNCTAD, *Data Protection and Privacy Legislation Worldwide*, at https://unctad.org/page/data-protection-and-privacy-legislation-worldwide，最后访问日期：2023 年 8 月 1 日。

〔2〕 刘俊臣：《关于〈中华人民共和国个人信息保护法（草案）〉的说明》，载 http://www.npc.gov.cn/npc/c2/c30834/202108/t20210820_313092.html，最后访问日期：2023 年 4 月 1 日。

〔3〕 Neil Richards et al., "A Duty of Loyalty for Privacy Law", *Washington University Law Review*, Vol. 99, No. 3., 2021, p. 970.

〔4〕 Meg Leta Jones et al., "An American's Guide to the GDPR", *Denver Law Review*, Vol. 98, No. 1., 2021, p. 95.

〔5〕 刘俊臣：《关于〈中华人民共和国个人信息保护法（草案）〉的说明》，载 http://www.npc.gov.cn/npc/c30834/202108/fbc9ba044c2449c9bc6b6317b94694be.shtml，最后访问日期：2022 年 2 月 10 日。

的限制个人数据处理规则。我国甚至制定了关于"知情同意"的国家标准——《个人信息处理中告知和同意的实施指南》。知情同意规则在数据处理过程中的核心地位在于只有个人对数据处理行为有清楚、充分认识，其才能履行法律所赋予的个人信息自决权，才可能实现法律所赋予的相关实体权利。然而，基于人工智能时代个人数据处理的新现实，知情同意规则既不可能让个人充分知情，也不可能让个人有效同意。

数据处理者获取个人数据的主要方式包括用户主动提供、行为观察与算法推断。从技术角度看，用户只能对其明示同意的数据处理行为知情。除非数据处理者明确告知，用户难以知晓数据处理者通过观察、推断方式获取数据的行为以及告知范围外的数据处理行为。用户可能对于数据处理者在导航时收集其位置信息有明确认知，但其难以知晓数据处理者通过秘密监控、画像方式收集、处理数据，[1]难以知晓其位置信息可能用于其他场景。尤其值得关注的是，以个人数据集合而成的集体数据被广泛用作训练数据对算法模型进行优化，优化后的算法模型被广泛用于对个人进行画像与决策。如果训练数据自身存在偏见与不公，基于这种训练数据的画像与决策将给某些用户带来伤害。然而，基于这种系统性伤害的普遍性、算法外在不可感知性，受害人事实上难以察觉被算法画像、歧视、决策与伤害。[2]

此外，基于机器学习算法的黑箱性质，即便是数据处理者也难以知晓数据处理过程与结果，更遑论保障个人对数据处理行为的充分知情。数据机器学习系统在无明确、事先程序定义的规则与模式下通过数据观察，识别数据中隐含模式，进而建立解释世界的模型。对于深度神经网络机器学习系统而言，其强大之处在于从海量数据中发现难以言传的共性特征。算法对数据的处理是非常复杂的动态过程，涉及众多算法协同决定以及多因素共同作用。算法系统通常由众多子系统与模块构成，这些子系统与模块如何处理相关个人数据并达成处理结果即便是程序设计者也难以理解与控制。机器学习系统

---

〔1〕 互联网公司通过隐秘手段收集数据并不鲜见。欧洲28国数据保护管理局发现以欧洲互联网广告局推荐"透明与同意框架"所设计的"实时竞争"系统每天会以数亿次的频率向成千上万的公司公布网络用户的行为与实时位置，而用户对此完全不知情（Case number：DOS-2019-0137）。威斯康辛麦迪森大学的Kassem Fawaz等人发现许多在线视频会议系统会在用户关闭麦克的情况下收集用户语音信息。一些公司甚至使用无需互动、不留痕迹的软件来获取用户信息。

〔2〕 Sandra Wachter, et al., "Why Fairness Cannot be Automated：Bridging the Gap Between EU Non-Discrimination Law and AI", *Computer Law and Security Review*, Vol. 41, 2021, p. 12.

存在大量计算机科学家难以理解的"魔法",并不总能用理性术语解释,[1]外界难以知晓其运作机制。[2]数据处理者完全无法解释算法是如何通过分析 X 光片推断出人的种族属性。[3]就大数据决策而言,透明机制无效的原因在于算法机制自身的模糊性、复杂性与碎片性。

另外,从商业实践层面看,数据处理者也无披露数据任何可能使用场景的意愿。除个人可直接感知的数据处理行为外,数据处理者并无披露数据处理行为的现实与商业动因。基于风险与收益考虑,任何理性的数据处理者都不会主动披露外界难以知晓的数据处理行为。与确定收益相比,有限发现概率[4]与责任承担[5]只会激励理性数据处理者隐瞒数据处理行为。以内部监督为核心构建的规制数据处理者行为的规则在以利润优先于隐私的商业环境下必然导致表演型的合规遵从,[6]其效果只能是数据处理者通过各种手段隐藏其理应向外界披露并接受监督的行为。[7]

在无明确知情的前提下,一切同意规则都将失去规范数据处理行为的意义。即便个人对数据处理行为有明确知情,在数据处理的新现实下,其也无法作出有意义同意。首先,在接受服务就必须接受数据处理行为的现实下个人并无动力去费力阅读冗长、含糊不清、充满专业术语的用户协议与相关规则。[8]流于形式的冗长、含糊不清、晦涩的通知除了徒增困惑,并不会给个

〔1〕 Pedro Domingos, "A Few Useful Things to Know about Machine Learning", *Communications of the ACM*, Vol. 55, No. 10., 2012, p. 78.

〔2〕 Paul Dourish, "Algorithms and their Others: Algorithmic Culture in Context", *Big Data & Society*, Vol. 3, No. 2., 2016, p. 7.

〔3〕 Imon Banerjee, "Reading Race: AI Recognises Patient's Racial Identity In Medical Images", Submitted on 21 Jul 2021, at https://arxiv.org/abs/2107.10356, 最后访问日期:2023 年 2 月 3 日。

〔4〕 隐秘的数据处理行为一般需专业机构采取特殊的技术手段才能发现,普通大众基本难以察觉。现今绝大部分隐秘的数据处理行为都是由专业机构披露,很少有用户发现、披露相关行为。

〔5〕 从现今司法实践看,即使隐秘的数据处理行为被披露,用户也难以获得救济,数据处理者承担的责任也非常有限。对此问题,我们将在后面作专门分析。

〔6〕 Ari Ezra Waldman, *Industry Unbound: The Inside Story of Privacy, Data, and Corporate Power*, Cambridge University Press, 2021, p. 10.

〔7〕 Jonathan Obar, "Sunlight Alone is Not a Disinfectant: Consent and the Futility of Opening Big Data Black Boxes (without assistance)", *Big Data & Society*, Vol. 7, No. 1., 2020, p. 4.

〔8〕 有研究表明,对于个人而言,知情同意规则带给他们的是无聊、耗时与不知所措,干扰了其享受数字服务,参见 Jonathan Obar, "Sunlight Alone is Not a Disinfectant: Consent and the Futility of Opening Big Data Black Boxes (without assistance)", *Big Data & Society*, Vol. 7, No. 1., 2020, p. 3.

人赋予有意义的同意权利。即便个人拥有更多选择权，在无法与数量众多的数据处理者有效沟通的前提下，其也难以权衡同意数据处理行为所带来的成本和收益，无法作出有意义的同意。其次，个人数据的涉他性使得个人无法也无权同意对原始数据的衍生性使用，特别是在这种使用可能影响第三方利益的情形下。对于受影响的不知情第三方以及相关社群而言，其更无同意的现实可能。个人数据并不仅仅关涉个体权利，其更兼具社会价值，在大数据时代，个人数据难以通过个体的单独行动（如知情同意）予以保护，其需要集体的共同努力。[1]另外，不确定的个人数据边界也对知情同意规则带来巨大挑战。大数据时代强大的数据整合能力使得先前许多看似无价值的数据获得了新意义，一些原本被认为无法识别的数据在一定条件下可以转变为个人数据，间接识别数据可以转换为直接识别数据。[2]通过诸如创建数据的操作系统、创建时间和日期、数据作者以及创建数据的位置等，元数据的分析数据处理者可轻易推断出相关的个人数据，甚至包括堕胎等敏感信息。[3]对于这些非直接涉及个人特征的数据处理行为，个人无法通过知情同意机制限制数据处理者的数据处理行为，数据处理者更无意愿向个人披露这些数据处理行为。

知情同意规则构建的前提是信息主体是对其自身信息的最佳判断者。[4]然而，随着大数据与人工智能技术的广泛运用，即使专业人士也难以理解个人数据特征、价值与意义，更遑论普通个体。匿名与非匿名[5]、敏感与非敏感之间并无严格分野。知情同意规则的实质意义是让个人承担保护其个人数据的主要责任。在个人无法对数据价值与意义做出有效判断以及个人被广泛操控的背景下，让个人承担保护其数据的主要责任并不能遏制数据处理者对

---

〔1〕 Anuj Puri, "A Theory of Group Privacy", *Cornell Journal of Law & Public Policy*, Vol. 30, 2021, pp. 477-538.

〔2〕 参见高秦伟：《个人信息概念之反思和重塑——立法与实践的理论起点》，载《人大法律评论》2019年卷第1辑。

〔3〕 美国国家安全局和中央情报局前局长迈克尔·海登将军称，如果有足够多元数据，数据内容就微不足道了，参见 David Cole, *We Kill People Based on Metadata*, https://www.nybooks.com/daily/2014/05/10/we-kill-people-based-metadata/? insrc=wbll，最后访问日期：2023年3月1日。

〔4〕 参见丁晓东：《什么是数据权利？——从欧洲〈一般数据保护条例〉看数据隐私的保护》，载《华东政法大学学报》2018年第4期。

〔5〕 从现有技术条件看，匿名化数据还原与再识别并不困难。随着技术发展，这种可能性还会不断提升，参见 Carissa Véliz, *Privacy is Power*, Bantam Press, 2021, p. 60.

数据的无限贪婪，只会给个人带来更多伤害。个人提供了互联网企业获利的免费原初数据资源，但这些数据资源并未给个人带来多大益处，反而被数据处理者用于从个人处获取巨大利益。个人成为数字经济获利对象，承担与个人信息泄露与滥用的所有风险。在数字经济生态系统中，个人提供了数字经济发展的"石油"，其个性、尊严、权利、情感等异化为冰冷数字，成为数字经济的唯一利益受损者。以知情同意规则构建的个人数据保护体系对个人并不公平，任何所谓的择入或择出机制都是无效、无意义的。知情同意规则除成为数据处理者行为正当化的托词外无任何实际意义。

（二）信息处理决定权与限制个人数据处理困境

个人对其个人数据的处理享有知情权、决定权，有权限制或者拒绝他人对其个人数据进行处理。各国个人信息保护法在赋予数据主体信息自决权的同时，也将限制数据处理责任更多转移给个人承担。然而，基于个人信息的多重性以及个人在数字经济中从属地位的新现实，任何试图将限制数据处理责任转移给个人的努力都将失败，仅仅会给滥用数据处理行为提供更多托词。

有些国家的个人信息保护法将个人信息定义为一种法律保护的权益。一般认为，这种权益是一种新型具体人格权，兼具人身属性与财产属性。[1]创制个人信息权对个人信息予以保护，这是一般人格权在信息时代发展中所形成的新的社会形态的具体展现，是信息时代保护个人人格的要求。[2]

从积极权能看，信息自决权的核心要义是个人可以对数据进行控制与收益。保护自然人的个人信息，主要是保护其对自己的个人信息进行支配的权利（权益）。[3]知情同意权是个人信息权的积极权能基础，若去除此项权能，则信息主体后续的访问权、可携带权、删除权等所有其他权能将失去依托。[4]如前所述，现行的知情同意规则既不能保证个人的知情，也无法确保个人的有效同意。在个人信息海洋中，个人的控制力非常无力和渺小，个人

---

〔1〕　参见郑飞、李思言：《大数据时代的权利演进与竞合：从隐私权、个人信息权到个人数据权》，载《上海政法学院学报（法治论丛）》2021 年第 5 期。另见陈吉栋：《个人信息的侵权救济》，载《交大法学》2019 年第 4 期。

〔2〕　参见郑维炜：《个人信息权的权利属性、法理基础与保护路径》，载《法制与社会发展》2020 年第 6 期。

〔3〕　参见张新宝：《〈民法总则〉个人信息保护条文研究》，载《中外法学》2019 年第 1 期。

〔4〕　参见叶名怡：《论个人信息权的基本范畴》，载《清华法学》2018 年第 5 期。

的同意越来越被证明不能控制个人信息的流向和生命周期，不能实现对个人权利的保护。[1] 在无有效的知情同意的情况下，信息自决权赋予个人的积极权能并不能赋予个人控制个人数据并从个人数据获益的能力。此外，数据处理者收集、处理的个人数据构成数据处理者的商业秘密与数据权益，成为其竞争利益的重要部分而被法律保护。在对个人数据基本丧失支配与控制的情况下，通过赋予个人信息自决权无法实现控制与限制数据处理行为的目的。

此外，个人信息自决权的权利适用冲突也将对用户限制数据处理行为带来不利影响。依据个人信息自决权，用户享有许可数据处理者处理数据的权利，但同时也有权利撤回这种许可。然而，在用户主动同意数据处理向第三方分享与转移数据的前提下，如果后续用户主动撤回相关许可的情况下，数据转让链条的其他数据处理者还能处理相关数据吗？如果这些数据经过多链条的许可或转让，这些数据处理者是否还拥有处理个人数据的权利呢？如果经过用户许可处理个人数据而形成的数字产品包含用户的个人数据信息，用户还能撤回这种许可同意吗？如果用户可以恣意撤回许可，对于数据处理者而言显然是不公平的，同时其也违背了合同法的相关规定。但如果对于这种撤回许可施加限制，用户可能丧失同意（包括不同意）的权利，其信息自决权将失去其应有的价值与意义。

从消极权能角度看，信息自决权的消极权能表征为信息主体排除侵害的可能性，仅在个人信息完整性、准确性、私密性遭破坏时才体现出来。[2] 消极权能更多涉及排除侵害可能，其基本无涉对数据处理行为限制。从另一角度看，消极权能通过侵害排除功能向数据处理者施加了某些限制数据处理行为的义务，如确保个人信息的完整性、准确性、私密性。但在无有效知情同意以及无从控制数据处理行为的背景下，个人难以知晓数据处理者收集、处理的数据是否完整、准确。个人数据的私密性取决于数据处理者对于个人数据安全的投入。在个人数据安全泄露的负外部性更多由个人承担的情况下，数据处理者并无最大化个人数据安全的动因，个人更无从要求数据处理者强化数据安全，从而排除其数据私密性被破坏的可能。概而言之，消极权能也无法发挥限制数据处理行为的目的。

---

〔1〕 参见高富平：《个人信息保护：从个人控制到社会控制》，载《法学研究》2018 年第 3 期。

〔2〕 参见叶名怡：《论个人信息权的基本范畴》，载《清华法学》2018 年第 5 期。

　　此外，基于个人数据的关联性，个人并无保护个人数据的强烈主观愿望，更遑论主动限制数据处理者的数据处理行为。当其他用户共享数据随时可能披露其个人信息时，个人就缺乏保护自己数据和隐私的动力。[1]大多数消费者对隐私并不重视，皮尤研究中心的一项调查结果显示半数被调查者认为社交平台通过免费服务方式获取用户个人信息以进行定向广告推送是可接受的行为。[2]这也可以解释为什么如此多的互联网公司从事信息收集而不是采用其他创收方法之原因所在：消费者更喜欢交换信息而不是金钱。[3]在消费者不重视个人数据保护的背景下，通过赋权机制要求其对个人数据保护承担主要责任并无实际意义。

　　从实际效果看，在数据处理者拥有极大权力但仅承担有限义务与责任[4]的情况下赋予个人信息自决权根本无法起到有效限制数据处理行为的效果。法谚云"无救济，则无权利"。用户获得救济的前提是其必须证明损害的真实存在，而不能仅仅证明数据处理者有违反个人信息保护法的行为。欧洲法院就认为，仅仅有违反 GDPR 的行为并不足以产生损害赔偿责任，只有违反GDPR 的行为给用户带来具体损害的情况下，数据处理者才需承担损害赔偿责任。[5]英国最高法院在谷歌案[6]也指出，消费者对个人数据丧失控制权这一事实本身已经表明谷歌的违法行为，谷歌应当予以赔偿的论点并不成立。原告一方面无法提出证据证明所涉 400 万用户分别获得了何等物质损害或身体、精神痛苦，又没有提出必要证据证明谷歌对个人数据进行了何种非法处理。然而，在多数个人数据损害为非物质损害的情况下，用户几乎无法完成

---

　　[1]　Daron Acemoglu, et al., Too Much Data: Prices and Inefficiencies in Data Markets, available at https://economics. harvard. edu/files/economics/files/acemoglu_ spring_ 2020. pdf, 最后访问日期：2023 年 4 月 3 日。

　　[2]　Lee Rainie, et al., Scenario: Personal Details and Advertisements, available at https://www. pewresearch. org/internet/2016/01/14/scenario-personal-details-and-advertisements/, 最后访问日期：2023 年 5 月 1 日。

　　[3]　Caleb Fuller, Is the Market for Digital Privacy a Failure? available at https://www. ftc. gov/system/files/documents/public-events/1233263/Pane/014_ digital_ Privacy_ market. pdf, 最后访问日期：2023 年 5 月 2 日。

　　[4]　Rebecca Tushnet, "Power without Responsibility: Intermediaries and the First Amendment", *The George Washington Law Review*, Vol. 76, No. 4., 2008, p. 101.

　　[5]　Case C-300/21, decided on 4 May 2023.

　　[6]　Lloyd v Google LLC, [2021] UKSC 5.

具体损害的证明责任。即使用户能证明某种具体损害的存在，其也难以证明违法行为与具体损害之间的因果关系。在大数据普遍运用与数据集处于实时动态变化的背景下，数据与算法损害可能源于单独的个人数据，也可能源于不同个人数据组合，亦可能源于对他人数据的不当使用。另外，如前所述，大数据时代的个人数据具有多重性与弥漫性，被诸多数据处理者收集与处理，以各种方式进行关联，受害者难以发现数据转移与使用印迹。因而，即便能证明损害存在，受害者也无法证明何种数据使用造成了损害，无法证明数据使用与所受损害之间的因果关系。另外，个人数据权益损害无可救济、无可挽回，有限的经济赔偿其实是无意义的。在互联网日益全方位渗透入我们社会生活的当下，任何个人数据的泄露与损害都将是长期的、永久的。严重的个人数据泄露甚至可能导致个体的社会性死亡，并不存在着恢复救济的可能。被记录的数据事实上是无限的、对数据的分析与处理也仅仅受限于人的能力约束、数据事实被永久存储。[1]事后救济的无效性导致自然人主动寻求个人信息保护的案件较为少见，到 2018 年底仅有 23 件。[2]即便是中国《个人信息保护法》全面实施后的 2022 年，个人信息保护纠纷案也未呈现显著上升的趋势。中国裁判文书网公开的数据显示 2022 年各级人民法院审理的个人信息保护纠纷案仅有 183 件，隐私权纠纷案件仅有 235 件，案件总数仅有 400 余件。即使排除因各种原因未上传到中国裁判文书网的数据，案件数量仍然偏少，这也与普遍存在的个人信息泄露与滥用现实完全不相匹配。

在个人无法通过信息自决权有效保障自己权益的情况下，数据财产化规则的提出者希望通过"以数据换收益"方式补偿个人提供数据所遭受的损失。虽然数据财产化规则是补偿机制而非限权机制，但适宜的补偿机制通过提高处理数据处理成本在某种意义上也可发挥限制数据处理行为的作用。然而，作为数字经济下被控制对象，个人并不拥有任何提升数据处理成本的现实可能与途径。在"数据换便利"主流商业模式下，用户并不期望从数据中获得任何现实收益。数据处理者对用户提供低廉补偿[3]只会鼓励用户放弃更多、更敏感信息，使得数据处理者能更肆无忌惮地处理数据、最大化数据商业

---

〔1〕 Helen Nissenbaum, "Protecting Privacy in an Information Age: The Problem of Privacy in Public", *Law and Philosophy*, Vol. 17, 1998, p. 576.

〔2〕 参见张新宝：《〈民法总则〉个人信息保护条文研究》，载《中外法学》2019 年第 1 期。

〔3〕 亚马逊公司就曾提议以 25 美元亚马逊礼品卡换取用户身体的 3D 扫描数据。

价值。

对数据的无尽贪婪是嵌入数据处理者 DNA 的本质特征。在个人数据处理的新现实下，要遏制数据处理者收集、处理数据的冲动并不现实。[1]关于个人数据保护最根本的问题是数据处理行为从源头上是否应被应允。[2]

（三）限制个人数据处理规则的新范式：数据处理者中心主义

数据主体中心主义限制数据处理规则无法遏制数据处理者对数据的无尽贪婪，也无法有效保障个体自由、尊严。在数据处理的无知之幕下，只有赋予数据处理者更严格的限制数据处理责任才可能真正解决实质性限制个人数据处理问题，才可能避免个人被数据经济消解，异化为数字经济客体。

1. 数据处理者中心主义模式的基本内涵

数据处理者中心主义限制个人数据处理规则实质是通过保护责任转换限制数据处理行为。与以"知情同意"为核心构建的传统数据主体中心主义模式强调个人对自己数据负责不同，数据处理者中心主义模式更多强调数据处理者限制个人数据处理的优先责任。数据处理前，数据处理者需自证数据处理行为正当性与个人权益保障的适恰性。数据损害发生时，数据处理者需证明已切实履行承诺义务。如果数据处理者无法证明损害发生是基于承诺之外的原因，其必须承担由处理个人数据行为引发的损害赔偿责任。严格的责任规则将促使数据处理者更审慎地处理数据，从而有利于遏制数据处理者的无序数据处理行为。

2. 虚化的现有数据处理者中心主义规则

中国《个人信息保护法》第 5 条至第 9 条为限制数据处理者的数据处理行为提供了原则性规定。"合法、正当与必要"原则要求数据处理者在处理个人数据时不仅要获得用户的知情同意，而且必须符合"合法、正当与必要"原则。"合法原则"属于形式合法性范畴，"正当、必要原则"属于实质合法性范畴，是对个人信息处理目的与手段的合理性评价。[3]"正当原则"要求个人信息处理的目的特定、明确与合理。"必要原则"是对个人信息处理手段

---

[1]　从我国相关部门对 APP 的核查情况就可知，很少有 APP 不从事非法收集、处理数据的活动。

[2]　Woodrow Hartzog et al. , "Privacy's Constitutional Moment and the Limits of Data Protection", *Boston College Law Review*, Vol. 61, No. 5. , 2020, p. 1694.

[3]　参见刘权:《论个人信息处理的合法、正当、必要原则》，载《法学家》2021 年第 5 期。

的限制。对于"必要原则"的内涵，我国学者存在诸多迥异观点。[1]事实上，独立的"必要原则"无法完成对具体行为的评价。对于个人数据保护而言，"必要原则"涉及个人数据处理的限度问题。而这种限度无法通过对数据处理行为本身单独评价予以实现，其必然涉及具体场景下两种事物的关系判断问题，如数据收集量与实现目的之间的必要性问题。GDPR 并未规定独立的"正当、必要规则"，必要原则被嵌入数据最小化原则之中，以符合目的所需（necessary）评价处理数据行为的适宜、相关与有限性。除合法、正当与必要原则外，个人数据处理行为还需遵从"数据最小化"原则。中国《个人信息保护法》规定的数据最小化原则包含数据收集最小化与对个人权益影响最小化两个层面的含义。无论是收集还是处理数据行为，中国《个人信息保护法》都明确要求从"目的"角度评估数据处理行为是否符合数据最小化原则。

从以上分析可以看出，个人数据处理目的对数据处理行为合法、正当、必要、最小化判断具有决定性影响，是判断个人数据处理行为合规与否的起点与基准。数据处理目的一般由商业模式界定，某种商业模式下数据处理者可以收集、处理何种数据现今并无确定、明确与共识性标准。个人数据处理目的的非明确性与非规则化将使得上述原则性规定的适用更为弹性化，从而使得数据处理者的个人数据处理行为更加恣意，无法达到限制数据处理者处理数据的作用。此外，中国《个人信息保护法》虽然规定了数据处理者必须承担限制个人数据处理责任，但除极个别情况下，中国《个人信息保护法》并未要求个人数据处理者事先论证其数据处理行为符合上述规则并采取措施保障上述规则的顺利落实。这些规则仅仅是在个人数据处理行为出现问题后，相关机构对数据处理行为进行评价的依据。这样的规则适用逻辑在个人数据保护存在严重困境的背景下将严重损害数据主体的权益。因而，有必要明确特定商业模式下数据处理目的的认定规则，强化数据处理者自证数据处理的合规义务。

---

〔1〕 有学者认为必要原则包括充足、相关、不过量等要素，也有学者认为必要原则包括合理关联性、最小损害性、均衡性、最大有效性等方面的内容，参见刘权：《论个人信息处理的合法、正当、必要原则》，载《法学家》2021 年第 5 期。

3. 限制个人数据处理规则的实化

限制个人数据处理规则的实化意味着限制个人数据处理的规则是有牙齿的规则。从现有个人数据保护的实践来看，限制个人数据处理规则实化的主要路径就是赋予数据处理者必须履行限制个人数据处理的设计与缺省的个人数据保护义务。设计与缺省的个人数据保护义务是 GDPR 的关键性条款，填补了书本上的法律与实践中的法律间隙，使得 GDPR 真正成为有牙齿的法律，[1]进而肩扛 GDPR 的全部重担。[2]我国已有的法律规范和标准指南中已经折射出经设计的个人信息保护理念。[3]但在个人数据处理的新现实下，这些理念性的规范显然无法对个人数据提供有效保护。GDPR 第 25 条下的设计与缺省的个人信息保护义务规定了数据控制者应遵守的两个关键义务：在数据处理方式与处理过程中将数据保护原则嵌入处理过程，满足 GDPR 一般要求与保护数据被处理者个人权利的技术和组织措施（TOMS）以及确保缺省情况下，仅处理每个特定目的所需的个人数据。

（1）个人数据处理目的与方式限制与自证

数据处理者必须自证其个人数据处理行为是实现企业核心商业模式所必需。商业模式合法并不能自证数据处理的正当性。欧盟数据保护委员会在针对 Meta 公司的隐私案件中裁定，Meta 公司不应通过用户协议的方式强制要求用户同意基于其在线活动的个性化广告，个性化广告并非执行平台与用户协议之必需。该裁定的核心就是否决了基于商业模式的正当性认定数据处理的合法性。即使个性化广告行为合法，也不能自证基于个性化广告的数据处理的合法性，即使这种数据处理行为获得了用户的表面同意，只有与具体商业模式直接相关的数据处理行为才具有正当性。即使用户同意，数据处理者也无权处理与具体商业模式无直接相关性的数据。具体商业模式不但限定数据处理的准入门槛，同时也直接影响数据处理目的与方式。数据处理目的只能为实现具体商业模式服务，而数据处理方式只能是实现数据处理目的之所需

---

[1]　Lee Bygrave, *The EU General Data Protection Regulation（GDPR）-A Commentary/Update of Selected Articles*, Oxford University Press, 2021, p. 120.

[2]　Lina Jasmontaite, et al., "Data Protection by Design and by Default：Framing Guiding Principles into Legal Obligations in the GDPR", *European Data Protection Law Review*, Vol. 4, No. 2., 2018, p. 182.

[3]　参见张继红：《经设计的个人信息保护机制研究》，载《法律科学（西北政法大学学报）》2022 年第 3 期。

的方式。在数据处理方式上，数据处理者应基于数据处理行为对个人权益的影响程度建立差别化的限制数据处理规则。[1]举例而言，对于提供网约车服务的企业而言，其收集并与司机分享用户个人位置信息、电话号码信息以及收集司机的人脸信息、个人身份信息等无疑具有必要性与正当性。用户个人位置信息、电话号码信息是完成网约车服务所必需的信息，否则司机无法获取用户位置并与用户进行实时沟通。司机的人脸信息、个人身份信息等对于保障用户安全至关重要。但网约车服务企业不能将这些收集的信息用于个性化广告推荐，更不能向第三方分享这些信息。即使网约车服务企业所设定的商业模式是通过搜集与分析用户信息向用户提供个性化广告来获取利益，网约车服务企业也不能将收集的上述信息用于个性化广告推荐。其原因在于个性化广告并不是完成网约车服务所必需的流程。网约车服务企业更不能收集与网约车服务流程无关的用户手机电量、聊天等信息，并利用这些信息对用户进行差别定价。

（2）个人数据处理行为技术限制与自证

技术角度的限制与自证包括两个维度：一是在现有技术条件非处理个人数据无法实现商业目的；二是所有限制个人数据处理的措施以及用户权益保障的措施获得技术实现。技术现实要素关注现实技术对数据处理行为的影响。数据处理者应优先通过其他技术手段而不是处理个人数据方式解决服务提供的技术问题。数据处理者只有在基于技术现实限制不处理数据就无法为个人提供有效服务的前提条件下方能处理个人数据。限制个人数据处理的措施，获得技术实现主要通过算法予以实现。数据处理者必须自证已将相关的限制个人数据处理的原则与规则嵌入算法场景中，而不仅仅是采取了所谓的行业标准化的技术措施。[2]除直接限制数据处理规则的算法化外，个人权益的算法实现也能从技术上限制数据处理行为，确保个人权益的实现。个人权益的算法实现要求数据处理者尽可能将权利嵌入算法，从技术上确保用户能方便、快捷行使权利。如为便于用户行使删除权，数据处理者应在技术上确保用户能够识别信息存储位置。个人权益的算法实现要求算法缺省设置符合个人数

---

〔1〕 美国《统一个人数据保护法》将个人数据实践行为分为相容、不相容以及禁止的数据实践行为。这一实践逻辑超越了纯粹的知情同意模型，构建了以算法对个人的权益影响为核心的个人数据规制体系。

〔2〕 爱尔兰数据保护委员会在 Meta12 亿欧元的处罚案中指出，即使 Meta 公司采取了符合行业标准的加密算法与网络协议，但这些措施并未对跨境个人数据提供适宜的保障。

据友好型目标，将个人数据保护嵌入数据处理者创建的技术、流程，将隐私友好选项设为默认值。无论是否基于择入、择出以及收集与处理数据的法律义务获取个人数据，数据处理者必须承担基于个人数据友好型的设计和缺省保护义务。个人数据友好型的缺省设置禁止数据处理者在个人数据选项设计上采取"暗黑模式"，通过诱导与欺骗手段让用户交出数据，禁止无选择同意的缺省设置。个人数据友好型的设计和缺省保护义务要求数据处理者采取有效技术措施保障个人的数据权利与自由。措施的有效性需考虑措施的先进性、对数据处理活动的影响以及给个人带来的风险等因素。数据处理者不能基于成本考量拒绝实施设计和缺省保护。个人权益的算法实现还要求数据处理者将系统安全置于最优先地位。非安全人工智能系统虽然可能给数据处理者带来不利影响，但用户却是数据泄露与滥用的主要受害者。在系统安全负外部性主要由用户承担，安全投入高企的背景下，数据处理者并无现实激励确保系统安全最大化。因而，必须从外部强化数据处理者的安全保障义务，强制数据处理者将用户数据安全保障放在最优先地位。具体而言，数据处理者必须确权其人工智能系统自身不存在易于泄露用户隐私与数据、黑客攻击、对抗算法干扰等明显安全漏洞，确保数据安全成为最基本缺省设置，通过技术手段防止任何数据泄露与窃取行为。数据处理者必须开发应对潜在对抗算法的合理威胁模型，除考虑算法表现维度外，还需考虑算法安全特性。[1]当存在安全冲突时，数据处理者须确保决策结果损害最小化。

　　个人自由、尊严是人之所以为人的本质特征，不得任意减损或伤害。人工智能时代的数据处理逻辑将人异化为数字经济客体，人的自由、尊严被消解，演化为仅具有商业意义的冰冷数字。现行限制数据处理的规则非但无法起到实质性限制个人数据处理的作用，反而在某种意义上成为数据处理者减损、损害个体自由、尊严的托词。在个人数据处理的新现实下，只有从源头严格限制数据处理者处理个人数据的数量与能力，才可能从根本上解决现实的无序状态。数据处理者限制中心主义模式下数据处理者将承担更多限制数据处理责任，这将促使个人数据处理者更谨慎、更透明处理个人数据。不可否认的是，这种规则转变可能会对现行无序利用数据的商业模式带来一定不

---

〔1〕　Anthonyd Joseph, *Adversarial Machine Learning*, Cambridge University Press, 2019, p. 252.

利影响,[1]但这种影响的负面效应其实是非常有限的。互联网公司所采用"数据换广告"的主流商业模式并非可持续的有效商业模式。[2]即使对数据商业化采取较为宽松态度的美国近期态度也开始发生转变,美国联邦贸易委员会就打算禁止 Meta 公司对未成年数据商业化的行为。此外,任何商业模式成功都不能以牺牲个体自由、尊严为代价,以牺牲个体利益换取所谓商业成功的模式不具有任何正当性。也有人会反驳说,个体在数字经济中并不完全是受害者,其也通过数字经济发展获得了极大便利。然而,这种便利与个人数据权益受损所受到的伤害相比完全不可同日而语。此外,个人享受这些便利一定要以牺牲自由、尊严为代价吗?过去十年人工智能快速发展的核心驱动力在于集中于大型科技公司手中的数据和计算资源而非人工智能技术的根本性突破。[3]以"数据换创新"的说辞其实是掩盖这些大型科技公司技术创新能力匮乏的事实。现今,人工智能技术发展正处于关键性的范式转换时期,是坚守以牺牲个体利益为代价的传统范式,还是力图变革以人为本改变人工智能应用范式是我们必须做出的选择。如果坚守人的良知与善念而不被商业利益所蒙蔽,其答案应是不言自明,是时候回归以技术而不是数据驱动的发展模式了。

---

〔1〕 值得注意的是,本文提出的数据例外规则仅针对个人数据处理问题,与非个人数据无涉,不会对非个人数据处理相关的数字经济发展产生不利影响。另外,数据经济的发展并非数据越多越好,而是需要有质量的数据。从现今技术发展现实看,也并不存在数据越多越有利于数字经济发展的逻辑。事实上,并非所有数据都有价值,都有益于算法演进与优化。人工智能系统训练的基本路径是以强大算力为基础,通过数据学习不断对算法进行优化。为获得最优效果,系统开发者须将大量数据(训练集)与评估函数用于模型分辨和变体运行效果分析。经过大量模型和变体尝试,系统会选择出效果最优模型。即使在系统投入使用后,这种迭代改进仍不会停止。大数据集对于完成这项工作至关重要,但并不意味着数据越多越好,数据最多系统自动演化成最优系统。事实上,数据相关性、多样性而不是数量才是系统得以优化的决定性因素。数据匮乏并不必然导致人工智能系统发展与运用失败。在如缺陷产品识别等鲜有大数据的领域,人工智能系统完全能通过高质量"一致性"数据完成机器学习与系统优化。现今机器学习系统发展面临的主要难题是如何强化系统区分算法变体方式与设计更优的初始算法。人工智能发展面临的主要挑战是技术挑战而非数据匮乏,技术问题无法通过更多数据投放解决。即便大数据对于机器学习至关重要,数据处理者完全可以通过技术手段解决数据匮乏问题而无须无节制面向个人收集海量数据。

〔2〕 据研究,互联网公司所宣传的个性化广告的效果被严重夸大,Meta 公司的个性化广告的效果被夸大了 40 倍,参见 Sinan Aral, "What Digital Advertising Gets Wrong, Harvard Business Review, February 19, 2021", available at https://hbr.org/2021/02/what-digital-advertising-gets-wrong, 最后访问日期:2023 年 5 月 4 日。

〔3〕 Meredith Whittaker, "The Steep Cost of Capture", *Interactions*, Vol. 28, No. 6., 2021, p. 50.

五、数据跨境流动的多边规则

（一）跨境数据交易的必要性

现今数据的跨境流动主要采取两种模式：一是一国单方面的单边规制，通过制定跨境流动的规则来指导本国的数据跨境流动活动；另外一种是通过双边协议的方式来规制数据的跨境流动，如《欧盟-美国数据隐私框架》等。美国与其他 37 个 OECD 成员国和欧盟达成了一项史无前例的协议《关于政府获取私营部门实体持有的个人数据的声明》[1]，通过阐明在政府以国家安全和执法为由访问私人实体持有的个人数据时，保护隐私及其它人权和自由的共同保障原则，增强法治民主体系之间跨境数据流动的信任。如果法律框架要求跨境数据流动受到保障，例如欧盟 GDPR 的情况下，参与者同意"考虑目的地国有效实施这些原则，作为应用这些规则对促进跨境数据流动的积极贡献。"2023 年 6 月 29 日，国家互联网信息办公室与香港特区政府创新科技及工业局签署《关于促进粤港澳大湾区数据跨境流动的合作备忘录》。

过去十年我们观察到世界各地有一种日益增长的趋势是各国采取措施对互联网进行限制，并对国际数据流动，特别是个人数据流动设置新的障碍。这些限制措施可能导致用户的数字产品和服务可选择减少，产品性能变差；同时可能限制对信息的自由访问；甚至在某些情况下可能导致更糟糕的数据安全保障和隐私保护，这显然违背了数据保护法规的根本宗旨。这些令人担忧的发展有多方面的原因，从对第三国隐私保护缺乏信任，到主张国家安全，再到寻求经济自决。事实上，上述限制数据跨境流动的理由并不具有充足的说服力。第一，与以物理形式存储的个人数据相比，以数字形式存储的大量个人信息的访问、复制、删除和传输更加简单且成本更低。换句话说，隐私和数据安全不取决于信息存储的国家/地区。第二，跨境数据传输增加了消费者和企业对信息提供商的选择，使他们能够在全球范围内选择拥有最佳隐私和安全实践的服务提供商。第三，存在跨境数据监管的风险。政府可能会利用

---

[1] OECD: "Declaration on Government Access to Personal Data Held by Private Sector Entities", available at https://legalinstruments.oecd.org/en/instruments/OECD-LEGAL-0487，最后访问日期：2023 年 5 月 4 日。

数据流来阻碍人权，而不是促进人权。例如，一些政府阻止数据传输到隐私保护标准更高的另一个国家，以保护信息主权。此外，数据本地化要求有时会便利政府对其公民的监控。数据本地化要求还为政府声称对其管辖范围内存储的数据拥有管辖权提供了更多机会。另一个担忧是，将数据传输到另一个国家可能会阻止公民接触更复杂的国家法律体系，这种担忧主要发生在拥有更严格数据保护法的国家例如欧盟。事实是，尽管存在更严格的国内数据保护法，但对个人数据和隐私的威胁通常来自国内。数字贸易产生的隐私威胁不会比实现这些公共政策目标所需的贸易危险程度更大。各国必须通过宪法、劳动法、竞争法、消费者保护法、知识产权法等加强对个人数据保护更好地实现公共政策目标，提高对公民的法律保护。

在人工智能时代，数据在我们社会和经济运行中具有关键性的核心作用，跨境数据流动支撑着国际贸易和全球商业及经济合作与发展，为跨部门的创新和研发做出巨大贡献，并且是开展业务和推进经济和社会目标所必需的部分。从各个社会和整个世界可持续发展及和平发展的角度来看，需要平衡水平的保护和数据传输自由。鉴于此类法规在很大程度上依赖于可信的执行，谨慎执行个人数据保护法并明智地应用此类法律将释放技术创新和数字贸易的优势。完善的国内数据保护法必须与各国的国际义务，特别是 WTO 义务相一致。

（二）跨境数据转移规则的碎片化

60 多个国家已经通过了数据保护或隐私法来规范互联网上的跨境数据流动，但这些数据保护或隐私法具有不同的目标、不同的理由、不同的法律范围、不同的立场和不同的方法。[1]不同的法律框架中跨境数据传输的规制方法有所不同。一些司法管辖区采取基于外国司法管辖区数据保护"充分性"的方法，要求数据进口国的法律制度对数据具有"充分""充足"或"相当"的保护水平，包含个人信息或与数据出口国"同等"的系统。一些司法管辖区采取基于"个人同意"的方法，要求数据主体事先同意，然后才能在其个

---

[1] Christopher Kuner, "Regulation of Transborder Data Flows under Data Protection and Privacy Law: Past, Present and Future", OECD Digital Economy Papers, No. 187, p. 20, available at https://www.oecd-ilibrary.org/docserver/5kg0s2fk315f-en.pdf? expires = 1726537218&id = id&accname = guest&checksum = E2FE1 B00340E4C3E072B4A2B787AE500, 最后访问日期：2023 年 7 月 3 日。

人信息跨境传输之前获得数据主体的同意。例如，如果数据跨境传输发生在第三方提供商的背景下，韩国要求获得数据主体的同意。其他司法管辖区，例如澳大利亚，采用基于"问责原则"的方法，要求数据主体将个人信息传输给境外接收者（除该机构、组织或个人之外）的机构或组织仍然对该个人信息负责。目前，越来越多的司法管辖区将这三种方法结合在一起。基于问责原则的方法允许在决定将个人数据转移到国外是否适当时，考虑外国司法管辖区数据保护的"充分性"，或者要求仅在接收者遵守相同数据水平的情况下才可以转移数据。例如，日本在其修订后的《日本个人信息保护法》（APPI）中规定如下：

向外国第三方传输数据时，需要事先征得数据主体指定接收国的同意，除非传输对象为（i）具有与 APPI 要求的系统等效的数据保护系统的接收者，或（ii）位于委员会指定提供足够保护水平的国家的接收器。

由于不同的司法管辖区和组织采用截然不同的方法来监管跨境数据传输，因此评估某些方法的真实合规成本具有挑战性。

（三）数据跨境与国际贸易规则

数据跨境流动（交易）如何定性呢？是货物还是服务呢？能否在现行的国际贸易规则下规制数据的跨境流动？

数字技术的出现也引发了所谓的"融合"现象。融合将从各种产品（可能来自不同部门或类别）中选择功能组合成一个独特的模块化产品。除了最典型的融合产品（智能手机）之外，其他融合设备也在不断涌现。"融合"现象的出现影响了工商界以及国际贸易，因为根据现有的世贸组织条约规定很难区分服务和商品。随着科学技术的进步，服务可以越来越多地在线购买并以数字方式跨境提供。跨境数字贸易可能会与跨境服务更加紧密地联系在一起。然而，新技术引起的趋同趋势意味着对产业和产品、商品和服务进行多种分类的方法不再可行。WTO 规则落后于这一趋势。严格限制跨境数据传输会产生减少国际在线服务收入的直接商业效应，这提出了本节讨论的核心问题，即现有的 WTO 协议是否对跨境数据传输有任何影响。

GATS 通过四种模式来规范所有国际服务贸易：模式一是跨境服务，其定义为生产、分配、营销，从一个成员境内向任何其他成员境内销售和提供服务；模式二是境外消费，这意味着服务客户（例如旅行者或患者）进入另一国家领土以获得服务；模式三是商业存在，涉及一国的服务供应商建立领土存在，包括通过所有权或子公司，在另一个国家的领土上提供服务；模式四是自然人的流动，包括来自一国的人进入另一国领土提供服务。如果我们可以将数据跨境流动定义为一种服务，那么其可能构成 GATS 下的模式一。然而，这里的问题是 GATS 主要针对物理环境下的跨境服务提供，其显然不是针对同一空间下的数据转移问题。数据的跨境流动并非真正的跨越边境的活动，其仅仅是从一国服务器向另一国服务器的转移，因而，其本质上与 GATS 下的跨境服务提供存在差别。

以上的分析表明，现行的国际贸易规则无法有效应对数据的跨境流动，现行的国际贸易规则主要针对物理环境下的跨国交易，其不可能解决网络空间的信息流动问题。因而，为解决数据的跨境转移问题，国际社会必须共同努力建立专门针对数据跨境流动的规则体系。

（四）跨境数据流动的多边规则

1. 跨境数据流动的区分规则

跨境数据流动必须严格区分个人数据与非个人数据。对于个人数据的流动而言，由于其流动可能给个人增加风险，因而，原则上个人数据的出境应获得个人的单独同意。除个人单独同意外，个人数据出境还需评估接收方对个人数据是否提供充分保护。如果个人同意其数据出境，原则上国家不应禁止这种数据出境，除非接收方的个人数据保护环境存在问题。事实上，个人数据的安全并不在于数据存储的地点，其更多的源自数据存储与处理地国家数据保护的强度。对于非个人数据而言，原则上一国不能禁止非个人数据的流动，除非其能证明这种非个人数据的流动会损害其国家安全与利益。

2. 跨境数据流动的限制规则

现今各国限制跨境数据流动的主要模式有两个：一是基于数据安全限制数据出境；二是基于接收方未提供充分保护限制出境。基于数据安全限制数据出境虽然具有一定的合理性，但其可能成为国家恣意限制出境的借口。何为数据安全现今并未有统一的定义。如前所述，数据安全与地域无关，更多涉及保护措施与力度的问题。另外，数据安全在许多情况下等同于国家安全、公共利益、个人或者组织合法权益。事实上，基于大数据与人工智能技术的结合，利用现有数据可以发掘出大量不可预知的结果，这些结果可能对国家安全、个人与公共利益带来危害。这也就意味着，任何数据出境行为都可能具有危害国家安全、个人与公共利益的后果。如果坚持以安全为理由限制数据出境，其后果可能是所有数据都无法出境。个人数据出境对于保障人工智能产业的发展具有重要的价值，因而，鼓励更多有价值的数据出境应是国际社会的共识。因为更多有价值的数据出境有利于更多有价值的人工智能产品的生产，这反过来也有利于全人类福祉的改善。事实上，数据出境更应关注的是出境数据在接受方处的安全，能不能获得有效保护问题。因而，欧盟在数据出境方面的规制原则更具有合理性。

现行的跨境数据流动规则是将数据视为一种战略性资源予以保护。事实上，在无国界的互联网上生成的数据资源更应是一种全人类共享的资源而不是某个国家的独占资源。如果将互联网上的数据资源视为一种可以增进人类福祉的共享资源，那么任何限制数据流动的理由都可能站不住脚。从这种意义上讲，跨境数据流动限制不能限制共享资源的流动，其应仅仅针对具有所有权属性的独占数据资源的流动问题。对于具有所有权属性数据资源的跨境流动，原则上以企业自治为基本原则，除非这种跨境的数据流动会对出境数据的安全带来不利影响。通过对数据进行分级分类管理，建立明确的核心数据、重要数据、敏感数据与一般数据出境规则。国家只能基于所谓的国家安全理由限制核心数据、重要数据的出境，原则上不能基于国家安全的理由限制一般数据出境。对于个人敏感数据出境，必须取得个人的单独同意。

六、数据本土化与可携带的多边规则

数据本土化与数据的跨境流动可以说是一体两面。正是由于数据存储的本土化要求，才有数据跨境流动的必要性。如果数据可以存储于任何服务器中，那么在互联网环境中也就没有所谓的跨境流动问题。当然，在有些情况下，即使没有数据本土化存储的要求，基于商业考量以及安全等考量，企业，特别是国内企业可能更愿意将数据存储于本地的服务器，这种情况下也可能发生数据的跨境转移问题。数据的价值在于流动，美国国际贸易委员会的报告显示，全球服务贸易的增长有一半依赖对跨境数据流的访问。麦肯锡发布的一篇报告也指出，过去十年中，数据流动使全球 GDP 增长了 10.1%，而像数据本地化这种数据流动壁垒对企业的竞争力和创新能力都有不利影响，同时也会制约经济的发展。[1]这些研究表明，数据本地化和其他数据流动障碍带来了巨大成本：使美国 GDP 减少 0.1 至 0.36%；导致巴西和欧盟部分云服务的价格上涨 10.5% 至 54%；巴西、欧盟、印度、印度尼西亚、韩国和越南的 GDP 减少 0.7% 至 1.7%。[2]

现如今，各国在数据本地化方面的措施强度不同。希腊、文莱、中国、印度尼西亚、尼日利亚、俄罗斯和越南被认为拥有强有力的数据本地化法律，因为它们都有包含明确数据本地化要求的法律。欧盟被认为已经制定了事实上的数据本地化法律，因为欧盟几乎没有明确的数据本地化要求。为跨境数据传输设置障碍的欧盟法律实际上实现了数据本地化要求。白俄罗斯、印度、哈萨克斯坦、马来西亚和韩国被认为制定了部分数据本地化法律，因为它们制定了广泛的数据本地化措施，包括要求个人在跨境传输数据之前征得同意的法规以及仅适用于某些域名的法规。阿根廷、巴西、哥伦比亚、秘鲁和乌拉圭被认为制定了温和的数据本地化法律，因为它们在某些条件下限制跨境数据传输。澳大利亚、加拿大、新西兰、土耳其、委内瑞拉被认为拥有部门制定特定的数据本地化法律，因为其数据本地化法律适用于特定部门，包括医疗保健、电信、金融和国家安全。

中国法律要求关键信息基础设施的运营者在中华人民共和国境内运营中收集和产生的个人信息和重要数据应当在境内存储。数据的本土化存储大多基于国家安全以及本国就业的考量。事实上，数据的本土化存储并不能带来数据的安全，数据安全与存储地无关，其更多的是与保护方式与手段相关。数据本土化也使本国公司获得数据新思想的过程变得更加艰难，不仅会提高开发新产品的成本，影响企业的创新能力，严重的还会对本国公民带来伤害。另外，数据的本土存储所带来的就业机会增量也是有限的。因而，规制数据本地存储的国际规则应是原则上禁止各国采取数据本土化存储规则，除非当事国能证明数据存储于本地具有合理性与正当性。这里的合理性与正当性主要包括境外存储地数据保护措施不够健全、这些数据可能是敏感性数据与重

---

[1] 参见《数据安全：数据本地化》，载 https://www.sohu.com/a/484936023_ 121124365，最后访问日期：2023 年 1 月 1 日。

[2] Nigel Cory, Cross-Border Data Flows: Where Are the Barriers, and What Do They Cost? Available at https://itif.org/publications/2017/05/01/cross-border-data-flows-where-are-barriers-and-what-do-they-cost/，最后访问日期：2023 年 6 月 5 日。

要数据。

　　数据可携带从本质上讲有利于数据的流动。数据的可携带性意味着数据主体可以将数据转移给其他第三方。原则上数据主体将个人数据转移给其信任的第三方是个人的基本权利，是数据主体自主决定的事项，且这种数据的转移不会损害第三方的权利，因而，国际社会不应限制数据主体自主转移数据的权利。这里的问题是如果数据主体向境外的数据控制者转移数据，这种行为需要受限吗？这种向境外数据控制者转移数据的行为是当事方自主选择的行为，国家原则上不应干涉这种行为。如果这种向境外转移的数据是可能包含他人的敏感数据或者其他重要、核心的信息，国家有权限制将这种数据的转移。简而言之，国际多边规则应鼓励数据主体行使数据携带权，原则上不应限制这种权利的行使，除非可携带的信息保护他人的敏感信息以及其他重要、核心的数据。

第五节　算法的多边规制

一、算法的可规制性

　　算法，特别是深度学习等自适应与自迭代算法的不断演进与发展必然引发的问题是：如果算法自我进化与发展，在人力都无法掌控的情况下，何谈对于算法的规制呢？事实上，上述问题是对算法的错误认知。从算法技术发展的现状来看，现今并不存在所谓不可控的算法，任何算法都具有可控性，都可以纳入规制的范畴。

　　首先，算法决策应用的合法性要求可阻止算法的无序开发与部署。合法性义务是算法决策利用者必须承担的基于法律明确规定的义务。算法的开发者与部署者都必须按照法律的要求进行算法的开发与部署。如 GDPR 与中国的《个人信息保护法》都明确规定个人有权拒绝个人信息处理者仅通过自动化决策的方式作出决定，因此任何未经个人同意的针对个人的自动化决策都是非法的。

　　其次，数据适恰性可阻却算法模型构建错误。适恰的训练数据可以阻却算法模型措施。随着深度学习等技术的发展，训练数据在构建算法模型的价值方面发挥着越来越重要的作用。清洁、正确以及有代表性的数据对于算法模型的正确学习与进化至关重要。此外，算法系统与运用适恰性可阻却、纠正错误结果。算法系统在投入实际运用时，确保数据与运用场景的适恰性也可以避免不利甚至错误结果。

最后，算法运用领域与目标是当事人选择的结果，[1]并不存在完全的自主性算法系统。现今，所有的机器学习算法，不管多么复杂，其仅仅能处理单一目标问题，并不存在适用于所有领域的通用算法系统。算法决策是基于对世界的量化认知后进行的量化决策。事实上，并非任何领域都适合进行量化的算法决策。将算法运用于面相识别用以区分罪犯与非罪犯，建立罪犯的"通常面孔"无疑是典型的"以貌取人"。[2]伦敦城市警察所使用的人脸识别算法系统所标识的嫌疑人最后证明81%都是无辜者。[3]如果明知某种算法的非精确度达98%仍然使用并给他人造成损害，使用者不能逃避其主观过失。[4]以测试者眼球运动评断学生是否作弊以应对在线考试的算法、通过面部分析性倾向与智商水平的算法、预测人感情的算法[5]、通过面孔分析抑郁状况的算法[6]无疑不合时宜。事实上，我们对世界的认知更多是直觉感知而不是数字化量化，因而，将算法系统强制运用不适于应用数字化评价的领域缺乏正当性。此外，在某个领域适宜的算法决策可能并不能适合于其他领域。人脸识别算法在某些领域，如金融服务可能具有正当性。基于人脸识别算法的错误率，将其运用于关涉公民生命、健康、自由的敏感领域如执法领域正当性就值得商榷。

---

〔1〕 Edelman Gary Grossman, *We're entering the AI twilight zone between narrow and general AI*, available at https://venturebeat.com/2020/09/03/were-entering-the-ai-twilight-zone-between-narrow-and-general-ai/, 最后访问日期：2023年4月8日。

〔2〕 Xiaolin Wu, Xi Zhang, "Automated Inference on Criminality using Face Images", https://arxiv.org/pdf/1611.04135v1.

〔3〕 Pete Fussey, Daragh Murray, "Independent Report on the London Metropolitan Police Service's Trial of Live Facial Recognition Technology", University of Essex Human Rights Centre, 2019.

〔4〕 Jon Sharman, "Metropolitan Police's facial recognition technology 98% inaccurate, figures show", *The Independent*, May 13, 2018.

〔5〕 Douglas Heaven, "Why faces don't always tell the truth about feelings", *Nature*, Vol. 578, 2020, pp. 502-504.

〔6〕 Andrew Reece, Christopher Danforth, "Instagram photo reveal predictive markers of depression", *EPJ Data Science*, Vol. 6, 2017, p. 15.

二、算法多边规制的目标

算法是使数据发挥功效的载体，单独的数据不足以产生任何效果，只有经过算法处理的数据才具有价值。因而，算法设计与开发对人工智能规制具有关键性。现今，对于算法规制的主要争议在于如何确保算法透明、可解释性与解决偏见问题。

（一）算法可解释性

1. 何为算法的可解释性

深度学习依靠算法模型识别大量数据汇总的模式，需要大量课本中难以发现的"妖术"，[1]并不能用理性术语解释。对于机器学习如深度神经网络而言，其强大之处在于从海量数据中发现模式，建立能对新图像进行分类，或执行其从未接触过的任务。神经网络从本质上是自我编程，其经常会学习一些人类难以理解的神秘规则。深度神经网络在大范围经验性任务中被证明具有惊人的有效性，然而，我们仍不能理解神经网络如何架构、为什么取得经验性成功。机器学习并不会揭示事物的因果机制，其仅仅是数据关联的引擎。这就是算法决策的"知识债务"问题。算法决策的"知识债务"意味着即使算法设计者也不能真正清楚算法如何发挥作用。[2]一些计算机科学家尝试对算法进行认证以弄清楚算法如何运作。然而，算法认证是事后解释算法，而不是尝试理解算法运行过程的因果关系。事实上，算法系统并不能像人一样理解因果关系，算法通过一些事件去关联另一些事件，其不能断定那件事直接导致其他事情的发生。对人类而言，理解因果关系是常识的重要方面，对算法系统而言，其完全无能为力。算法所使用的相关性不等于因果关系。算法认为种族等与再犯罪率相关，但再犯罪显然不是因为种族所引发的，累犯发生的原因可能是精神、经济层面的原因。即使所谓的因果贝叶斯网络也不能发现所谓的因果关系，其只不过是从大量数据中发掘哪些变量看来对其他变量具有最重要影响。

---

〔1〕　Pedro Domingos, "A Few Useful Things to Know about Machine Learning", *Communications of the ACM*, Vol. 55, No. 10. , 2012, pp. 78-87.

〔2〕　Adrienne LaFrance, "Not Even the People Who Write Algorithms Really Know How They Work", *The Atlantic*, Sep 18, 2015.

算法决策系统不能像人一样融于世界之中[1]，其不能理解世界，难以建立真实世界的模型。同时，与传统的自动化系统不同，算法决策系统并不是仅仅机械履行其分配的任务，而是通过不断与外部世界的互动进行决策。算法决策系统自身并不是静态而是动态变化的系统。基于算法决策系统的自适应性与鲁棒性，机器学习算法会在运用中不断进行学习、强化以适应新的场景。机器学习模型经常基于模型自身所生成的结果以及源自用户的相关反馈进行再训练。算法会根据用户对决策结果的反馈（如分类错误）进行再学习，并进而优化算法结果。在此互动过程中，由于算法自身不能理解活生生的现实世界，从而可能导致算法系统偏离利用者意图进行决策。

GDPR 赋予了数据主体获取相关自主算法决定解释的权利，如何理解算法的可解释性存在着不同看法。机器学习算法包括使用黑箱并在事后进行解释的可理解算法（Explainable）以及不使用黑箱模型的可解释算法（Interpretable）。可理解算法是指构建新模型解释黑箱模型，可解释算法是指模型自身具备解释功能，研究人员尝试在机器学习领域为分类与预测提供理性的解释，他们甚至尝试对拒绝统计直觉与解释的技术领域如深度神经网络进行解释。这些研究人员认为，如果我们能够识别最显著的方面，我们就能对预测结果进行理论与因果关系的重建。然而，正如对抗样本所显示的那样，这些解释方法并不能保证识别出对机器最具有数学价值的信息所产生的解释对人类具有同样的解释力。[2]事实上，对算法的事后理解与解释经常是无意义的，也不能提供充分细节理解黑箱行为。[3]

计算机科学家普遍相信模型越复杂，其结果就越精确。也就是说算法的可解释性与算法的精确度之间存在一定的冲突性，黑箱对于高要求的预测表现而言必不可少。事实上，当考量那些具有意义特征（feature）的结构性数据问题时，在对数据进行预处理后更加复杂的分类器如深度神经网络、增强决策树、随机森林与更加简单的分类器如逻辑回归、决策列表在表现上并无

---

〔1〕 Ragnar Fjelland, "Why general artificial intelligence will not be realized", *Humanities and Social Sciences Communications*, Vol. 7, No. 10. , 2020.

〔2〕 Alex Campolo, et al. , "Power without Responsibility in Artificial Intelligence", *Engaging Science, Technology, and Society*, Vol. 6, 2020, pp. 1-19.

〔3〕 Cynthia Rudin, "Stop explaining black box machine learning models for high stakes decisions and use interpretable models instead", *Nature Machine Intelligence*, Vol. 1, 2019, pp. 206-215.

重大区别。[1]因而，在很多情况下，选择可理解还是可解释算法所引发的决策结果并无差异。

算法决策是一种对活生生的人的物化过程。在对用户权利直接带来影响的敏感领域，如涉及人身与财产保护、人格权保护等领域，算法规制要求数据、模型以及其所使用启发法的透明度，从而确保算法系统所作出的决定不是基于非法或规范所不能接受的要素与推理，确保当算法系统适用于个人时，其可以挑战算法系统的推理。也就是说，在这些领域，算法设计者必须选择可理解算法。

2. 算法是"非知"吗？

算法是事先定义的以价值（value）为输入，以产生某种价值为输出，将输入转变为输出的计算步骤顺序的程式。一个算法程序包括：一是基于收集的历史数据分析建立可达成目标的模型；二对实施该模型的算法进行编码；三是收集相关数据为算法提供输入；四是将定义好的算法操作应用于输入数据；五是基于数据分析链以预测或推荐形式所作出的输出。[2]算法决策系统通过数据观察，识别数据中存在的模式（Pattern）并进而建立解释世界的模型（Model），在无明确、事先程序定义的规则与模式下对现实世界进行预测与决策。具体而言，机器学习系统通过训练数据学习后生成算法模型并对实施该模型的算法进行编码。编码后的算法将利用系统获取的输入数据输出预测或决策结果。[3]算法决策是基于对过去或现状分析结果以预测或决策未来行为。算法结果取决于所为之事、设计者立场以及目标何为、算法在实践中如何运行、用户如何与之互动以及对输入大数据的使用等方面。

算法决策结果可知。算法决策的"非知"是对算法决策运行过程而不是结果的描述，算法决策的结果对当事人而言是可见、可感知、可预测。运行过程的"非知"并不意味着算法决策利用者不能预测并干预算法决策结果，"最自主"不需要编程的神经网络算法系统看起来似乎能够处理隐性知识。然

〔1〕　Cynthia Rudin, "Stop explaining black box machine learning models for high stakes decisions and use interpretable models instead", *Nature Machine Intelligence*, Vol. 1, 2019, pp. 206–215.

〔2〕　Robert Brauneis, Ellen P. Goodman, "Algorithmic Transparency for the Smart City", *Yale Journal of Law & Technology*, Vol. 20, No. 103. , 2018, pp. 113–114.

〔3〕　Robert Brauneis, Ellen P. Goodman, "Algorithmic Transparency for the Smart City", *Yale Journal of Law & Technology*, Vol. 20, No. 103. , 2018, pp. 113–114.

而，事实并非如此。神经网络系统需要数据进行学习，数据是神经网络系统学习的前提。如何收集数据、选择何种数据进行学习、对偏见数据是否进行清洗、如何对数据进行标识与分类等都是人选择的结果。算法决策是理性、自动化与量化决策，消除了人的判断、复杂性与具体语境。但完全中立、客观、无偏见的算法并不存在，任何算法都反映了使用者的偏好，[1]以及如何认知世界、看待问题以及针对这些问题的解决方案。

算法决策利用者对算法自身的可控性存在着明确的认知，采用何种算法类型无疑是使用者选择的结果。采用监督学习算法体现了使用者对结果可控性的关注，而采用非监督学习表明使用者对机器输出结果的放任。监督学习以标签化的数据为学习基础，而无监督学习由算法发掘数据中的模型。

算法决策逃逸风险可知。算法决策基于其自我学习性、自适应性也面临一些特殊的安全风险。传统的计算机信息系统是基本封闭的、静态的信息存储、处理与传输系统，关注的是知识的处理与获得，其安全风险相对可控。算法决策系统不再是简单的知识处理与获取系统，其更关注知识优化。算法决策系统通过获取知识理解与认知世界、对获取信息进行优化处理，以便通过对人行为、环境操控获取最大化的经济价值。这种优化具有感知与创造能力，不再将世界作为静态的已知现象，其通过对过去世界的学习认知世界，通过与现实世界的对话进行学习、决策。也就是说，现今的算法决策系统不再是封闭的自给自足的信息传播系统，而是一个开放的自适应系统。算法逃逸是算法决策系统普遍存在的现象。算法逃逸一般源自于两方面因素：一是算法自身优化不足。足球比赛转播机器学习算法系统将光头裁判的光头识别为足球导致转播系统失灵源自于算法优化不足。[2]二是外界的对抗干扰。众所周知，几乎每一类机器学习算法，从简单、易于解释的逻辑回归到复杂的深度神经网络都可能遭受对抗算法攻击。[3]深度学习网络在对抗性攻击面前

〔1〕 Emma Llansó, et al. , "Artificial Intelligence, Content Moderation, and Freedom of Expression", *A working paper of the Transatlantic Working Group on Content Moderation Online and Freedom of Expression*, Feb 26, 2020.

〔2〕 James Vincent, "AI camera operator repeatedly confuses bald head for soccer ball during live stream", available at https://www.theverge.com/tldr/2020/11/3/21547392/ai-camera-operator-football-bald-head-soccer-mistakes，最后访问日期：2022 年 11 月 28 日。

〔3〕 Samuel Finlayson, et al. , "Adversarial Attacks on Medical Machine Learning", *Science*, Vol. 363, No. 6433. , 2019, pp. 1287-1289.

呈现出出乎意料的脆弱性。对深度学习图像识别系统不易察觉的细微的扰动攻击将导致神经网络分类器完全改变预测结果，[1]将噪声误识别为正常图像。[2]现如今，机器学习系统自身成为计算机信息系统安全链环节中最薄弱环节。[3]对此，算法决策利用者应有明确预知。有学者就明确指出，微软既然设定其聊天机器人从用户反馈中学习的功能，其理应知晓其系统存在被操控从而产生种族歧视言论的危险。[4]

算法决策利用者对算法决策所存在的安全风险以及由此引发的损害后果无疑具有明确的认知。如果明知算法决策系统存在安全风险并进而可能引发对第三方的损害而放任损害的发生，算法系统利用者需要承担相关的法律责任。联合国人权理事会批准的《工商企业与人权指导原则》明确要求算法系统使用者（公司）必须阻止、减少其服务对人权的负面影响，对损害人权的行为有义务采取修补措施。因而，问题的关键就在于算法决策利用者能否对损害的发生采取措施避免呢?

综上，绝大多数算法具有可解释性，即使具有黑箱性质的算法，如果建立了合理的规制框架，可解释性与否也不会阻碍算法使用者责任的承担。

(二) 算法透明

算法透明包含两个层面的含义：一是算法技术自身的透明性；二是算法决策自身的透明性。算法技术自身的透明性与算法规则的可解释性密切相关，如果算法是可解释的，那么算法技术自身就是透明的。算法决策的透明性亦指算法决策的可知性，也就是说，算法决策的使用者必须告知用户其使用了算法来决定相关事宜。算法透明是保障用户知情权的重要内容，作为消费者，其理应获得对其个人权益具有重要影响的事项。告知用户其被算法决策是算法使用者的应有义务。

---

〔1〕 Christian Szegedy, et al. , "Intriguing properties of neural networks", Paper presented at 2nd International Conference on Learning Representations, ICLR 2014, Banff, Canada.

〔2〕 Anh Nguyen, et al. , "Deep Neural Networks Are Easily Fooled: High Confidence Predictions for Unrecognizable Images", 2015 IEEE Conference on Computer Vision and Pattern Recognition (CVPR), Boston, MA, 2015, pp. 427-436.

〔3〕 Battista Biggioa, Fabio Rolia, "Wild Patterns: Ten Years After the Rise of Adversarial Machine Learning", *Pattern Recognition*, Vol. 84, 2018, pp. 317-331.

〔4〕 Frank Pasquale, *New Laws of Robotics: Defending Human Expertise in the Age of AI*, Harvard University Press, 2020, p. 12.

（三）算法偏见与歧视

算法偏见源于算法自身的瑕疵与算法所使用的数据存在瑕疵。算法决策通过数据学习构建模型进行决策，通过算法对数据集进行分析并进而建立相关模型进行决策是算法决策的基本路径。算法决策效果与目标变量、类别变量、训练数据标签、训练数据收集、特征选择以及代理等因素相关。数据是算法运行的基础。没有大数据支撑，算法不可能进行深度学习从而建立有效的决策模型。数据是影响算法决策结果的决定性因素。数据瑕疵包括数据不准确与不合时宜。不准确数据主要是因果关系逻辑推理错误，不合时宜的数据是将不应纳入考量的数据纳入分析范畴。数据瑕疵包括数据固有瑕疵、数据收集瑕疵、数据集标注与归类瑕疵等。数据自身并不足以发生损害，对数据进行分析、处理与运用的算法瑕疵才是算法决策系统损害发生的直接原因。算法设计者自身理念受社会支配矩阵的影响与制约，设计者规范性假设看似公正、进步，其本质上是反映、复制现实世界的不平等。为谋取算法决策利益的最大化，算法设计者总是假设其用户是健康的、有能力者、中产阶级等。[1]算法瑕疵包括算法设计理念瑕疵、算法模型设计瑕疵以及算法误导与非适应性。对于数据瑕疵与算法瑕疵，本书前已做过详细的分析，在此不再赘述。概而言之，算法偏见的克服需要从数据与算法自身的角度进行规制。从数据的角度看，必须确保数据的多样性与代表性，而不能使用所谓的带有偏见的数据。从算法自身的角度看，必须确保算法自身的设计具有包容性，公平公正地对待每一个用户。

三、算法多边规制的具体路径

算法多边规制的目标是确保算法的可解释、透明与公平、公正。要实现上述目标，算法作为人为设计的对人类行为与社会的代码规制，必须从代码自身出发，确保代码自身的设计符合上述目标。另外，基于算法自身的自适应性与不断迭代性，单独的算法自身规制无法解决算法多边规制问题。算法规制必须与数据的规制相结合才能发挥效果。具体而言，算法多边规制的具体路径主要包含两个维度：一是对算法设计与部署的规制；二是对算法在具

---

〔1〕　参见商建刚：《算法决策损害责任构成的要件分析》，载《东方法学》2022年第6期。

体场景演化的规制。

（一）基于算法设计与部署的规制

算法设计是基于代码对社会的控制，是通过技术规则来控制与影响人的行为。从某种意义上讲，算法之治就是代码之治。因而，对于算法的多边治理而言，国际社会应构建代码规制的多边体系。这一体系的核心是确保算法设计符合基本的国际准则。GDPR 等所规定的隐私保护就是这方面的典型做法。通过设计的保护的核心来确保算法设计自身符合国际人权法、国际人道法等规范要求，从设计之初就确保这些保护个人权利、社会利益的规则嵌入到算法设计之中。设计与缺省的保护义务规定了数据控制者应遵守的两个关键义务：在数据处理方式与处理过程中采用旨在将数据保护原则嵌入处理过程，满足国际规则的一般要求与保护数据被处理者个人权利的技术和组织措施以及确保缺省情况下，仅处理每个特定目的所需的数据。

除了算法设计自身符合国际法的相关规则，算法的部署也应符合相关的国际法规范。也就是说，不得将算法运用于损害国际规范的领域，如将算法部署于对国外公民的无差别的大规模监控，用于恐怖主义活动等。

（二）基于算法运行的规制

基于算法运行规制的核心是确保算法的迭代不会偏离系统设立的目标，迭代过程不会对他人的权利与利益带来不利影响。前面已经述及了数据对算法迭代的关键性影响。因而，要确保算法迭代自身不会对社会带来不利影响，要确保数据本身不带有偏见、歧视。如何确保数据自身的公平、公正，我们在前面已经做过详细的讨论，在此不再赘述。

除对数据做出规制外，基于算法运行的规制要求算法运行过程的透明和结果的可追溯。算法运行透明要确保算法运行全过程的告知，不得隐瞒算法决策过程，更不能使用暗黑模式进行控制。此外，要确保算法结果的可追溯，对算法运行结果可以提供有效的解释。

（三）基于不同算法类型的不同规制

从算法技术发展的现状看，有些算法相对封闭，基本按照设计者设计的规制行事，基本不会发生偏离设计框架运行的情况；有些算法具有强大的自我学习能力，如深度学习算法，具有强大的自我学习与迭代能力；有些算法旨在实现输出的通用性，并且可以适应各种独特的任务。

传统的规制计算机程序的规制主要针对的是相对封闭运行的算法。针对这些算法的规制相对简单，这源于这些算法自身的可控制性，较少发生算法逃逸现象。而对于具有强大的自适应性与延展性的算法规制，现今我们还缺乏有效的规制框架，以下我们将针对一些特殊的算法类型进行分析，尝试探索解决不同算法规制的框架与路径。

四、对抗机器学习算法规制

机器学习系统自身成为计算机信息系统安全链环节中最薄弱环节。基于机器学习系统自身的脆弱性与易受攻击性，通过对抗学习手段获取机器学习系统潜在缺陷的努力具有某种程度的正当性，不能一刀切的全然禁止。因而，建立有效、清晰、平衡性的规制对抗机器学习的规则是现今机器学习健康发展急需解决的先决问题。

机器学习算法通过数据观察，识别数据中存在的模式并进而建立解释世界的模型，在无明确、事先程序定义的规则与模式下对现实世界进行预测与决策。具体而言，机器学习系统通过数据学习后生成算法模型并对实施该模型的算法进行编码。编码后的算法将利用系统获取的输入数据输出预测或决策结果。[1]传统计算机信息系统基本是封闭的、静态的信息存储、传输与处理系统，关注的是知识的处理与获得，其安全风险相对可控。机器学习计算机信息系统不再是简单的知识处理与获取系统，其更多关注的是知识优化。机器学习系统通过获取知识理解与认知世界、对获取信息进行优化处理，以便通过对人行为、环境操控获取最大化的经济价值萃取。这种优化系统具有感知与创造能力，其通过与现实世界的对话来进行预测或决策。机器学习系统不再将世界作为静态的已知现象，其通过对过去世界的学习来认知世界，通过与现实世界的对话进行学习与决策。因而，机器学习不是封闭的自给自足的信息传播与利用系统，而是一个开放的自适应系统。与相对封闭的传统计算机信息系统相比，机器学习系统更易于受到外部因素的影响与控制，具有更高的安全风险。

---

〔1〕 Robert Brauneis, Ellen P. Goodman, "Algorithmic Transparency for the Smart City", *Yale Journal of Law & Technology*, Vol. 20, No. 103., 2018, pp. 113-114.

（一）对抗机器学习高发原因

一是应用数据的易操纵性。完整、真实数据是机器学习获取正确结果的前提。残缺、有误差、重复数据必然导致机器学习错误理解特征之间的关系或模式并进而建立错误模型，将该模型运用于预测或决策必然导致输出结果偏差与错误。机器学习通过数据获取预测与决策模型，数据对机器学习输出结果具有关键性影响。也就是说，机器学习系统所使用的数据与其输出结果之间存在着确定的相关性。要让机器学习系统识别一匹马，必须为之提供"马"而不是"牛"的图像供其学习。正是由于数据与机器学习输出结果之间的关联性，对数据的操纵必然影响机器学习系统决策结果。

对机器学习数据的操纵表现为故意收集不准确的数据、对数据进行错误标注、毒害训练数据集以及对输入数据进行操控等。故意收集不准确的数据意指数据收集者在收集数据时故意收集不完整、不具有代表性有时甚至是错误、不相关的数据。比如在用于人脸识别算法的数据收集中，故意只收集主流群体的图像，完全忽视其他少数族裔群体的相关数据。许多研究都表明，人脸识别算法系统所使用的训练数据集因收集的图片不具有代表性，如妇女、少数族裔群体严重不足会导致算法对妇女与少数族裔群体的识别偏差。机器学习算法通过被标签的训练数据集获取变量之间关系模型。算法模型无误的前提是对数据的正确标注。数据集的标注瑕疵将导致其作为基准数据集使用时与标注的真实数据（ground truth）或直接观察发生偏差。[1]除了对数据进行错误标注，对训练数据集进行毒害也是操纵训练数据的重要手段。如果行为人故意对数据进行污染，导致基于数据建立的模型并不能反映真实情况，以该模型为基础生成的结果无疑是会产生误导结果。许多机器学习系统所使用的训练数据都来源于公开的数据库，对这些数据集的增加、删除与篡改并不是难以完成的任务，通过在训练数据中注入有毒样本就可以轻易对训练数据进行污染。此外，操纵机器学习系统输入导致系统输出偏差也屡见不鲜。机器学习系统具有自我学习性，通过学习外部的输入数据生成新的决策模式。因而，通过对外部输入数据的操纵就能轻易影响决策结果。

---

〔1〕　Khari Johnson, "MIT researchers find 'systematic' shortcomings in ImageNet data set", *VentureBeat*, July 15, 2020.

二是应用环境的易操纵性。与传统封闭式的计算机信息系统不同，机器学习系统具有自我学习性与自适应性，其会不断从与用户互动中获取新数据并进行学习，同时根据学习结果生产新的模型并进而产生新的决策模式。通过操控机器学习的学习环境可以影响机器学习的决策结果。微软的聊天机器人 Tay 因为用户操纵而成为具有种族歧视倾向的"机器人"正是应用环境操控机器学习系统的典型事例。

机器学习算法决策系统自身并不是静态的、封闭而是动态变化的系统。机器学习算法会在运用中不断进行学习、强化以适应新的场景。机器学习模型经常基于模型自身所生成的结果以及源自用户的相关反馈进行再训练。机器学习算法会根据用户对分类结果反馈（如分类错误）进行再学习，并进而优化算法结果。机器学习通过与外部世界的互动建立新的决策模型，外部世界的干扰会影响机器学习结果。机器学习的动态性特征使得其容易受到外部世界的干扰。对机器学习算法进化过程的环境操纵将导致机器学习生成错误的新决策模型，从而导致算法偏离设计初衷，产生算法逃逸现象。除了对机器学习系统进化环境的干扰，对机器学习使用环境的干扰也是普遍存在的现象。机器学习系统会基于对外部世界的认知生成预测或决策结果。对机器学习使用环境的干扰将使得机器学习系统生成错误结果。机器学习系统是基于对外部世界的数据化处理生成预测或决策结果。而人类生活的世界并不是皆能数字化的世界，并不是所有领域都适宜于数字化处理。机器学习系统自身并不能理解复杂的社会规范，其并不具有社会性，其对现实世界的认知是对现实世界的数字化处理，其不能理解一个行为与事件的社会属性。因而，通过对机器学习应用的外部世界的数字化过程的干预或扰动可能导致机器学习系统失效。对自动驾驶系统外部环境如"停车"标识的简单干扰将导致自动驾驶系统失效。

三是安全风险难以防范性。与传统自动化决策系统不同，算法决策系统并不是仅仅机械履行其分配的任务，其可能偏离设计者意图进行决策，算法逃逸背离设计者初衷现象普遍存在。机器学习具有自主性与自适应性特征。所谓自主性是机器学习算法决策过程是机器的自主决策过程。在此过程中，机器如何进行学习外界难以知晓。这就是所谓的机器学习的黑箱问题。深度学习依靠算法模型识别大量数据汇总的模式，需要大量课本中难以发现的

"妖术"，[1]并不总是能用完全理性术语解释。对于机器学习如深度神经网络而言，其强大之处在于从海量数据中发现模式，建立能对新图像进行分类的算法，或执行其从未接触过的任务。神经网络从本质上是自我编程，其经常会学习一些人类难以理解的神秘规则。深度神经网络在大范围经验性任务中被证明具有惊人的有效性，然而，我们仍不能理解神经网络架构如何以及为什么取得经验性成功。而自适应性是指机器学习会基于用户反馈产生新模型并进而生成新决策。对抗样本例子反映了机器学习魔法般预测力的阴暗面，导致机器以一种人类难以识别、理解与控制的方式被误导。通过对抗算法，对算法输入做对人类观察者无意义的细微改变可能引发归类错误率的极大提升。对抗样本的存在表明能够解释训练数据，甚至能够正确标识测试数据并不意味着算法建立的模型真正理解人类赋予的任务。

（二）对抗机器学习攻击手段

对抗机器学习是伴生机器学习的现象。随着机器学习的广泛运用，随之而来的对抗机器学习也呈勃兴之势。从攻击的目的出发，机器学习对抗攻击可以分为探索性攻击与因果关系攻击。探索性攻击不对分类器进行直接攻击，其攻击手段是通过向分类器发送精心设计的示例来观察机器学习系统的反应。因果关系攻击是对机器学习系统训练数据的攻击，攻击者通过影响训练数据来影响分类器构建。也就是说，探索性攻击通过对机器学习的试探来发现机器学习的内在缺陷与不足，从而发现操控机器学习的路径与方法。而因果关系攻击是对机器学习系统自身的攻击，其主要通过影响或毒害训练数据方式控制机器学习模型构建，从而直接对机器学习系统进行控制。扰动攻击/逃逸攻击、模型反演以及模型窃取主要是通过修改或控制输入（Query）来攻击机器学习系统，成员推理攻击旨在推断是否给定的数据记录为训练数据集的一部分，这些都是探索性攻击的典型形式。毒害攻击通过在训练数据中注入一小部分有毒样本从而污染机器学习的训练阶段以获取其希望的结果，这无疑是一种因果关系攻击。值得注意的是，机器学习通过训练数据进行学习，其只能发现数据之间的相关性而不能理解结果达成的因果关系。因而，这里的因果关系攻击其实是对机器学习相关性发现过程的干预。此外，攻击者还可

---

[1]　Pedro Domingos, "A Few Useful Things to Know about Machine Learning", *Communications of the ACM*, Vol. 55, No. 10., 2012, pp. 78-87.

以通过对机器学习系统进行目的重构从而使其执行其非设定任务（对机器学习系统进行重新编程）、使用传统的黑客程序如缓存溢出来控制或愚弄机器学习（探索软件依赖性攻击）以及对机器学习所使用的模型（攻击机器学习供应链）进行攻击。攻击者甚至能通过问询机器学习模型并获取其使用的训练数据（以恢复训练数据为目的恶意机器学习提供者）。除了对机器学习自身的攻击外，对机器学习使用环境的攻击是现今公众最为熟知的现象。这种攻击方式主要是通过在实体环境中使用对抗样本以破坏机器学习系统的决策（外在对抗样本攻击）。

对抗性攻击对机器学习安全性的损害包括对系统完整性、可用性与隐私的损害。对系统完整性的攻击是通过假阴性对系统资源进行控制，可用性攻击是通过假阳性使得系统拒绝服务。而隐私攻击是通过学习器获取相关信息，从而对学习器的训练数据的隐私带来损害。因果关系攻击与探索性攻击都可能对机器学习的完整性与可用性带来损害。探索性攻击中，攻击者尝试获取学习器盲点以使系统不能检测到非法行为来破坏系统的完整性，通过干预机器学习系统正常行为来破坏系统的可用性。因果关系攻击中，攻击者通过控制训练进程使得侵入行为被认为是假阴性从而得以绕过分类器来破坏系统的完整性，通过合法数据错误分类来干扰系统的正常运行进而破坏系统的可用性。

对抗机器学习可以攻击机器学习的各个阶段。在数据处理阶段，攻击者在知晓数据度量过程的前提下可以设计恶意示例以模仿无害数据的度量从而导致系统设计者需要付出更大代价的重新插桩、设计以完成其设计任务。在特征选择阶段，攻击者可通过恶意示例以及污染训练数据等来影响特征选择过程。在学习模型选择过程中，攻击者在知晓学习模型的情况下可对模型中的固有假设进行探索性攻击。通过探索性攻击，攻击者可了解模型中训练数据所含有的错误或不合理的假设并进而利用该假设。如果学习模型错误假设了数据中的线性可分性，对抗学习就可能利用非线性分离的数据欺骗学习器。在训练阶段，通过了解学习器如何训练，对抗攻击可以设计数据愚弄学习器使其选择拙劣输入与输出关系的函数表达式（hypothesis），或是在预测过程中获取训练数据的隐私信息。测试阶段的对抗攻击可分为白箱攻击与黑箱攻击。白箱攻击的目标在于获取目标模型的参数、算法与结构。黑箱攻击中，对抗攻击不能获取目标模型的信息，但其可以通过问询目标模型，利用对抗样本的迁移性或使用模型反演方法来训练本地的替代模型。对抗样本的迁移属性意味着攻击者可以不用直接接触基础模型，而选择攻击机器学习模型使样本发生分类错误。[1]白箱攻击和黑箱攻击的主要区别在于它们对目标模型的访问权限。在白箱攻击中，攻击者可以访问模型的结构和权重，以便他们可以通过文献中的方法计算真实的模型梯度或近似梯度，此外攻击者还可以根据防御方法和参数调整其攻击方法。在这种情况下，以前引入的大多数启发式防御实际上无法抵御这种强大的自适应攻击者。在黑箱攻击中，模型结构和权重不会被攻击者知道，在这种情况下，为了使用上述基于梯度的攻击算法，攻击者必须从有限的信息中推断出模型的梯度。[2]在预测阶段，一旦算法完成学习，攻击者可以利用不完美输入与输出函数表达所犯预测错误获取训练数据中的隐私或操纵机器学习系统。

（三）对抗机器学习的两面性

1. 对抗机器学习的价值

随着机器学习在更多广泛、敏感领域的大规模应用，知晓机器学习系统安全风险日益成为机器学习使用者、消费者日益关注的问题。机器学习基于其自主性与自适用性特征，外界难以通过观察发现机器学习系统缺陷。近年来，机器学习广泛运用于一些敏感领域，如医疗、交通、金融等领域。这些领域对系统的安全性具有高度敏感性。确保机器学习系统的安全性是这些机器学习运用的前提条件。机器学习系统由于其黑箱性质，外界难以发现其如何生成输出结果。同时，由于机器学习的自适应性特征以及反馈回环的存在使得外界更难以控制机器学习的结果。因而，要优化机器学习输出结果，就必须对机器学习的脆弱性进行分析。基于机器学习系统的"非知"性与自适应性，对抗机器学习是发现机器学习缺陷与脆弱性的主要途径。现今，大多数机器学习都是基于没有对抗竞争、弱威胁的模型下进行开发。而对抗机器学习为机器学习系统提供了博弈对手。这些博弈对手通过对模型训练（学习阶段）或模型预测（推理阶段）的攻击来测试机器学习系统的完整性、可用性与保密性。通过反馈回环，机器学习系统能随着每一迭代调整其自身变量与系数并进而提升其性能。这些对抗训练能帮助提升机器学习系统鲁棒性，

---

〔1〕 参见张思思等：《深度学习中的对抗样本问题》，载《计算机学报》2019 年第 8 期。

〔2〕 参见任奎等：《深度学习中的对抗性攻击和防御》，载《Engineering》2020 年第 3 期。

识别系统脆弱性。[1]因而，对抗机器学习可以用于发现机器学习的脆弱性，从而让机器学习系统利用者建立足够的安全保障机制来保障机器学习的安全与隐私，同时也可以提升机器学习系统的鲁棒性，使其系统更好地发挥作用。

随着机器学习的广泛运用，各种恶意的机器学习系统不断涌现。深度造假技术就是近年发展的典型恶意机器学习系统。对于恶意机器学习的对抗攻击是阻止恶意机器学习运用必然手段。对抗攻击可以有效发现恶意机器学习的缺陷并进而建立防范恶意机器学习运用的安全机制。另外，现行机器学习的单一优化标准可能给第三方带来负面影响。如网络平台的内容筛选机制可能就不会考虑合理使用等因素，从而给公众获取知识的权利带来负面影响。而对抗机器设计可以对机器学习系统建立一定的制衡机制。[2]

2. 对抗机器学习的危害性

对抗机器学习是对正常运行的机器学习系统的干扰与破坏，其通过对机器学习系统的操控以影响机器学习的输出结果，导致机器学习系统算法逃逸。算法逃逸意味着机器学习系统的输出结果与预定目标发生背离。对机器学习的训练数据毒害攻击将导致机器学习系统生成错误的决策模型从而导致机器学习背离其预设的目标。对机器学习系统进行重新编程将使得机器学习系统进行目的重构从而使其执行其非设定任务，而探索软件依赖性攻击利用传统的黑客程序如缓存溢出来控制或愚弄机器学习。而外部使用环境攻击通过操控机器学习的使用环境使得机器学习输出错误的决策结果。对抗机器学习攻击不但有损机器学习自身的完整性、可用性，而且可能引发严重的后果，特别是在一些敏感应用领域。对抗干扰攻击导致医疗机器学习系统错误识别医疗影像可能带来错误诊断结果，[3]这不但会给当事人生命权、健康权带来危害，也可能引发医疗保险欺诈等问题。对自动驾驶机器学习扰动攻击将导致

〔1〕 Mariarosaria Taddeo, et al., "Trusting Artificial Intelligence in Cybersecurity is a Double-edged Sword", *Nature Machine Intelligence*, Vol. 1, 2019, pp. 557-560.

〔2〕 Niva Elkin-Koren, "Contesting Algorithmic: Restoring the Public Interest in Content Filtering by Artificial Intelligence", *Big Data & Society*, Vol. 7, No. 2., 2020.

〔3〕 Logan Engstrom, et al., "A Rotation and a Translation Suffice: Fooling CNNs with Simple Transformations", available at https://openview.net/forum? id=BJvKnCqFQ, 最后访问日期：2023年3月8日。

系统错误识别"停止"标识,[1]或导致汽车误入不应进入的车道。[2]对自动驾驶系统干扰将对乘客、行人安全带来巨大风险,甚至可能引发死亡的严重后果。此外,对抗机器学习还可以通过模型反演等手段窃取机器学习系统受法律保护的数据、信息等。

(四) 以行为自身为规范对象所引发的问题

机器学习系统本质上仍为一种计算机信息系统,其通过计算机信息系统的算法基于数据分析进行预测与决策。因而,传统上应对计算机信息安全风险的法律规则如规制破坏、侵入计算机信息系统以及窃取计算机系统信息的行为在机器学习系统环境中应有适用空间。然而,传统规制破坏计算机信息系统行为主要针对静态、封闭计算机信息系统的利用代码侵入、破坏计算机系统功能的黑客行为。基于机器学习的动态性、进化性特性而设计的对抗机器学习呈现出与先前破坏、侵入计算机信息系统行为迥异的特征,其所引发的安全风险与传统黑客行为的安全风险已然存在巨大差异,这必然引发法律适用的模糊性与非适应性。[3]

1. 现有规则不能有效规制对抗机器学习行为

传统防范计算机信息系统安全风险的规则主要针对如侵入、破坏计算机信息系统以及非法获取计算机信息系统数据、信息的黑客行为,其以行为自身为评价对象。对抗机器学习除使用传统的黑客手段外,其还涉及通过外部环境对机器学习的扰动等非传统手段的运用。传统规制黑客行为的规范不能系统应对动态性、外部性的对抗机器学习所引发的损害。

非法侵入针对未经授权或超越授权进入计算机信息系统获取信息的行为。对机器学习系统进行重新编程、攻击机器学习供应链、探索软件依赖性等行为是一种未经授权的侵入行为并无争议。侵入机器学习系统非法获取数据,如规避"反爬虫"机制与用户身份信息认证机制同态的计算机信息系统安全

---

〔1〕　Xi Bowei, "Adversarial Machine Learning for Cybersecurity and Computer Vision: Current Developments and Challenges", *Wiley Interdisciplinary Reviews: Computational Statistics*, Vol. 5, No. 12. , 2020.

〔2〕　Kevin Eykholt, et al. , "Robust Physical-world Attacks on Deep Learning Visual Classification", 2018 IEEE/CVF Conference on Computer Vision and Pattern Recognition, Salt Lake City, UT, 2018, pp. 1625–1634.

〔3〕　Ivan Evtimov, et al. , "Is Tricking a Robot Hacking?", *Berkeley Technology Law Journal*, Vol. 34, No. 3. , 2019, pp. 891–917.

措施非法获取数据无疑构成"侵入"行为。[1]而超授权侵入意味着只有在禁止获取相关信息的情况下才构成非法侵入行为。如果其进入相关信息系统并获取非禁止获取的信息并不构成非法侵入行为。随着对抗攻击技术的发展，许多攻击手段并不需要进入计算机信息系统就能影响机器学习系统的结果。例如，作为远程对抗攻击手段的黑箱攻击仅仅利用了模型误导的迁移概念，并没有获取模型的训练数据与代码。有研究发现，即使攻击者并不实质性知晓数据特征、学习算法与训练数据，但其仍能够以黑箱方式探索机器学习系统以便获取相关反馈。[2]绝大多数探索性攻击旨通过对机器学习的试探来发现机器学习的内在缺陷与不足，其并不需要侵入计算机信息系统。因而，模型反演、成员推理、模型窃取等并不构成传统意义上的侵入行为。

破坏计算机信息系统的行为是违法对计算机信息系统功能进行删除、修改、增加、干扰，造成计算机信息系统不能正常运行的行为。破坏计算机信息系统的行为既包括对计算机信息系统功能进行删除、修改、增加、干扰，造成计算机信息系统不能正常运行的行为，也包括对计算机信息系统中存储、处理或者传输的数据和应用程序进行删除、修改、增加的行为。另外，在实践中对没有直接破坏计算机信息系统，但为破坏行为提供帮助的行为，如故意制作、传播计算机病毒等破坏性程序，影响计算机系统正常运行的行为也被认为是破坏计算机信息系统的行为。从技术角度看，破坏计算机系统的行为既有侵入计算机信息系统，对计算机信息系统本身进行删除、修改与增加的行为，[3]也涵盖了非侵入计算机信息系统，对计算机信息系统运行进行干扰的行为。[4]对抗机器学习攻击过程中对机器学习系统功能进行删除、修改[5]、增加、干扰或对机器学习系统的数据与程序进行删除、修改、增加[6]以及故意制作、传播病

---

〔1〕 参见杨志琼：《数据时代网络爬虫的刑法规制》，载《比较法研究》2020年第4期。

〔2〕 Nicolas Papernot, et al., "Practical Black-box Attacks Against Machine Learning", In ASIA CCS 2017-Proceedings of the 2017 ACM Asia Conference on Computer and Communications Security, pp. 506-519.

〔3〕 指导案例103号指出，对系统自身的损害包括对系统功能进行修改、干扰，导致系统自身不能正常运行。北京市第一中级人民法院（2011）一中刑终字第614号指出，对系统中存储、处理或者传输的数据进行增加的操作构成破坏计算机信息系统的行为。

〔4〕 指导案例104号指出，对系统的外在使用环境的干扰包括干扰计算机信息的使用环境，如干扰系统采样，使计算机信息产生出错误输出等构成破坏计算机信息系统的行为。

〔5〕 对机器学习系统进行重新编程构成对计算机信息系统功能的修改行为。

〔6〕 对抗机器学习过程中对计算机信息系统本身的数据进行污染的毒害攻击是对计算机信息系统存储的数据的修改、增加行为。

毒等破坏性程序的行为[1]构成破坏计算机信息系统的行为。然而，机器学习系统自身的动态性会基于外界的反馈生成新的决策系统与模型，而这种新的决策模型外界难以认知与感知，因而在许多情况下外界几乎难以证明机器学习系统如何被修改、增加、删除或干扰。以对抗样本攻击为例，其是否构成传统的"干扰"计算机信息系统的行为呢？传统的计算机信息的运行环境是相对静态、固定的，对该种环境下的"干扰"行为的认定较为清楚、明确。在机器学习系统下，对机器学习系统的扰动攻击难以觉察。对于人类而言，许多对机器学习的扰动攻击对人而言似乎是无关紧要的改变，但其对机器学习输出结果却会产生巨大影响。因而，在很多情况下，人类难以察觉扰动攻击行为发生。此外，机器学习系统自身是动态的，进化的系统，其会不断从外部世界获取反馈信息并进而生成新的决策机制，外界难以界定"干扰"与"正常反馈"之间的界限。即使能有效界定"干扰"与"正常反馈"之间的界限，基于机器学习决策的"黑箱"性质，外界也难以分辨到底是"干扰"与"正常反馈"因素导致了非期望结果。也就是说，机器学习系统自身的"黑箱"性质使得外在难以知悉是何种因素影响了系统的输出结果，因而难以将对机器学习的扰动行为与损害结果关联起来。最后，对机器学习的扰动并不一定导致机器学习系统不能正常运行。在许多情况下，即使存在扰动攻击，机器学习系统自身仍能正常运行。

　　在传统计算机信息系统下受保护的信息、数据等在机器学习系统下理应获得同等保护。中国《最高人民法院关于审理侵犯商业秘密民事案件适用法律若干问题的规定》第一条就明确指出算法、数据等为受到法律保护的技术信息。我国《最高人民法院、最高人民检察院关于办理侵犯知识产权刑事案件具体应用法律若干问题的解释（三）》、《中华人民共和国刑法修正案（十一）》都明确以电子侵入手段获取商业秘密的行为是侵犯商业秘密的行为。通过对抗机器学习非法获取这些信息的行为无疑是违法行为。在机器学习对抗攻击中，攻击者通过对抗算法攻击可重构训练数据，[2]获取机器学习模型

──────────

〔1〕　以恢复训练数据为目的恶意机器学习提供者构成提供破坏计算机信息系统下的制作破坏性程序的行为。

〔2〕　Matt Fredrikson, et al. , "Model Inversion Attacks that Exploit Confidence Information and Basic Countermeasures", *In Proceedings of the 22Nd ACM SIGSAC Conference on Computer and Communications Security*, CCS' 15, pp. 1322-1333, New York, NY, USA, 2015. ACM.

以及模型所使用的隐秘特征。然而，通过对抗机器学习重构的训练数据与原始数据并不一致，是对原始数据处理后获取的数据信息。依据现今的技术条件，通过反编译工具难以获得与系统源代码相同的表达。反编译工具即使能破解加密算法，其也难以重构该算法模型。通过对抗算法重构的数据编排、汇编与原有数据会存在差异，通过模型反演获得的模型、代码与原有模型、代码也并不一致。即使原有模型与反演模型同为决策树，但其执行方式却存在差异，因而难以认定为知识产权侵权。[1]此外，机器学习系统自身的动态性、进化性使得机器学习能不断从外部世界获取信息并进而生成新的决策模型，这些数据信息与算法模型即使是机器学习系统设计者自身也难以知晓与控制，要证明某种数据、模型何时生成、由谁生成几无可能。

2. 扩张解释可能导致过度规制

传统规制计算机信息网络领域的规则如果要应用于动态的、自适应的机器学习系统可能需要重新解释传统规则的内涵与外延以应对机器学习系统引发的新问题。现今，应对对抗机器学习出现的新问题主要是通过扩张解释"侵入"概念。其主要方法是扩张解释"侵入"的行为类型，将传统的"非侵入"纳入"侵入"。有法院就认为，刑法所规定的"侵入"行为包括"侵入"与"非法获取计算机信息系统数据"两种行为模式。[2]另外一种方法就是对"超越授权"做扩张解释，将超越授权获取非禁止获取的信息的行为界定为非法行为。[3]依据此观点，行为人即使合法进入机器学习也不能获取任何非许可信息。据此，因果关系攻击、探索性攻击、毒害攻击等行为无疑都

---

〔1〕 Florian Tramèr, *et al.*, *Stealing Machine Learning Models via Prediction APIs*, available at https://www.usenix.org/conference/usenix security 16/technical-sessions/presentation/tramer，最后访问日期：2023 年 6 月 2 日。

〔2〕 上海高院参考性案例 97 号〔案号：（2019）沪 0109 刑初 999 号〕。这一对刑法"侵入"概念的解释与民事法律实践中的做法做到了殊途同归。中国现今的民事司法实践很少从技术层面论述侵入行为的法律定性。2013 年百度诉奇虎 360 案、2015 年新浪微博诉脉脉案、2016 年大众点评诉百度地图案等将网络爬虫抓取数据认定为不正当竞争行为。法院很少论证爬虫行为是否构成"侵入"行为，其大多数从商业实践角度来论证获取数据行为的非法性。因而，在民事案件中，不管是侵入行为，还是未侵入非法获取数据的行为无疑都是非法行为。

〔3〕 在 Van Buren v. United States593 U. S. _____（2021）案中，美国最高法院认为，美国计算机欺诈与滥用法第 1030（a）（2）条所规定的"超授权"应是指虽然获得授权进入系统，但其超过接触授权获取了不应该获取的信息，如内部黑客行为，其不能规范其虽经合法授权进入系统，但基于非正当目的获取其本应有权接触信息的行为。

构成侵入行为。有学者就指出，如果对"侵入"采取宽泛解释，现存几乎所有的对抗机器学习行为都可能构成非法行为。[1]

对抗机器学习作为一种伴生机器学习系统勃兴的现象，现行的以规制恶意黑客攻击行为为基础构建的治理体系已然不能有效规制对抗机器学习攻击。对抗机器学习算法作为一种全新的人工智能时代出现的新现象，其以数据操纵为核心要素，以发现机器学习系统弱点为核心，以操纵机器学习为目标。对抗机器学习作为一种全新的现象，其不仅涉及对计算机信息系统自身的攻击，还涉及通过外部手段对计算机信息系统的扰动，因而，其难以通过传统的手段与方法予以规制。对抗学习对数据的毒害、对模型的规避、对机器学习使用环境的干扰等在传统的静态、封闭计算机信息环境中几无发生可能，对此传统规制侵入、破坏计算机信息系统的规则几乎无能为力。通过扩张解释传统规则虽然足以应对对抗机器学习引发的新问题，然而，完全禁止对抗机器学习可能损害有价值的对抗机器学习并进而对机器学习系统的安全带来巨大风险。

（五）基于行为目的判断对抗机器学习合法性

对抗机器学习攻击基于目的可以分为善意攻击与恶意攻击。善意攻击包括对恶意机器学习的攻击以及基于研究目的发现机器学习安全风险的攻击。而恶意攻击是指故意利用机器学习的脆弱性缺陷来操控机器学习以获取非法利益。恶意机器学习系统是以获取非法利益为目的的机器学习系统。任何人发现这些非法系统脆弱性的尝试都值得鼓励。典型的对恶意机器学习攻击如对恶意深度造假机器学习系统的攻击。通过对抗机器学习，当事方可以了解恶意深度造假机器学习系统的弱点并进而事先采取措施破坏深度造假技术系统运行。[2]机器学习"非知"性使得外界难以知晓其安全风险触发机制。对抗机器学习是发现机器学习系统安全风险的最为有效的途径。只有在了解机器学习系统的安全隐患风险点，机器学习系统利用者才可能采取相关措施来避免这些可预知的风险。有研究表明，对抗攻击防卫可降低对抗攻击成功率

---

[1] Khari Johnson, "Researchers Warn Court Ruling could Have a Chilling Effect on Adversarial Machine Learning", available at https://venturebeat. com/ai/researchers-warn-court-ruling-could-have-a-chilling-effect-on-adversarial-machine-learning/, 最后访问日期：2023 年 3 月 6 日。

[2] Eran Segalis, Eran Galili, "Disrupting Deepfakes with an Adversarial Attack that Survives Training", available at https://arxiv. org/abs/2006. 12247v2, 最后访问日期：2023 年 5 月 8 日。

至 70%-90%。[1]因而，善意的对抗攻击虽然可能侵入、破坏计算机系统、获取数据，但其对于保障机器学习系统的安全具有重要的价值与作用。如果攻击者目的不是为了获取不正当利益或故意破坏机器学习系统，立法与司法上应保持审慎态度。然而，对于恶意的对抗机器学习，必须采取严格限制措施。恶意对抗机器学习攻击不但可能对机器学习带来安全危害，也可能对第三方带来巨大的人身、财产损害。对人脸识别系统的恶意扰动攻击不但危害系统安全，也可能导致将人识别为动物进而对当事人的人格利益带来伤害。

值得注意的是，善意的对抗机器学习行为如果造成严重的后果，行为人仍需承担责任。现今，机器学习系统被广泛用于涉及公民人身、财产的敏感领域，如医疗、信用评价、司法等的决策。对这些敏感领域机器学习系统的对抗攻击可能给他人的权益造成致命伤害。除了严格限制机器学习决策系统在敏感领域的运用外，对这些敏感领域的对抗攻击也必须采取最严格的措施予以禁止。因而，对于敏感领域的机器学习系统的对抗攻击，即使是出于善意目的，攻击者也必须对此造成的严重损害承担责任。

（六）基于行为结果判断对抗机器学习合法性

首先，随着机器学习系统的发展，对抗机器学习的方式也呈现出多元的情形。现行的以规制行为本身为目标的对抗机器学习系统已然不能适用现实需要。随着机器学习技术的发展，对抗机器学习的方式与模式也呈现出各种样态。对抗机器学习是伴生机器学习必然出现的现象。随着机器学习的发展，对抗机器学习也出现我们未知的行为。以行为方式为规制必然不能适配迅速发展的对抗机器学习规制。其次，对抗机器学习行为本身具有难以觉察性。有研究表明，许多对抗机器学习行为对人本身是难以觉察的，如对图片做像素级的修改，或是对人类无意义的，如对围棋规则做出对人而言无意义的修改，但却可能对机器学习系统输出结果产生颠覆性影响。有研究表明对阿尔法 Go 游戏架构或规则相对人而言几乎没有影响的改变将导致该系统失效。[2]

---

〔1〕 Qiu Shilin, "Review of Artificial Intelligence Adversarial Attack and Defense Technologies", *Applied Sciences*, Vol. 9, No. 5., 2019, p. 909.

〔2〕 Maithra Raghu, et al., "Can Deep Reinforcement Learning Solve Erdos-Selfridge-Spencer Games?" Proceedings of ICML, 2018, available at https://arxiv.org/abs/1711.02301, 最后访问日期：2023 年 4 月 3 日。

因而，对于这些人类难以觉察的行为或是无意义的行为，其难以建立有效的规制规则。因为对于规制者而言，其并不知晓这些行为是何意义，更谈不上规制的可能。此外，对任何损害结果责任的前提是行为人的行为导致了损害发生，也就是所谓的因果关系问题。然而，基于机器学习的黑箱以及对抗机器学习的黑箱，外界难以界定损害发生是不是由于对抗机器学习行为所致。从现今机器学习实践来看，特别是对于不可解释的机器学习系统而言，即使是计算机科学家也难以识别其中的因果关系。再次，机器学习具有自我进化性，即使设计者自身都难以理解机器学习系统，更遑论有效控制机器学习系统。事实上，机器学习系统的输出结果存在着不可预知性。因而，对机器学习系统的侵入与破坏行为在某种意义上是一种对自然状态的干预过程，在此过程中，对抗机器学习攻击者并不是对机器学习的控制而是对机器学习系统的一种探索。对抗机器学习的探索性攻击并不会对机器学习系统自身带来危害，因为无人知晓机器学习系统的运作方式。因此，对于机器学习的探索性攻击，不能从行为本身来界定其非法性而需从其结果来规制。最后，以行为过程来规制对抗机器学习也存在着非完备性。现存的以规制行为为目标的对抗机器学习规制存在着两种趋势：一是扩大化趋势；二是碎片化趋势。扩大化趋势就是扩张解释破坏计算机信息系统行为与侵入计算机信息系统行为，对几乎所有的对抗机器学习行为采取苛责的态度，禁止几乎所有的对抗机器学习行为。二是碎片化的处理方式。这种碎片化的处理严格以现行规则来处理对抗机器学习行为，导致许多新型的对抗机器学习行为不能纳入规制范畴。随着对抗机器学习更广泛应用，我们需要更加安全的机器学习系统。对于碎片化的机器学习规制系统，其后果必然是导致各种新型对抗机器学习不断涌现，而我们对此却无能为力。以行为后果界定机器学习的合法性将使得规制者无需探索行为本身的性质及其背后的生成机制，仅仅关注行为所引发的后果，这无疑将为机器学习系统的健康发展提供更加稳定、可预期的环境，防止对抗机器学习行为对机器学习系统的破坏、干扰等。

对抗机器学习难以防御的根源在于难以建立对抗样本的理论模型。对抗样本是对许多机器模型非线性与非凸性优化问题的解决方案。现今我们并无描述这些复杂优化问题的理论工具，因而，我们难以做出理论上的回应以防卫对抗样本影响。此外，对抗样本难以防卫还在于人们希望机器学习模型对每一可能输入都能产出好的输出。然而，大多数情况下，机器学习模型可能只对众多可能输入中的一小部分输入发挥作用。现今，各种应对对抗样本的努力都以失败告终，其原因在于应对对抗样本的策略都不具有适应性。其可能拦截一种攻击，但其也向知晓应对策略的攻击者开放了另一脆弱性。此外，外界也难以检测对机器学习系统的攻击。机器学习系统的网络化、动态化以及适应性特征使外界难以解释其内在运行过程，通过反向工程方式获取系统达成某种结果是基于攻击行为，还是其他因素。此外，对机器学习系统的攻击还可能具有欺骗性。要评估机器学习系统的鲁棒性需测试所有可能的输入扰动。然而，从实践看，由于可能扰动的数量非常庞大，因而几乎不可能完成所有鲁棒测试。对于机器学习利用者而言，在不清楚机器学习系统的决策或预测机制如何发生的情况下，其难以事先建立可靠的风险防范机制。

机器学习算法基于其标准化决策机制，无疑增加了决策效率与客观性。有研究发现，机器学习算法在诊断乳腺癌方面的表现优于医生，进化神经网络算法比皮肤病专家更能有效发现潜在癌变皮肤损伤，基于机器学习算法的医疗设备可以精准发现脑瘤的位置，通过机器学习算法能快捷发现药品新用途。随着机器学习系统的广泛应用，伴随机器学习算法决策系统而生的安全风险也日益受到关注。对抗机器学习是发现机器学习系统安全风险的有效途径。然而，对抗机器学习在发现机器学习系统脆弱性的同时，也成为控制、破坏机器学习系统的工具。因而，对对抗机器学习的规制必须平衡考虑其有益性与破坏性。现阶段规制对抗机器学习的措施忽视了对抗机器学习规制的平衡性，导致对其规制不足或过于严格。平衡性的对抗机器学习规制对善意的对抗机器学习采取鼓励措施，通过规制对抗机器学习结果而不是过程将有利于促进机器学习决策系统的健康发展。

五、基础模型规制

基础模型是指在大规模数据上进行训练的人工智能模型，旨在实现输出的通用性，并且可以适应各种独特的任务。基础模型可以成为多种人工智能系统的基础。使用机器学习技术，这些模型可以将学到的有关一种情况的信息应用于另一种情况。虽然所需的数据量远远超过普通人将理解从一项任务转移到另一项任务所需的数据量，但结果相对相似。例如，一旦你花足够的时间学习烹饪，你不需要太多的努力就可以学会如何烹饪几乎任何菜肴，甚至发明新菜肴。

基础模型的实用性巩固了人工智能作为通用技术的潜力，在整个经济中具有广泛的适用性和许多溢出效应。但与任何新兴技术一样，可靠地识别基础模型的所有潜在好处是一项不可能的任务，因为随着它们日益融入社会和经济，新的用例将会出现。然而，已经有明确的迹象表明基础模型的影响力有多大。基础模型的其他有前途的应用依赖于它们的生成能力，例如可以帮助用户快速生成代码、文本和其他类型媒体的生产力辅助工具。部分自动化时间密集型任务在专业和个人环境中也有益，使人们能够将更多注意力投入到更具挑战性或令人愉快的任务上，同时增加产出。

使用基础模型的一些风险与其他类型人工智能的风险相似，但它们也可能带来新的风险并放大现有风险。这些可以分为三大类：与输入相关的潜在风险，与产出相关的潜在风险，以及潜在的一般治理风险。大型基础模型是根据大量数据进行训练的，这些数据通常是从互联网上抓取的，并且需要大量的计算来训练。"基础模型"一词反映了此类模型如何构成广泛应用的基础：基于语言的基础模型可以支撑用于搜索、客户支持工具或就业决策的系统。基础模型的这些基本特征为监管机构带来了令人兴奋的机遇，但也带来了艰巨的挑战：训练数据集太大，无法手动审查，并引发了有关同意、版权、个人数据保护的问题和责任。这些计算要求只有少数科技公司才能获得，这巩固了大型科技公司的主导地位，并引发了有关竞争、开源模型的未来和环境危害的问题。通用性提出了有关风险和责任的问题——开发基础模型的人和部署下游应用程序的人之间的责任在哪里？开发人员对数据集拥有知识和控制权，并获得最大的经济收益，但他们能否对不可预见的用途和相关风险负责？部署人员对其特定上下文和应用程序有更多的了解和控制，但如果不访问上游代码和数据，他们可能无法修复甚至审核问题。

基础模型现在被《人工智能法案》定义为"通用人工智能模型"（GPAI模型）。"通用人工智能模型"是指这样一个人工智能模型，包括在使用大量数据进行大规模自我监督训练时，无论该模型以何种方式投放市场，都显示出显著的通用性，能够胜任各种不同的任务，并可集成到各种下游系统或应用中。这不包括在投放市场前用于研究、开发和原型设计活动的人工智能模型。《人工智能法案》确定了两类GPAI模型：通用GPAI模型和"系统性"GPAI模型。后者是一些模型，由于它们可能在欧洲层面造成"系统性风险"，因此受到比通用模型更普遍的监管。

《人工智能法案》第 53 条规定了通用人工智能模型提供者的义务，其主要包括：

1. 通用人工智能模型的提供者应：

（a）编制并不断更新该模型的技术文件，包括其培训和测试过程及其评估结果，其中至少应包含附件十一所列的要素，以便应要求向人工智能办公室和国家主管机关提供；

（b）编制、不断更新并向意图将通用人工智能模型纳入其人工智能系统的人工智能系统提供者提供信息和文件。在不影响根据欧盟和国家法律尊重和保护知识产权和商业机密信息或商业秘密的情况下，信息和文件应：

（i）使人工智能系统的提供者能够很好地了解通用人工智能模型的能力和局限性，并遵守本条例规定的义务；以及

（ii）至少包含附件十一所列内容；

（c）制定一项尊重欧盟版权法的政策，特别是通过先进技术等手段，确定和尊重根据 2019/790 号指令第 4 条第 3 款表达的权利保留；

（d）根据由人工智能办公室提供的模板，起草并公开有关用于通用人工智能模型训练的内容的足够详细的摘要。

2. 第 1 款规定的义务，除第 c 和 d 项外，不适用于根据免费且开源许可向公众提供的人工智能模型的提供者，该许可允许获取、使用、修改和分发模型，其参数，包括权重、模型结构信息和模型使用信息，均向公众公开。这一例外不适用于具有系统风险的通用人工智能模型。

3. 通用人工智能模型的提供者在根据本条例行使其权限和权力时，应与委员会和国家主管机关进行必要的合作。

4. 在统一标准公布之前，通用人工智能模型的提供者可以依靠第 56 条所指的行为守则来证明其遵守了第 1 款中的义务。遵守欧洲统一标准可推定提供者符合要求。具有系统性风险的通用人工智能模型的提供者如不遵守经批准的行为守则，应证明有其他适当的合规手段，供委员会批准。

5. 为便于遵守附件十一，特别是第 2 条第 d 和 e 点的规定，委员会应有权根据第 97 条通过授权法案，详细规定衡量和计算方法，以便提供可比较和可核查的文件。

6. 根据第 97 条第 2 款的规定，委员会有权通过授权法案，根据不断发展

的技术对附件十一和附件十二进行修订。

7. 根据本条规定获得的任何信息和文件，包括商业秘密，均应按照第78条规定的保密义务处理。

对于基础模型算法规制而言，透明度应该是政策努力的首要任务。透明度是严谨科学、持续创新、负责任的技术和有效监管的重要前提。目前透明度不均衡，而欧盟《人工智能法案》将在这一领域带来明显的变化，其他地方的政策也应该与之相匹配。社交媒体监管的历史为政策制定者提供了明确的教训——未能确保足够的平台透明度导致了社交媒体的许多危害；我们不应该在基础模型中为下一个转型技术重现这些失败。基础模型提供商合规性最差的领域是受版权保护的训练数据的披露。立法者、监管机构和法院应明确版权与以下方面的关系：（i）训练程序，包括训练过程中必须尊重版权或许可的条件，以及模型提供者应采取的措施来降低版权侵权风险；（ii）生成模型的输出，包括机器生成内容侵犯同一市场内容创作者权利的条件。

六、生成式人工智能算法规制

生成式人工智能使用户能够根据各种输入快速生成新内容。这些模型的输入和输出可以包括文本、图像、声音、动画、3D模型或其他类型的数据。Bloomberg Intelligence报告指出，未来10年内，生成式人工智能市场规模将从2022年的400亿美元，增长至2032年的1.3万亿美元，年复合增速有望达到42%。[1]中国在全球率先制订了《生成式人工智能服务管理暂行办法》。该办法对生成式人工智能的服务内容、服务规范、服务提供者义务、模型治理等进行了规定。该办法提出国家坚持发展和安全并重、促进创新和依法治理相结合的原则，采取有效措施鼓励生成式人工智能创新发展，对生成式人工智能服务实行包容审慎和分类分级监管。[2]美国马萨诸塞州议员在ChatGPT的帮助下起草的一项法案，用于规范ChatGPT等生成式人工智能模型。该法案将禁止生成式人工智能模型中的偏见，并要求对使用生成式人工智能的人提供防

---

〔1〕 "Generative AI to Become a $ 1.3 Trillion Market by 2032, Research Finds", available at https://www.bloomberg.com/company/press/generative-ai-to-become-a-1-3-trillion-market-by-2032-research-finds/，最后访问日期：2023年7月6日。

〔2〕 国家互联网信息办公室有关负责人就《生成式人工智能服务管理暂行办法》答记者问，载https://www.cac.gov.cn/2023-07/13/C_ 1690898326863363.htm，最后访问日期：2023年7月12日。

止剽窃和消费者隐私保护的保障措施，以及向司法部长注册等。[1]欧盟在最新的《人工智能法案》要求向消费者披露人工智能生成的内容，以防止侵犯版权、非法内容以及因最终用户对这些系统缺乏了解而导致的其他不当行为。欧盟《人工智能法案》采取新的识别、透明度、风险评估和版权保护要求。

围绕监管的争论主要集中在生成式人工智能的潜在缺点上，包括数据集的质量、不道德的应用、种族或性别偏见、劳动力市场影响，以及由于不良行为者的技术操纵而对民主进程的更大侵蚀等。事实上，上述问题并非生成式人工智能的独特问题。生成式人工智能最大的问题是训练数据的不透明问题。生成式人工智能规制的核心是确保内容生成过程的透明性。现今，几乎没有生成式人工智能模型披露其训练数据问题。中国《生成式人工智能服务管理暂行办法》第七条要求生成式人工智能服务提供者应当依法开展预训练、优化训练等训练数据处理活动，遵守以下规定：

（一）使用具有合法来源的数据和基础模型；

（二）涉及知识产权的，不得侵害他人依法享有的知识产权；

（三）涉及个人信息的，应当取得个人同意或者符合法律、行政法规规定的其他情形；

（四）采取有效措施提高训练数据质量，增强训练数据的真实性、准确性、客观性、多样性。

虽然中国的相关规范试图解决生成式人工智能的训练数据问题，但基于生成式人工智能的黑箱性质，该措施的有效性值得进一步观察。

七、深度合成算法规制

深度合成算法是指利用深度学习、虚拟现实等生成合成类算法制作文本、图像、音频、视频、虚拟场景等网络信息的算法。中国制定了世界上第一部针对深度合成人工智能技术治理的专门性规范。中国《互联网信息服务深度合成管理规定》厘清了深度合成技术定义与应用范围，确定了生成合成类算法的监管对象，明确了深度合成服务提供者、技术支持者和使用者及应用程序分发平台的各方责任，提出建立健全行业标准和自律管理制度。中国《互

---

〔1〕 *An Act drafted with the help of ChatGPT to regulate generative artificial intelligence models like ChatG-PT*, available at https://malegislature.gov/Bills/193/SD1827，最后访问日期：2023 年 7 月 23 日。

联网信息服务深度合成管理规定》从信息内容服务层面深入到了技术开发应用层面，采用了一种"三位一体"的数据与技术规范。也就是综合服务提供者、技术开发者、服务使用者三方提出了规制。该规范一方面为防范深度合成的潜在风险提出了科学且系统的治理方案，另一方面有效统筹了深度合成的风险管理与技术创新，有利于促进深度合成相关人工智能技术健康有序发展。

深度合成算法引发的最大问题是虚假信息问题，通过深度合成生成的虚假图片、影像可能给个体、社会带来巨大的影响。因而，深度合成技术的规制更多的是要求技术的使用者增加技术的透明度，对通过深度合成技术生成的内容施加标识。

八、算法多边规制的具体规则

算法的多边规制现今并无可遵循的共识性规则。现今跟算法可能有关的国际规则主要涉及代码的规制。如前所述，这些规则要求禁止对代码的强制披露等义务。事实上，基于算法特别是深度学习算法的发展，现行规则无力应对基于网络环境的算法规制。国际社会需对算法及其带来的社会影响仔细研究，尝试找到规制算法的有效多边途径。我们认为，算法的多边规制的具体规则主要应包括以下内容：

一是针对算法技术自身的规制。基于算法的广泛应用性与自适应性，对于算法的技术规制的核心是强调算法技术的可解释性。这里的算法可解释不是对算法内部逻辑的解释而是对算法运行逻辑的解释。算法开发者与利用者需对算法的运行框架与运行逻辑做出清楚的解释与认知。另外，算法技术的开发者不得开发确定性损害个人权利与利益，对国家安全造成危害的算法。也就是说，不得开发违法的算法。

二是对算法运行的规制。首先，算法的运行必须坚持透明原则，确保用户知晓其被算法决策。其次，必须保障算法运行的安全性。这里的安全涵盖两层意思：一是技术安全；二是运行结果的安全。技术安全是指算法本身是安全的，不会有泄露个人信息的风险等。运行结果安全是指算法的运行结果不会给用户的生命财产带来损害，不得影响国家的政治、经济与文化安全。最后，必须保障算法结果的公平、公正。算法运行结果不得产生偏见与歧视后果。

三是对特殊领域算法的规制。对于基础模型而言，由于其是生成式人工智能发展的基础性资源，对于应用层的算法具有重要的影响。因而需要建立针对基础模型的特殊规则，这些特殊规则需要确保基础模型的透明性一定程度上的可解释性。同时需要建立规制基础模型训练数据的规制原则，确保训练数据的合法、有代表性。对于生成式人工智能算法同样需要关注训练数据的合法性、代表性，同时，生成式人工智能算法的开发者、使用者应确保算法技术自身符合法律的要求，生成的内容不违反法律规定。另外，生成式人工智能算法的使用者需确保系统的透明度，对生成内容进行有效标识。对于深度合成算法而言，深度合成算法的开发者与使用者必须确保系统的透明性，对深度合成形成的内容进行标识。此外，深度合成算法的开发者与使用者必须限制深度合成技术的应用领域，同时确保深度合成技术系统的安全。

基于风险路径的人工智能国际法规则

第一节 基于风险路径规制的优势

一、技术因素

与其他技术相比，人工智能技术最大的优势与问题是其自我发展与迭代，具有某种程度的自适应特征。专注于技术自身的规制逻辑无法应对这种不断进化的技术。近年来，基于机器学习技术的人工智能技术获得了跨越式的发展。以深度学习技术为代表的机器学习技术现已经成为最为重要的人工智能技术发展。与传统的自动化系统不同，算法决策系统并不是仅仅机械履行其分配的任务，而是通过与外部世界不断互动进行决策。算法决策系统自身并不是静态而是动态变化的系统。基于算法决策系统的自适应性与鲁棒性，机器学习算法会在运行中不断进行学习、强化以适应新的场景。机器学习模型经常基于模型自身生成的结果以及用户的相关反馈进行再训练。算法会根据用户对决策结果的反馈（如分类错误）进行再学习，进而优化算法结果。在此互动过程中，由于算法自身不能理解活生生的现实世界，因而可能导致算法系统偏离利用者意图进行决策。机器学习技术方案具有两大特征：一是黑箱；二是结果的不可预知性。随着机器学习算法的不断发展与迭代，外界几乎难以理解机器学习的运行逻辑与技术方案。由于外界难以理解机器学习算法的内在机理与运行逻辑，其后果必然是外界无法预知其运行。

巴塔耶认为，启蒙运动所高扬的理性与科学就是"谋划"最典型的表现，它们都是为了未来而舍弃当下或者推迟对当下的享有。每次我们放弃求知的意志，我们就会有触及更大强度的世界的可能性。对于巴塔耶而言，"非知"并不是必须消除的东西，而应该视为丰富的经验予以拥抱。深度学习技术拥护者认为我们需要更少关注因果关系与原理机制，更多关注识别有用的相关性。在"复魅"时代，与我们祛魅直觉相反的数据看似不合理但却非常有效。算法放弃了原理或因果关系解释，预测的效率胜过了对因果关系的解释。有研究多发性骨髓瘤的科学家希望了解在干细胞移植后为什么有些病人能存活更长时间。该研究利用因果贝叶斯网络算法使用三万个变量对相关数据进行分析，发现了几个特别相关因素，其中一个就是病人体内的特定蛋白水平。虽然科学家不能知晓算法是如何确定特定蛋白水平影响存活率的，但算法提供的相关性推理对科学研究无疑具有重要价值。科学家可以通过临床试验论证蛋白质水平是不是影响存活率的决定性因素，这样无疑可以节约研发成本、促进研发效率，进而可能改善病人的存活率。人工智能算法的"非知"性导致外界难以发现有效的规制人工智能技术方案。从现今各国对人工智能技术规制的现状看，这种从技术自身维度规制的效果也不太理想。因而，要真正解决人工智能规制，除技术维度外，更需考虑人工智能技术运行的风险，从人工智能运行后果出发的规制才可能真正产生效果。

二、实践因素

人工智能发展让人最为惊艳的是其延展性，一些基础算法模型不再局限于某一特定的领域，可以在多领域同时获得广泛运用。引人关注的 ChatGPT 的应用领域包含写作、翻译、润色句子、做事实性问答、执行文本分类/实体抽取/阅读理解/文本摘要等各类 NLP 任务，甚至可以写 SQL、写代码，几乎无所不能。有些基础算法模型的应用领域甚至超出了开发者设定的领域。

人工智能应用场景的不断发展与迭代可能使得原本用于合法目的的技术被用于非法目的。基于技术的规制无法解决具有合法目的算法被用于非法目的的问题。以深度学习算法为例，其既可以用于生成合法的内容，也可能被用于生产虚假信息等。在多元用途正日益成为人工智能技术的基本属性的情况下，只用技术维度来规制人工智能技术显然是不合适的，基于技术维度的规制无法解决技术的动态变化性以及应用场景的多元化问题。其主要原因在于基于技术的规制主要针对静态的特定的场景运用，在运用场景也呈现动态化的技术背景下，单纯的技术规制路径已然无法应对人工智能技术新发展的挑战。

人工智能技术具有某种程度的中立性，人工智能技术所带来的风险取决于使用者与使用场景。从人工智能技术发展的现状看，仅仅具有好处而没有任何风险与危害的技术是不存在的，同样，仅仅具有坏处而无任何好处的技术也不存在。因而，纯粹从技术角度来规制人工智能可能导致规制不足或规制过度。

三、商业因素

基于风险路径的人工智能规制基于不同风险等级的人工智能建立规制体系，对于风险较小或没有风险的人工智能运用采取鼓励的措施，对风险较高的人工智能运用采取严格的监管措施。这种分类规制模式有利于人工智能产业，特别是低风险人工智能产业的健康发展，同时也对高风险人工智能运用提供了可预期的规制体系，这也对高风险人工智能产业的发展具有重要的价值。

通过建立分层规制体系，各个人工智能运用都被纳入各自的规制框架中，进而为人工智能运用提供了稳定与可预期的环境，这将有利于人工智能产业的健康可持续健康发展。

第二节 基于风险路径规制的基本方法

一、人工智能风险概述

人工智能的大规模运用会引发大量风险。如果不对这些风险进行有效的控制，将可能给个人、集体与社会带来巨大的损失与伤害。非营利组织人工智能安全中心发布的一份简短声明中写道，与流行病和核战争等其他社会规模的风险一样，减轻人工智能带来的人类灭绝风险应该成为全球优先事项。[1]

---

〔1〕 "Center for AI Safety: Statement on AI Risk", available at https://www.safe.ai/statement-on-ai-risk，最后访问日期：2023年7月28日。

人工智能运用现已经渗透进我们日常生活的各个领域，影响着我们的一举一动。人工智能对于政治、经济与文化生活的全面介入引发了巨大的风险，从微观个体的隐私、财产与人身安全，到中观的社群、集体安全，再到宏观的国家政治、经济与文化安全，人工智能风险无处不在。这些风险有些是用户可以直接感知的，有些是不可见的隐藏风险。

人工智能运用所带来的可见风险主要包括对用户的具体的、可见的伤害风险。算法决策错误导致人身伤害的案件屡见不鲜。Uber 的自动驾驶汽车的机器学习系统没能识别行人乱穿马路而导致撞死行人。无人机错误识别导致平民伤亡也屡见报端。医疗领域的算法决策错误可能导致医疗过错，损害当事人的生命健康。算法错误识别导致错误关押从而损害了当事人的人身自由权。深度造假算法的复仇式色情将对当事人人格权带来致命伤害。算法决策所导致的财产损失既包括具体的财产损失，也包括预期财产的可获得损失。具体财产损失如使用强化学习的机器人错误将潮湿的拖布放入插座中导致火灾，无人机与自动驾驶对第三方财产的损害。此外，基于算法的错误决策导致工作机会丧失，没有获得应获得的社会救济[1]、信贷资格，减刑或假释机会丧失等。算法系统决策需要运用大量数据进行学习，对个人数据的非法利用将损害当事人的隐私，侵犯当事人的隐私权。这种对隐私权的侵犯有些是显性的侵权，如涉及当事人的个人隐私信息被泄露，而有些对隐私权的侵犯可能是隐性的。算法对个人数据的非法利用包括隐性利用与显性利用。所谓显性利用就是直接使用个人数据获利并对数据主体造成损害，而隐性利用是虽然利用了数据主体的数据，但其并未给数据主体造成多大损害，但给第三人造成了严重损害，比如使用婚恋网站的公开照片进行算法系统设计，基于面部特征分析用以识别当事人的性取向。[2]此种情况下，数据主体的照片被非法利用，其可能受到某种伤害，然而，被算法识别的个体受到的损害更为严重。[3]人脸识别算法将人识别为其他物体将对当事人精神健康带来伤害，

〔1〕 Virginia Eubanks, *Automating Inequality*: *How High-Tech Tools Profile*, *Police*, *and Punish the Poor*, St. Martin's Press, 2018, pp. 42, 109.

〔2〕 "Advances in AI are used to spot signs of sexuality", available at https://www.economist.com/science-and-technology/2017/09/09/advances-in-ai-are-used-to-spot-signs-of-sexuality, 最后访问日期：2023 年 5 月 3 日。

〔3〕 Sandra Wachter, Brent Mittelstadt, "A right to reasonable inferences: re-thinking data protection law in the age of big data and AI", *Columbia Business Review*, Vol. 2019-No. 2., 2019, p. 499.

算法画像将正常人识别为极端分子也可能给当事人带来不利后果。企业信用状况评价算法错误评价对企业声誉带来致命伤害。此外，第三人对算法的劫持导致算法输出结果的偏差会对企业的声誉以及当事人名誉带来负面影响。深度造假算法同时也可能影响当事人的名誉权，大量的深度造假新闻会对新闻机构的声誉带来不利影响。

此外，人工智能还存在着无法被用户直接感知的风险。由于有偏见的训练数据或算法设计，人工智能系统可能会无意中延续或放大社会偏见。为了最大限度地减少歧视并确保公平，投资开发公正的算法和多样化的训练数据集至关重要。人工智能技术变得越来越复杂，其使用相关的安全风险和误用的可能性也随之增加。黑客和恶意行为者可以利用人工智能的力量来开发更高级的网络攻击、绕过安全措施并利用系统中的漏洞。人工智能驱动的自主武器的兴起也引发了人们对流氓国家或非国家行为者使用这项技术的危险的担忧——特别是当我们考虑到人类在关键决策过程中可能失去控制时。为了减轻这些安全风险，政府和组织需要制定安全人工智能开发和部署的最佳实践，并促进国际合作，以建立防范人工智能安全威胁的全球规范和法规。

人工智能生成的内容（例如深度伪造）有助于虚假信息的传播和公众舆论的操纵。检测和打击人工智能生成的错误信息对于维护数字时代信息的完整性至关重要。人工智能系统被用于互联网上的虚假信息服务，使它们有可能成为民主的威胁和法西斯主义的工具。从深度伪造视频到通过假装共识和传播假新闻来操纵公共话语的在线机器人，人工智能系统存在破坏社会信任的危险。该技术可能被犯罪分子、流氓国家、意识形态极端分子或仅仅是特殊利益集团所利用，以操纵人们以获得经济利益或政治优势。

人工智能系统由于其复杂性和缺乏人类监督，可能会表现出意想不到的行为或做出具有不可预见后果的决策。这种不可预测性可能会导致对个人、企业或整个社会产生负面影响的结果。

事实上，随着人工智能时代的到来，人工智能所引发的风险也是无处不在，从有形的生命伤害、财产损失到无形的偏见、歧视与操纵，从政治生活、经济生活到文化生活，从教育、医疗到金融、自动驾驶。可以毫不夸张地说，人工智能所引发的风险无所不在，弥漫于我们生活的每一个角落。

二、人工智能风险分类

人工智能的风险与危害无所不在，那么是否存在控制这些风险与伤害的可能呢？毫无疑问，人工智能技术不管多么智能，其仍然是人所控制与掌握的技术，完全无法被人所控制的技术并不存在。人工智能技术虽然存在诸多的风险，但其也存在众多的益处，如节约成本与资源、提高工作效率、减少人为错误、发掘新的知识等。虽然人工智能技术可能带来极大的风险与危害，但我们不能完全拒绝人工智能技术的运用。在运用人工智能技术为人类服务的同时，我们也必须努力克服人工智能技术所带来的风险与危害。要克服人工智能所带来的风险与危害，就必须对风险类型进行分析，由此构建基于风险大小的人工智能规制体系。

人工智能治理的关键原则之一是政策制定者应采用基于风险的方法来监管人工智能系统。人工智能的不同应用造成危害的可能性可能存在显著差异，监管义务应与所涉及的风险水平成比例。例如，用于向消费者推荐电视节目的人工智能系统几乎不会造成伤害，而筛选工作申请的人工智能系统可能会对一个人的经济机会产生巨大影响。在后一种情况下，透明度、准确性和公平性的高标准将有助于降低系统不公平地歧视求职者的风险。这些要求对前者几乎没有什么好处。世界各地的政策制定者都认可这种方法，人工智能治理的主要政策框架根据人工智能系统带来的风险水平优先考虑监督。

欧盟《人工智能法案》序言第26段规定，为人工智能系统引入一套适当且有效的约束规则，应遵循明确定义的基于风险的方法。这种方法应该根据人工智能系统可能产生的风险的强度和范围来调整此类规则的类型和内容。因此，有必要禁止某些不可接受的人工智能行为，对高风险人工智能系统规定要求和相关运营商的义务，并对某些人工智能系统规定透明度义务。欧盟《人工智能法案》根据人工智能系统的预期应用确定了人工智能系统可能带来的风险等级，范围从"不可接受的风险"到"低或最小风险"。监管义务与不同背景下的风险水平成正比，例如彻底禁止有巨大利用弱势群体潜力的系统，以及对影响基本人权的系统的数据治理、透明度和人工监督的要求。美国国家标准与技术研究院（NIST）《人工智能风险管理框架》以风险优先级原则为中心，其中风险较高的人工智能系统需要加强风险管理。它还认识到人工智能系统带来的风险与部署地点和方式高度相关。虽然该框架不会产生正式的监管义务，但它可以作为未来决策的基础。以负责任的人工智能治理的实际例子为基础，新加坡监管机构开发了人工智能治理框架模型，以帮助企业通过适当的治理措施部署人工智能系统。该框架使用基于风险的方法来确定促进利益相关者对人工智能信任的最有效功能，并认识到潜在人工智能危害的风险和严重程度将根据其应用环境而有所不同。

根据人工智能系统带来的风险制定监管，精确地应用高水平的保护，同时仍然实现灵活和动态的监管框架。它最大限度地减少了不必要的监管负担，允许在整个经济中提高人工智能的采用率，并确保无论基础技术如何，都能够提供强有力的消费者保护。技术中立至关重要，因为它确保任何规则制定都能够经受住未来的检验。

依据人工智能运用相关的风险情况，人工智能系统可分为四类：一是禁止使用的人工智能。禁止使用的人工智能主要包括会造成偏见、歧视的人工智能系统，对人进行操纵与控制的人工智能系统以及可能会给个人带来普遍性伤害的人工智能系统。这些人工智能系统虽然有一些益处，但其对社会带来的风险与损害明显大于其所带来的益处。因而，禁止使用的人工智能系统主要是收益较少或几乎没有收益，但风险、损害明显、确定的人工智能系统。一般而言，企业、公共机构使用的潜意识控制技术、剥削系统或社会评分系统，公共场所使用的普遍实时远程生物识别系统等应属于禁止使用的人工智能系统。

二是高风险的人工智能。高风险人工智能主要是指益处明显，风险与损害同样较高的人工智能系统。高风险人工智能系统虽然可以给社会带来确定、明显的益处，但同时也可能对公民的人身、财产以及集体利益带来较高风险。所有针对人的决策系统原则上都应是高风险系统。从现今的技术现实看，几乎所有关涉人的自动化决策都在某种程度上都会对个体、社群甚至整个社会带来确定性的负面影响。因而，这些与人密切相关对人进行数字化处理的人工智能系统原则上都是高风险系统。高风险的人工智能系统主要包括与医疗卫生、教育、就业和福利等相关的人工智能应用。对于高风险人工智能系统而言，需要建立特别的规制体系确保高风险人工智能系统的风险可控，不会给社会带来不必要的伤害。

三是中风险人工智能系统。中风险人工智能系统主要是指那些与人进行交互或处理一定个人数据，但其不会对人的权益造成影响的系统。例如，聊天机器人系统、电子商务系统等。这类系统虽然与人交互，但其主要目的是满足个体数字生活的需要。这类系统一般不会对人造成现实的或潜在的伤害。由于中风险系统存在一定程度的处理个人信息并与人交互的行为，因而其可能涉及对个人信息的保护问题。中风险系统规制的主要问题是透明度问题与个人信息保护问题，必须确保这些系统基于其设计的目的运行，确保消费者的知情权，确保个人信息获得充分保护。

四是低风险人工智能系统。低风险人工智能主要是指基本不处理个人数据或不与人进行交互的系统。现今我们的大部分人工智能系统都属于这一领域，典型的低风险人工智能系统包括垃圾邮件过滤器、人工智能视频游戏、库存管理系统、质量控制系统等。低风险人工智能系统是现今各国人工智能发展的主要领域，各国对低风险人工智能系统都采取了鼓励发展的措施。低风险人工智能系统主要问题是安全风险，低风险人工智能系统的利用者必须确保系统的安全、可靠。

三、基于风险类型的不同规制实践

欧盟《人工智能法案》是世界上第一部基于风险视角对人工智能应用进行全面规制的法规。欧盟通过《人工智能法案》制定了一种基于风险的方法，其中系统的义务与其所构成的风险水平成比例。该法案概述了四个风险级别：低风险系统、有限或最小风险系统、高风险系统以及具有不可接受风险的系统。高风险系统是可能对用户的生活机会产生重大影响的系统，这些系统须遵守严格的义务，并且在投放欧盟市场之前必须经过合格评定，具有不可接受风险的系统不允许在欧盟市场上销售。2023 年 1 月 26 日，美国国家标准与技术研究院（NIST）公布《人工智能风险管理框架》（人工智能 RMF 1.0）。该风险管理框架为人工智能开发与部署者内部风险控制指南。其提出了可信人工智能的特征，通过治理、映射、测量和管理四个模块来控制系统自身的风险。该框架旨在指导组织机构在开发和部署人工智能系统时降低安全风险，避免产生偏见和其他负面后果，提高人工智能可信度，保护公民的公平自由权利。人工智能系统带来的风险在很多方面都是独特的，例如，人工智能系统可能会接受随时间变化的数据的训练，有时会发生显著且意想不到的变化，从而以难以理解的方式影响系统功能和可信度。人工智能系统及其部署环境通常很复杂，因此很难在故障发生时进行检测和响应。人工智能系统本质上是社会技术性的，这意味着它们受到社会动态和人类行为的影响。人工智能的风险和好处可能来自技术方面与社会因素的相互作用，这些社会因素涉及系统的使用方式、与其他人工智能系统的交互、操作者以及部署的社会环境。

从外部视角看，人工智能风险规制的目标是基于对人工智能系统风险的评估，建立针对不同风险水平的不同规制框架与制度，是针对系统风险的外部控制措施。而外部视角的风险评估与规制主要针对的是所有的人工智能运用系统都存在某种外部风险。人工智能系统是基于互联网而存在的系统，互联网提供了人工智能系统得以发展与运行的环境。在此环境下运行的人工智能必然会引发安全、隐私保护等基于互联网而自然衍生的问题。由此，人工智能运用所引发的风险只有高低而无有无之分。依据风险的高低程度，我们将人工智能运用的风险分为四个等级：一是禁止使用；二是高风险；三是中风险；四是低风险。其划分依据主要是人工智能运用的结果给用户、社会带来的潜在危害的大小。如果某种人工智能运用具有极大可能会造成公民的人身、财产损失，甚至可能导致人的死亡，或是这种使用具有极大可能引发歧视、偏见、虚假信息传播等，那么这种人工智能运用就是禁止使用的人工智能运用。高风险的人工智能运用主要是可能造成公民的人身、财产损失的应用，或是这种使用可能引发歧视、偏见等。中风险的人工智能运用一般不涉及对公民人身、财产的具体损害，其主要涉及人工智能系统的透明度问题。这些系统可能与人进行交流与互动，但其不会对人的权利与利益带来负面影响。这种运用主要涉及用户的知情权与选择权问题。低风险的人工智能运用主要是指赋能性的人工智能技术，其更多的是给社会带来益处而非风险与危害。这些人工智能更多的增加了社会福利而非引发了更多风险。此外低风险的人工智能主要涉及那些较少与人进行交流与互动的系统，因而其不会对人带来任何的伤害与不利。正如前面我们所描述的那样，任何的人工智能技术都存在某种程度的风险，比如垃圾邮件系统虽然可能有利于减少用户受到垃圾信息的干扰，但其也可能给正常通信带来伤害。

基于风险的人工智能规制的本质是基于技术在具体场景运用所引发的风险与危害的分类规制，在考虑技术自身风险的同时，更关注技术在具体场景的应用风险与控制可能。以下本课题将结合技术因素与场景因素对人工智能所引发的风险进行分类讨论。

第三节 禁止使用人工智能规制

一、禁止使用人工智能范围界定

禁止使用的人工智能系统严重侵害了人的基本权利，损害了人的尊严、价值与主体性，对人进行非法的数字化处理，将人异化为冰冷的数字而不是活生生的人。换而言之，禁止使用的人工智能主要是指严重损害人基本权利与主体性的人工智能。禁止使用的人工智能一般从两个维度进行界定：一个维度是该人工智能运用给用户人身、财产安全以及基本权利带来明确的威胁；另一个维度是该人工智能运用可能给社群、集体甚至整个社会带来普遍性风险与伤害。欧盟《人工智能法案》主要规定了以下禁止使用人工智能领域：

除了人工智能的许多有益用途之外，该技术也可能被滥用，并为操纵、剥削和社会控制实践提供强大的新工具。这种做法特别有害，且被广泛滥用，应予以禁止，因为它们违背了尊重人的尊严、自由、平等、民主和法治的欧盟价值观以及欧盟法的基本权利，包括不受歧视的权利、数据保护和隐私以及儿童权利。

应禁止将某些人工智能系统投放市场、投入使用或使用，如果其目的是严重扭曲人类行为，可能造成身体或心理伤害。这种限制应理解为包括人工智能系统辅助的神经元技术，这些技术用于监视、使用或影响通过脑机接口收集的神经数据，因为它们以导致或可能导致个体重大伤害的方式严重扭曲自然人的行为。此类人工智能系统部署了个人无法感知或利用个人的弱点的潜意识控制组件。这些系统的目的或效果严重扭曲一个人的行为，并导致或可能导致对个体或群体的重大伤害。对此类人工智能做法的禁令是对《不公平商业行为指令》中所载条款的补充。根据该指令，禁止不公平的商业行为，无论其是否依靠人工智能系统或其他方式进行。在这种情况下，符合欧盟法律的合法商业行为（例如在广告领域）本身不应被视为违反禁令。如果此类研究不等于在人机关系中使用人工智能系统而使自然人受到伤害，并且此类研究是根据公认的科学研究道德标准并在接触者或其法定监护人（如适用）

的具体知情同意的基础上进行的，则不应因与此类人工智能系统相关的合法目的而受到禁止。

根据已知或推断的敏感或受保护特征对自然人进行归类的人工智能系统具有侵入性，侵犯了人的尊严，并存在巨大的歧视风险，因此应该禁止此类系统。这些特征包括性别、性别认同、种族、族裔、移民或公民身份、政治倾向、性取向、宗教、残疾或《欧盟基本权利宪章》第 21 条禁止歧视的任何其他理由。

出于一般目的提供自然人社会评分的人工智能系统可能会导致歧视性结果和对某些群体的排斥。它们侵犯了尊严和不受歧视的权利以及平等和正义的价值观。此类人工智能系统根据与多个背景或已知、推断的社会行为相关的多个数据点和时间事件对自然人或群体进行评估或分类或预测个人性格特征。从此类人工智能系统获得的社会分数可能会导致自然人或其整个群体在社会背景下受到有害或不利的待遇，而这些待遇与数据最初生成或收集的背景无关，或者导致不成比例的不利待遇或对其社会行为的严重性不合理。因此，此类人工智能系统应该被禁止。

在公共场所使用人工智能系统对自然人进行"实时"远程生物特征识别尤其侵犯了相关人员的权利和自由，并最终可能影响很大一部分人的私人生活。在公共场所部署生物识别的各方处于无法控制的权力地位，并间接阻止行使集会自由和其他基本权利。用于自然人远程生物特征识别的人工智能系统的技术不准确性可能会导致有偏见的结果并带来歧视性影响。当涉及年龄、种族、性别或残疾时，这一点尤其重要。此外，影响的直接性以及与使用"实时"运行的此类系统有关的进一步检查或纠正的机会有限，给执法活动所涉人员的权利和自由带来了更大的风险。因此，应禁止在公共场所使用这些系统。同样，也应禁止通过远程生物识别系统来分析公共空间记录镜头的人工智能系统，除非有司法授权在执法背景下使用，当目标严格必要时与已经发生的特定严重刑事犯罪有关的搜查，并且仅须经司法授权。

执法机关或代表执法机关使用人工智能系统，根据自然人的概况分析或基于人格特征和特征（包括该人的位置或自然人过去的犯罪行为）的数据分析来进行预测、概况或风险评估为预测实际或潜在刑事犯罪或其他刑事犯罪或行政犯罪的发生或再次发生而建立的系统，包括欺诈预测系统，对某些个人或群体存在特别的歧视风险。因为它们侵犯了人的尊严以及无罪推定的关键法律原则。因此，此类人工智能系统应该被禁止。

从社交媒体或闭路电视录像中不加区别和无针对性地抓取生物特征数据以创建或扩展面部识别数据库会增加大规模监视的感觉，并可能导致严重侵犯包括隐私权在内的基本权利。因此，应禁止将人工智能系统用于此预期目的。

人们对旨在检测情绪、身体或生理特征（例如面部表情、动作、脉搏频率或声音）的人工智能系统的科学基础感到严重担忧。情绪或情绪的表达及其感知在不同文化和情况下，甚至在一个人内部，都有很大差异。此类技术的主要缺点包括可靠性有限、缺乏特异性和有限的普遍性。[1]因此，应禁止将这些情况下用于检测个人情绪状态的人工智能系统投放市场、投入使用或使用。

从欧盟《人工智能法案》的上述规定看，其禁止使用人工智能的领域主要包括具有操控性、掠夺性与社会控制性质的人工智能运用、其目的或效果在于严重扭曲人的行为的人工智能运用以及对人进行归类处理与数字评价的人工智能运用。概而言之，欧盟《人工智能法案》禁止的人工智能应用主要是对人的基本权利侵害的应用以及对人进行操作与控制，对人进行数字化处理进而异化人的人工智能应用。

二、禁止使用人工智能运用的具体领域分析

（一）对人进行操控

对人进行操控的人工智能是指利用人工智能技术，操纵用户的行为模式、情感表达与认知。近年来，各种具有操控性的人工智能被大量开发，对个人权利保障带来的致命风险。通过收集个人在线活动的数据，包括搜索历史、社交媒体帖子和浏览模式，人工智能算法可以创建一个人的偏好和兴趣档案。人工智能系统可以利用这些信息来创建个性化的内容，以强化人的意识形态并操纵人的信仰。人工智能还可以用来创建模拟人类交互的虚拟助手。这些

---

〔1〕 Lisa Feldman Barrettz 等人的研究表明，使用面部表情来确定某人的注意力水平、动机或可信度根本是不可能实现的。参见 Lisa Feldman Barrettz, et al., Emotional Expressions Reconsidered: Challenges to Inferring Emotion From Human Facial Movements, *Psychological Science in the Public Interest*, Vol. 20, No. 1., 2019, pp. 1-68.

助手可以模仿人类的语气、面部表情和肢体语言，创造出一种私人关系的错觉。人工智能系统的使用者可以使用此类虚拟助手与追随者建立一种亲密感，从而产生对他们的情感依恋感并愿意遵守他们的要求。人们可能会因为一厢情愿地想象实际的人类关怀而在情感上受到欺骗。此外，人工智能还可用于创建深度伪造视频和图像，高度逼真地模拟人们所说或所做的事情，而他们实际上从未做过这些事情。他人可以利用深度造假来制造虚假叙述，让人们看起来像是支持他们的意识形态和行动。此类活动可能会造成混乱和不信任，因为人们无法区分现实和谎言。人工智能操控人类的另一种方式是创建控制信息访问的算法。通过限制人们可以在网上访问的内容，他人可以确保他们的追随者只收到强化他们信仰的信息——创造一个回声室，让人们无法获得不同的观点，并可能相信阴谋论。此外，人工智能还可用于创建预测人们行为的预测模型。通过分析人们的在线活动和社交媒体互动模式，人工智能算法可以预测一个人下一步可能会做什么，进而根据预测的行为提供激励或惩罚，操纵人们做他们想做的事。

总之，人工智能可能被用来操纵和控制人们的行为与表达，导致人最终被系统奴役、剥削。通过使用人工智能收集个人行为数据、创建虚拟助手、生产深度伪造品、控制信息访问、开发预测模型和监控行为，人工智能系统可以确保人的屈服和顺从。这类对人的数字化异化处理，人工智能构成对人的主体性的严重损害。通过对人的数字化处理，如对人进行数字化归类、情绪等特征的评价使得人不再是一个个活生生的存在，而被减损为代码存在于数字空间，这损害了人的社会性存在，消减了人的尊严感，进而损害了人之为人的价值与意义。同时，对人的数字化处理通过对人的异化处理，控制了人在网络环境下的存在，进而控制了人在互联网的表达与实践。

（二）对人明显歧视、偏见

人工智能系统歧视与偏见先已然成为人工智能系统的普遍现象。典型的如大数据杀熟就是对特定群体的歧视。2019 年 10 月，研究人员发现，对美国医院的 2 亿多人使用的一种算法，用于预测哪些患者可能需要额外的医疗护理，该算法对白人患者的支持率明显高于黑人患者。虽然种族本身不是该算法中使用的变量，但与种族高度相关的另一个变量是医疗费用历史记录。理由是成本概括了特定人有多少医疗保健需求。由于各种原因，黑人患者的医疗费用平均低于同等条件下的白人患者。[1]人工智能偏见最显著的例子是美国法院系统中使用的 COMPAS（替代制裁的惩教罪犯管理分析）算法，该算法用于预测被告成为累犯的可能性。由于使用的数据、选择的模型以及整体算法的创建过程，该模型预测的黑人罪犯累犯误报率（45%）是白人罪犯（23%）的两倍。[2]亚马逊是世界上最大的科技巨头之一，因此，他们是机器学习和人工智能的大用户也就不足为奇了。2015 年，亚马逊意识到他们用于招聘员工的算法对女性存在偏见，原因是该算法是基于过去十年提交的简历数量，并且由于大多数申请人是男性，因此它被训练为偏爱男性而不是女性。

事实上，偏见、歧视是我们社会长期存在的现象。可以这么说，有人类的地方就必然存在各种偏见、歧视。对这些长久偏见、歧视现象的数字化呈现也必然包含偏见、歧视。以这些具有偏见、歧视的数据为基础构建的人工智能系统必然包括偏见、歧视因素。因而，现今绝大部分人工智能系统都含有偏见、歧视。从技术维度看，我们无法禁止人工智能系统的偏见、歧视。这里禁止使用的人工智能系统主要是指偏见、歧视情况严重，通过这种偏见、歧视获取商业利益或社会控制的人工智能系统以及无法通过人的介入方式克服的人工智能系统。也就是说，并非具有偏见、歧视的人工智能系统都需禁止使用，只有那些旨在通过偏见、歧视获益的人工智能以及偏见、歧视无法克服的人工智能才是应该禁止使用的人工智能系统。

（三）侵犯人的基本权利

人的基本权利神圣不可侵犯。人的生命权、健康权、财产权、发展权等是保障人生存与发展的基本权利。近年来，人工智能的广泛应用引发了人们对生命、财产损害的忧虑。人工智能在自动驾驶等领域的应用可能对人的生命、财产造成损失；人工智能智能招聘系统可能剥夺人的就业机会，伤害其平等就业的权利；人工智能在医疗领域的应用可能损害公民的生命权、健康权；人工智能在信贷领域的引用可能伤害人获得信贷机会，进而剥夺人的发

---

〔1〕 Starre Vartan, Racial Bias Found in a Major Health Care Risk Algorithm, available at https://www. scientificamerican. com/article/racial-bias-found-in-a-major-health-care-risk-algorithm/，最后访问日期：2023 年 5 月 6 日。

〔2〕 Jeff Larson, et al. "How We Analyzed the COMPAS Recidivism Algorithm", available at https:// www. propublica. org/article/how-we-analyzed-the-compas-recidivism-algorithm，最后访问日期：2023 年 7 月 3 日。

展权等。对于侵犯个人基本权利的人工智能系统，如用于诈骗目的、黑客目的、盗窃目的、非法监控目的的人工智能、非法获取个人数据的人工智能运用等，各国应严格禁止。对于可能给个人基本权利带来潜在损害的人工智能运用，各国应禁止人工智能的自主决策，必须由人介入决策过程。

三、恐怖主义与人工智能规制

（一）人工智能在恐怖活动中的运用

恐怖主义现今并无国际社会统一认可的定义。联合国大会第 49/60 号决议（1994 年 12 月 9 日通过）所附的《消除国际恐怖主义的措施宣言》包含一项描述恐怖主义的条款。其规定，出于政治目的而在公众、群体或特定个人中煽动恐怖状态的犯罪行为在任何情况下都是不合理的，无论出于何种政治、哲学、意识形态、种族、民族、宗教或任何其他性质的考虑而可能被用来证明其合理性。虽然国际社会对于恐怖主义并无共识，但恐怖主义是旨在影响政府或恐吓公众的行为或威胁，其目的是推进政治、宗教或意识形态主张，包括劫机、干扰或严重破坏网络系统。

就反恐领域而言，人工智能技术是把真正的双刃剑，其既可以用于防范恐怖主义行为，如对潜在的恐怖分子进行画像，识别网络上的恐怖主义信息，但其也可能被恐怖分子利用进行恐怖攻击。现阶段，人工智能恐怖攻击的主要方法有：增强网络能力、实施物理攻击、为恐怖主义融资提供便利、恐怖主义宣传和虚假信息传播等。增加网络能力的恐怖主义行为主要包括 DOS 攻击、恶意软件、勒索软件等。其中 DOS 攻击是最为常用的攻击手段。[1]物理攻击主要包括自动驾驶攻击、无人机攻击等。为恐怖主义提供便利的恐怖主义行为主要包括声音 deepfake 以及加密货币交易等。传播恐怖主义与虚假信息行为主要包括深度造假以及其他内容操控行为等。

（二）人工智能恐怖主义行为的国际法规制现状

自 1963 年以来，国际社会对恐怖主义所做反应的一项重要内容就是逐步建立了一个由关于恐怖主义的公约和议定书组成的法律基础，简单说来就是

---

〔1〕 "History of DDoS Attacks", available at https://www.radware.com/seeurity/ddos－knowledge－center/ddos-chronicles/ddos-attacks-history/，最后访问日期：2023 年 3 月 4 日。

各种多边条约和补充协定。这些法律文书，包括最近的议定书和修正案，共17 项，要求通过了这些法律文书的国家必须将大部分可预见的恐怖主义行为定为刑事犯罪。反恐怖主义全球法律制度的另外一个核心部分是安全理事会的一系列关于恐怖主义的决议，其中许多决议是根据《联合国宪章》第七章的授权通过的，该章授权安全理事会通过关于所有联合国会员国的有法律约束力的决议。[1]现今规制恐怖主义的国际法规范散见于各种专门条约以及相关的联合国决议。典型的应对恐怖主义的专门条约包括《制止向恐怖主义提供资助的国际公约》《制止核恐怖主义行为国际公约》《关于制止非法劫持航空器的公约》等。

在具体国际法领域，恐怖主义行为属于犯罪行为，恐怖主义行为受到国际刑法规制。大多数法律学者都认为确实存在公认的国际刑法体系。然而，该法律体系的确切范围尚未定义。国际刑法的渊源可能源自文明国家所承认的国际法的一般原则，因此，可以在各国接受的习惯法、各国承认的一般刑法以及管辖特定行为的条约中找到。[2]国际刑法可以根据有关行为是不是国际性的、构成对国际社会的犯罪，或者该行为是不是跨国的、影响多个国家的利益来分类。换言之，国际刑法的概念包含两类不同的罪行：一是国际社会关注的最严重罪行，即危害整个人类的罪行，例如种族灭绝罪、危害人类罪和海盗罪；二是就其性质而言影响多个国家利益并需要在刑事事项上开展国际法律合作才能对其进行有效起诉的犯罪行为，例如与恐怖主义行为、洗钱、金融犯罪、故意破坏环境或儿童色情制品有关的犯罪行为。

国际人道法，也称为武装冲突法或战争法，是在武装冲突时期保护未参与或不再参与敌对行动的人员并规范战争方法和手段的一系列规则。其主要目的是限制和防止武装冲突期间的人类受到不人道的对待。大多数规则不仅规范政府及其武装部队的行为，还规范武装反对派团体和冲突任何其他方的行为。恐怖行为可能发生在武装冲突期间或和平时期。国际人道法仅适用于武装冲突局势，因此，它并不管制和平时期实施的恐怖主义行为。国际人道

---

〔1〕 联合国毒品和犯罪问题办公室编：《反恐怖主义普遍法律制度立法指南》，载 https://www. unodc. org/documents/terrorism/Publications/Legislative _ Guide _ Universal _ Legal _ Regime/Chinese. pdf，最后访问日期：2023 年 5 月 2 日。

〔2〕 American Society for International Law, *ASIL Guide to Electronic Resources for International Law*, with further electronic resources, available at www. asil. org/resource/humrtsl. htm，最后访问日期：2023 年 3 月 6 日。

法将适用于恐怖组织的活动以及国内或国际武装冲突背景下的反恐举措。无论最初使用武力是否合法，国际人道法都将适用。国际人道法和国际人权法并不相互排斥，而是相辅相成。[1]国际人权法在武装冲突局势中继续与国际人道法结合适用。根据国际刑法，武装冲突背景下的恐怖主义还可能招致个人刑事责任。许多与预防和制止恐怖主义有关的国际公约和议定书都包含与军事和战争时期有关的例外条款，规定武装冲突期间受国际人道法管辖的武装部队的活动不受公约管辖。明确例外条款的例子可以在 2001 年 5 月 23 日生效的《制止恐怖主义爆炸的国际公约》中找到。

人权义务是国际反恐法律框架的一个组成部分，既体现在各国有义务防止可能对人权产生巨大影响并导致损害人权的恐怖袭击，也体现在确保任何反恐活动尊重人权的义务。一系列联合国文书构成了国际人权法的核心。其中包括《联合国宪章》《世界人权宣言》《公民权利和政治权利国际公约》和《经济、社会及文化权利国际公约》。此外，还有许多任择议定书，例如 1966 年通过的《公民权利和政治权利国际公约任择议定书》或旨在废除死刑的《公民权利和政治权利国际公约第二项任择议定书》。

与人工智能相关的恐怖主义行为主要包括网络恐怖主义与恐怖分子利用互联网两种行为类别。网络恐怖主义是指未经法律认可的授权，故意使用或威胁使用对网络系统的暴力、破坏或干扰，且此类使用可能会导致人员伤亡、物质财产重大损失、内乱或重大经济损失。后者主要涉及通信、招募、资助、组织人身攻击、宣传（也以"黑客行动主义"形式）、煽动恐怖主义等方面。与此同时，某些网络行动（例如，入侵关键基础设施数据库以收集有关易受攻击目标的信息）可以进一步推动网络极端主义的目标，但其本身并不是网络恐怖主义行为。

对于利用人工智能从事的相关恐怖活动，如传播恐怖主义信息，为恐怖主义提供资助的行为与传统的行为并无不同，其只不过利用了人工智能的手段而已，因而，这些行为完全受到传统的恐怖主义国际规范约束。通过人工智能技术向恐怖组织提供资助的行为无疑受到《制止向恐怖主义提供资助的国际公约》约束。联合国安全理事会在第 1624（2005）号决议中呼吁各成员

---

〔1〕　International Court of Justice, Advisory Opinion on the Legal Consequences of the Construction of a Wall in the Occupied Palestinian Territory (9 July 2004), Report 2004, para. 106.

在国内立法中对煽动恐怖主义行为进行规制，并将其视为防止恐怖袭击和打击网络恐怖主义宣传的不可或缺的机制。联合国安理会第 2354（2017）号决议批准了《反击恐怖主义宣传的综合范围的框架》（S/2017/375），对打击恐怖主义言论提出了规范框架。

（三）人工智能恐怖主义行为规制的特殊问题

1. 人工智能技术打击恐怖主义问题

现今，人工智能技术如生物识别技术被广泛用于潜在的恐怖分子、恐怖行为识别，无人机等人工智能武器成为打击恐怖分子的重要手段。基于恐怖主义的普遍危害性，国际社会对各国利用人工智能技术打击恐怖主义并没有太多的争议。比较有争议的问题是一些国家以反恐的名义扩张人工智能技术的使用范围，对普通公民进行大规模监控，从而可能严重损害公民的权益。利用人工智能进行反恐具有当然的正当性，这里的问题是该行为的边界何在？能不能以反恐之名实施非法监控行为呢？这是国际社会必须严肃对待的问题。

安理会一系列决议都涵盖了生物识别技术在反恐领域的日益使用和滥用。安理会在第 2396（2017）号决议中要求各国开发和实施收集生物识别数据的系统，以便负责任且正确地识别恐怖分子，包括外国恐怖主义战斗人员。

在反恐背景下，人工智能系统使用大量数据，包括历史数据、刑事司法、旅行和通信、社交媒体和健康数据。这些技术可用于创建人员档案，识别犯罪或恐怖活动可能增加的地点，并将个人标记为嫌疑人和未来的再犯罪者。人工智能的使用对个人与国家权力（包括其强制能力）的接触产生直接影响。这种数据收集和预测活动对隐私和人权的影响、对于可克减和不可克减的权利来说都是深远的。人工智能评估被用来触发反恐背景下的国家行动，从搜查、审问、逮捕、起诉和行政措施到更深入、更具侵入性的监视。

2. 人工智能技术作为恐怖主义行为的手段

利用人工智能手段进行恐怖攻击不再是遥不可及，事实上，现今大量的人工智能技术被用于恐怖主义目的，如无人机攻击，利用人工智能的恐怖分子招聘等。联合国（UN）安理会反恐委员会已将无人驾驶航空系统（UAS）确定为主要的恐怖主义威胁之一。人工智能有可能被恐怖分子滥用来招募、传播仇恨和支持他们的叛乱活动，如 ChatGPT 类似的人工智能聊天机器人可能会通过向年轻用户传播暴力极端主义来鼓励恐怖主义。

人工智能技术用于恐怖主义规制的最大难点在于人工智能技术自身的多用途性以及技术使用的无边界性。人工智能技术自身还具有双面性特点，同一个技术使用行为的定性取决于具体适用的场景与使用的主体。如同样是网络攻击行为，如果有合法的目的与理由就构成正常行为，如果其无正当理由可能就构成恐怖主义行为。因而，对于利用人工智能技术进行恐怖主义活动的识别与界定存在着较大困难。

现今，国际社会并无规制利用人工智能技术反对恐怖主义的体制机制。基于人工智能技术所引发的恐怖主义行为的严重性与影响范围的广泛性，国际社会有必要共同行动建立规制利用人工智能技术的恐怖主义行为。

（四）人工智能恐怖主义行为多边规制的具体规则

人工智能运用所引发的恐怖主义行为呈现出多发、逐渐增长的趋势。基于人工智能所引发的恐怖主义行为呈现出许多独特的问题，在现有法律框架下无法对人工智能所引发的问题提供有效的解决方案。虽然现有的涉及恐怖主义应对的多边国际规则可以解决人工智能所引发的某些特定问题，但人工智能引发的恐怖主义行为涉及众多领域，人工智能技术既被用于传统的恐怖主义行为领域，同时也逐渐扩展到非传统领域。人工智能技术的独特性以及在恐怖主义领域的新运用无法在现有的国际规则下找到有效的解决方案。基于人工智能技术越来越频繁地运用于实施恐怖主义行为以及恐怖主义行为应对。因而，有必要建立独立的规制人工智能的国际多边规则。这一多边规则的具体规则可以分为两个部分：一是涉及运用人工智能技术应对恐怖主义行为；二是涉及应用人工智能技术进行恐怖主义行为的应对。

1. 人工智能技术在应对恐怖主义行为的多边规制

国际社会应鼓励各国将人工智能技术运用于打击恐怖主义行为，基于恐怖主义行为的应对的人工智能技术运用具有合法性与正当性。但是，在运用人工智能技术打击恐怖主义行为时不得滥用人工智能技术侵犯个人的合法权益，损害个体与社会的整体利益。国际社会应明确禁止以反恐名义对公民与社会的大规模监控。比如斯诺登所披露美国实施的棱镜计划（PRISM）就是一项以反恐名义进行的对人权的大规模侵犯，国际社会应禁止这样的行为。

确保在反恐和冲突环境内外使用武装无人机的政策和程序中，包括在域外行动时，严格遵守国际法、国际人道主义法和国际人权法（如适用）的既定规则，并且在国内使用武装无人机应受到完全符合人权法的强有力的监督机制的约束，这种监督在技术中立的基础上适用于无人机技术的所有发展。通过全面的国内立法，充分保护隐私权，将其作为促进和维持保护其他基本人权，包括不可减损权利的门户权利，这包括全面的数据保护立法。在反恐和安全领域建立并支持对新技术的充足资源和独立监督。这包括建立独立的数据隐私监督机构。与此同时，各国必须确保情报监督机构拥有充足的资源和熟练的技术，以解决情报实体广泛使用技术的问题。这包括直接访问情报部门的操作系统、访问存储的数据、监督情报审计追踪以及建立情报合作监督机制。向在反恐或预防和打击暴力极端主义背景下个人信息被不当处理或滥用的个人提供充分和容易获得的补救措施。

2. 人工智能技术应用于恐怖主义行为规制

国际社会应严格禁止任何组织与个人利用人工智能技术进行恐怖主义行为。这里值得的关注的问题是哪些行为构成利用人工智能技术实施恐怖主义行为。我们认为，以下行为构成利用人工智能技术实施恐怖主义的行为：

一是运用人工智能技术实施传统的恐怖主义行为，如劫机，爆炸，无差别攻击。利用无人机进行无差别攻击就是利用人工智能技术实施的传统的恐怖主义行为。这样的行为无疑是一种典型的恐怖主义。国际社会应禁止利用人工智能技术实施恐怖主义的行为。

二是利用人工智能技术实施的新型恐怖主义行为。这主要包括利用人工智能技术传播恐怖信息，利用人工智能技术招收恐怖分子，利用人工智能技术实施网络攻击，利用人工智能技术生成网络攻击软件等。基于人工智能技术在实施恐怖主义行为方面的独特性，国际社会应协同促进人工智能算法的安全性，确保人工智能算法不用于恐怖主义的目的，同时，应建立网络恐怖主义行为监控机制，及时发现网络恐怖主义行为，及时采取制止相关的恐怖主义信息在网络传播。

第四节　高风险人工智能应用

一、高风险人工智能应用领域界定

欧盟《人工智能法案》并未对高风险人工智能运用进行明确界定，其仅仅对人工智能高风险运用的领域进行了列举。欧盟《人工智能法案》将关键基础设施、公民教育、产品的安全组件、公民就业、公共服务、公共执法、出入境问题、司法和民主进程、远程生物识别系统等领域的人工智能运用划入高风险范围。另外，欧盟《人工智能法案》将高风险人工智能用途大致分为两类：一类是该法案附件二中列出的物理产品，包括机械、玩具和医疗器械等；另一类是更多基于软件的产品，在附件三中列出，包括关键基础设施的使用可能会危及人们的生命和健康、用于教育和职业环境的评分、用于招聘或就业领域的绩效以及通过信用评分应用程序获得基本的私人和公共服务，例如金融服务等。

基于人工智能技术的不断发展与迭代，其引发的风险与问题也会处于不断演化与发展中。因而，给人工智能高风险应用做出一个逻辑严密的范围界定既不现实也无可能。欧盟在界定高风险应用领域时，采取了较为务实的做法，不对高风险运用领域做出明确界定，而是通过附件方式进行列举。这种列举以具体场景下人工智能系统或产品对基本权利所带来的风险大小为依据来确定人工智能系统的风险等级，符合人工智能的技术发展现实与运用实践，具有一定的合理性。

虽然我们无法对人工智能运用的高风险做出一个明确的界定，但至少应该存在一个可资利用的标准来判断一个人工智能系统是否构成高风险人工智能系统。从人工智能技术发展的现状看，在人工智能技术已经广泛渗透入人们生活的各个领域的当今，人工智能影响了人们生活的方方面面，对每个人生活都带来了颠覆性的影响。这种影响不但可能损害个人的人格尊严与人身自由，同时还可能给个人带来巨大的人身与财产损害。因而，基于人工智能技术发展的现实以及对个人的广泛影响，我们认为所有与人进行互动并可能对人产生影响的人工智能系统都是高风险系统，禁止使用的人工智能系统除外。也就是说，高风险的人工智能系统主要涵盖那些与人互动，虽然可能带来一定的收益，但同时可能会对人的基本权利带来不利影响的人工智能系统。这些系统通过异化人的方式来获取收益，可能对人的基本权利带来伤害，因而必须采取特别的规制措施。

二、高风险人工智能系统具体应用领域规制

高风险的应用领域主要涉及那些与人交流与互动，对人进行自动化或半

自动化决策并可能对人、社会带来负面影响的人工智能运用。现今跟人密切相关的人工智能运用领域主要包括广泛运用的生物识别系统、人工智能武器、公共执法与公共服务、教育、医疗卫生、就业服务等。就具体运用场景而言，所有运用于与个人生活场景密切相关，对人进行自动化或半自动化决策的人工智能系统在某种意义上都构成高风险人工智能。

（一）生物识别

1. 生物识别技术存在的风险

生物特征识别技术是指自动识别身体、生理、行为和心理的人类特征，如面部、眼球运动、面部表情、体形、声音、言语、步态、姿势、心率、血压、气味、心理反应（愤怒、痛苦、悲伤等），通过将个人的生物特征数据与数据库中存储的个人生物特征数据进行比较（一对多识别）来确定个人的身份的技术。生物识别分类是指根据自然人的生物识别数据或基于生物识别的数据或可从此类数据推断的数据，将自然人归为特定类别或推断其特征和属性，例如性别、年龄、发色、眼睛颜色、文身、种族或社会出身、健康、精神或身体能力、行为或个性、语言特征、宗教或少数民族成员身份或政治取向等。现今，生物识别系统主要用于以下两个目的：验证和识别。验证是指通过将捕获的生物识别数据与存储在数据库中的个人自己的生物识别模板进行比较来验证个人的身份，这是一对一的验证过程，以此确定有关人员是不是其所声称的身份。识别是指通过在数据库中搜索所有用户的模板进行匹配来识别个人。身份识别是通过一对多的比较来确定个人的身份，而相关人员无需声明身份。

生物识别技术现今已经产生了许多变革性的应用，被广泛应用于安全保障、金融服务、电子商务等领域。现今，遍布世界各地的摄像头愈来愈能精确辨识街头行人的身份。面部识别与"步态分析"结合可以通过人们走路的方式来识别人的身份。通过人脸识别技术不仅可以获知我们在不在某个犯罪现场，还可以知道我们有没有去过其他许多地点。通过将闭路电视图像与警方数据库进行匹配，可以提供实时监控，并通过识别犯罪嫌疑人或失踪人员等应用来提高安全性。

对生物识别技术的普遍担心是政府与企业能够在未经个人同意的情况下收集大量有关个人的信息，这些信息如果滥用会给个人带来巨大的伤害。此外，在不够多样化的数据集上训练的生物识别技术可能会降低某些群体的识别准确性，从而导致增加误报风险。英国警察部队因未能测试对种族预测准确性的影响而受到批评。美国警方试图将嫌疑人的照片、质量较差的电视剧照、计算机增强图像，甚至名人照片与图像数据库进行匹配。对生物识别技术的滥用可能会赋予政府与企业过于强大的干预个人私人生活的权力，同时也可能成为政府或企业控制个人公共生活工具。这类技术不但可能损害个体的自主权，造成大量敏感个人信息泄露风险，侵害个人隐私权，同时生物识别技术的滥用也可能引发某种寒蝉效应，从而限制个体的自主表达与自主行动。许多城市开始意识到生物识别技术巨大的负面效应，着手采取措施限制生物识别技术的使用，一些城市甚至开始禁止生物识别技术的使用，如旧金山成为美国第一个禁止市政使用面部识别技术的城市。中国也于 2023 年 8 月 8 日公布了《人脸识别技术应用安全管理规定（试行）（征求意见稿）》，要求只有在具有特定的目的和充分的必要性，并采取严格保护措施的情形下，方可使用人脸识别技术处理人脸信息。实现相同目的或者达到同等业务要求，存在其他非生物特征识别技术方案的，应当优先选择非生物特征识别技术方案。[1]

2. 生物识别技术的国际法规制现状

现今，国际社会并无制订专门针对生物识别运用的多边规则。但国际人权法、国际人道法领域的一些现存规则可以在某种程度上规制生物识别技术的运用。虽然国际人道法在制定时并未考虑到生物识别技术规制问题，然而，这并不意味着武装冲突中生物识别技术的使用不受国际人道法规则的监管。相反，国际人道法规则可能会对武装冲突期间是否以及如何使用生物识别技术产生重要影响。当然，这涉及将国际人道法的某些规则应用于生物识别技术的解释问题。以《日内瓦第三公约》第 17 条为例。《日内瓦第三公约》第122 条要求武装冲突一方设立战俘信息局，并向该局提供有关战俘的某些信息。尽管显然生物识别数据的收集可能有助于实现该规则的目的，即战俘身份的识别，但该条并不要求进行此类数据的收集。红十字国际委员会对《日内瓦第三公约》的最新评论指出，第 122 条没有提供从所有战俘收集生物样本和由此产生的 DNA 图谱的依据；这样做必须有特定的目的。[2]显然，《日

---

〔1〕《人脸识别技术应用安全管理规定（试行）（征求意见稿）》第 4 条。

〔2〕Convention（Ⅲ）relative to the Treatment of Prisoners of War. Geneva, 12 August 1949. Commentary of 2020, para 4795. available at https://ihl‑databases.icrc.org/en/ihl‑treaties/gciii‑1949/article‑122/commentary/2020, 最后访问日期：2023 年 1 月 8 日。

内瓦第三公约》第 122 条并没有明确禁止收集战俘的生物特征数据，但强迫战俘以生物识别特征的形式提供信息是第 17 条所禁止的行为。红十字国际委员会对《日内瓦第三公约》的最新评论可以理解为支持这一观点。第 17 条的评注仅提及与该条第 5 款相关的使用生物识别技术的可能性。该款规定，由于其身体或精神状况而无法表明其身份……的战俘的身份……应通过一切可能的方式确定。[1] 这表明生物识别技术可用于特定类别的战俘，但不适用于战俘能够提供有关其身份的信息但拒绝这样做的情况。此外，如果生物识别技术被用于识别战争场上的人员，这可能会间接导致根据国际人道法确定不同个人的地位。例如，远程生物识别技术可以使用步态或面部识别来确定某个人是有组织武装团体的指挥官。如果生物识别技术被用于战场上的人员识别，则必须尊重国际人道法的区分和预防措施等原则。

生物识别技术可能用于个人信息收集，通过生物识别技术收集与处理的信息一般被视为敏感信息。生物识别技术对于个人信息的收集一般受各国个人信息保护法限制。目前还没有关于将生物识别技术用于大规模监控这个问题的书面或提议的条约。自 2010 年以来，联合国该机构发布了多项决议，特别提及了国家监视非本国公民的危险。联合国人权事务专员的报告描述了直接获取和不加区别的数据收集系统如何限制人们的言论和讨论自由权，造成高度滥用的风险，并可能向第三方非法披露。最接近确认这些决议的努力是联合国人权理事会 2014 年提出的《将人权应用于通信监控的国际原则》。[2] 该文件提出了规制通信监控的 13 项原则，其中最为重要的要求包括监视必须实现合法目标，具有相称性并尽可能减少侵入性等。此外，《公民权利和政治权利国际公约》规定任何人的隐私、家庭、住所或通信不得受到任意干涉，这在某种程度上可以规制非法监控行为。

3. 生物识别技术的国际法规制路径

欧盟《人工智能法案》全面禁止实时生物识别监控、情绪识别和预测警

---

〔1〕 Convention（Ⅲ）relative to the Treatment of Prisoners of War. Geneva, 12 August 1949. Commentary of 2020, para 1832. available at https://ihl-databases. icrc. org/en/ihl-treaties/gciii-1949/article-17/commentary/2020 activeTab=undefined，最后访问日期：2023 年 3 月 2 日。

〔2〕 Necessary and Proportionate, International Principles on the Application of Human Rights to Communications Surveillance（May 2014），available at https://necessaryandproportionate. org/files/2016/03/04/en_principles_ 2014. pdf，最后访问日期：2023 年 3 月 12 日。

务系统，禁止使用敏感特征（例如性别、种族、民族、公民身份、宗教、政治取向）的生物识别分类系统，以及从互联网或闭路电视录像中无针对性地抓取面部图像以创建面部识别数据库。那么，这些规则是否应作为共识性准则予以遵守呢。我们认为，生物识别技术的多边规制至少应包括以下内容：

首先，生物识别技术的利用在战争中识别平民，保障社会安全，如打击犯罪、寻找失踪人员等方面具有重要的正面价值，国际多边规则应促进生物识别技术发挥正面作用，允许基于正常、合法目的的生物识别技术运用。欧盟《人工智能法案》就规定用于生物识别验证的人工智能系统，其中包括身份验证，其唯一目的是确认特定自然人是其声称之人；确认自然人身份，其唯一目的是访问服务、设备或场所（一对一）确认。此外，用于实现网络安全和个人数据保护措施的生物识别和基于生物识别的系统不应被视为对健康、安全和基本权利构成重大损害风险，也应鼓励这类生物识别技术的开发与部署。

其次，生物识别技术的滥用会造成广泛的公民个人信息泄露，对个人的安全、自由等基本权利带来巨大威胁并可能产生所谓的寒蝉效应，侵害个人的自主权。因而，国际多边规则应禁止生物识别技术的滥用，如对个人或群体进行大规模监控，使用生物识别技术对个人进行不具有科学依据的归类等。

最后，生物识别技术的国际规则应与个人信息保护的国际规则相协调，确保通过生物识别技术获取的数据获得有效保护。生物识别技术从本质上讲是一种个人信息获取技术，通过生物识别技术可以获取个人、社群大量的敏感信息。这些敏感信息的滥用将对个人带来不可救济的风险。因而，生物识别技术的规制必须与个人数据保护的相关规则协同，确保通过生物识别技术获取的个人信息获得充足、适宜的保护。

（二）数字平台

数字平台是当今互联网发展的核心推动力，几乎所有的大型互联网公司都属于平台型公司。平台型互联网公司如 X. com，脸书、亚马逊、苹果、微信、百度等占据了互联网经济的半壁江山。人工智能技术在平台的大规模运用为平台发展带来了巨大的机遇，但同时也给个体、社会带来了巨大的风险。正如欧盟《人工智能法案》序言第 40（b）段所指出，自然人使用被指定为大型在线平台的社交媒体平台提供的服务的规模，此类在线平台的使用方式可能会对网络安全、舆论和话语的形成、选举和民主进程以及社会关切产生重大影响。因此，这些在线平台在其推荐系统中使用的人工智能系统应遵守本法的规定，以确保人工智能系统符合本法规规定的要求，包括数据治理、技术文档和可追溯性、透明度、人工监督、准确性和稳健性的技术要求。

1. 数字平台性质界定

传统网络服务提供商以提供接入、信息存储、链接、搜索服务为核心。这些传统服务以"技术获取利益"为商业模式为核心。其核心商业逻辑是网络服务提供商为网络服务提供某种技术服务，而用户需为此支付某种对价来获取这种技术服务。因而，在传统网络服务提供领域，"技术中立原则"一直是网络服务提供用以限制自己责任的核心原则。其基本要义就是网络服务提供商是技术提供者，而技术本身是中性的，没有好坏之分。然而，随着互联网技术的革新，大数据与人工智能的发展，互联网平台的发展模式发生了革命性变化。互联网平台从"技术换取利益"的平台发展成为"数据换取利益"的平台。在传统的单边市场中，市场经营者只需了解客户的偏好并尝试满足这些需求。数据不是这种线性经济的关键驱动因素，所有收集的数据都用于营销特定类型的产品或服务。但在平台经济中，平台的数据流对实现增长最大化至关重要，并且多年来一直被认为是经济增长和生产力的关键驱动因素。[1]平台的运行取决于所谓的同边和异边效应。平台运营商通常试图为平台的每一侧实现尽可能多的不同用户组以实现这些类型的网络效果。没有规模经济和数据流的平台市场没有可持续发展的基础。只有规模才能产生所谓的"多边效应"和"间接网络效应"。因此，追求用户规模是所有平台发展的基础。只有规模才可以带来可供探索的大数据，只有规模才能将"多方效应"变为现实。追求规模意味着平台必须尽一切努力获取数据资源。没有数据的平台不是真正的平台。这些平台的扩张性质意味着在完全不同领域运营的公司正在竞争性地攫取数据的压力下不断融合。[2]今天的互联网平台为某些类型的用户提供免费服务，以收集他们想要的数据。例如，谷歌的模式就是收集相关用户的数据以用于广

---

〔1〕 Robert Pepper, et al., Cross-Border Data Flows, Digital Innovation, and Economic Growth, available at http://reports. weforum. org/global-information-technology-report-2016/1-2-cross-border-data-flows-digital-innovation-and-economic-growth/#view/fn-3，最后访问日期：2023 年 5 月 4 日。

〔2〕 Nick Srnicek, The Challenges of Platform Capitalism: Understanding the Logic of a New Business Model (2017), available at https://www. ippr. orgartides/articles/the-challenges-of-platform-capitalism，最后访问日期：2023 年 6 月 2 日。

告目的。谷歌可以为客户提供更有可能购买广告客户产品的权利，重要的是，帮助以用户愿意支付的最高价格销售这些产品。无论如何，谷歌（或任何搜索广告商）向广告商提供的核心价值来源是其庞大的用户个人数据库中包含的用户的深入了解。当各国对行为数据收集施加限制时，如在欧洲部分地区，研究发现广告效果急剧下降，表明用户数据对在线广告至关重要。[1]

平台的本质就是一种匹配行为。[2]平台通过在生产者和消费者之间建立联系来促进价值流动，数据是成功匹配的核心，并将平台与其他商业模式区分开来。平台捕获有关参与者的丰富数据，并利用该数据促进生产者和消费者之间的联系。[3]因此，数据成为平台在双边市场上销售的商品。数据是双边数字经济的利润中心和新石油。[4]这些数据是核心资产，也是平台运营和新货币的基础。[5]自20年前互联网成为主流以来，大数据是市场营销和销售的最大机会。大爆炸的数据释放了数TB的洪流，从客户行为到天气模式，再到新兴市场的人口消费变化。[6]控制并能够快速分析大数据可以为平台提供关键的竞争优势。

平台成为主导，不是因为它们拥有的东西，而是因为它们通过连接用户创造的价值。[7]在平台中，我们可以看到几个不同的价值单位。这些价值单元中的一些来自相同的交互，而一些来自交叉的交互。互联网平台以追求这

〔1〕 Avi Goldfarb, Catherine E. Tucker, Privacy Regulation and Online Advertising, *Management Science*, Vol. 57, No. 1. 2010, pp. 57-71.

〔2〕 James Grimmelmann, The Platform is the Message, *Georgetown Law Technology Review*, Vol. 2, 2018, p217.

〔3〕 Mark Bonchek, Sangeet Paul Choudary, Three Elements of a Successful Platform Strategy（2013 HBR）, available at https://hbr.org/2013/01/three-elements-of-a-successful-platform, 最后访问日期：2023年3月7日。

〔4〕 Joris Toonders, Data is the New Oil of the Digital Economy（2014 Wired）, available at https://www.wired.com/insights/2014/07/data-new-oil-digital-economy/, 最后访问日期：2023年6月8日。

〔5〕 James Kanter, Antitrust Nominee in Europe Promises Scrutiny of Big Tech Companies, 6October 2014, New York Times.

〔6〕 Big Data, Analytics, and the Future of Marketing & Sales, available at https://www.mckinsey.com/~/media/McKinsey/Business%20Functions/Marketing%20and%20Sales/Our%20Insights/eBook%20Big%20data%20analytics%20and%20the%20future%20of%20marketing%20sales/big-date-ebook.pdf, 最后访问日期：2023年5月8日访问。

〔7〕 Alex Moazed, Nicholas Johnson, Modern Monopolies: What It Takes to Dominate the 21st Century Economy, St. Martin´s Press, 2016, p101.

些不同价值单元的增长为中心。不同的价值单元本质上是具有不同值的不同类型数据。以社交网络平台为例，平台提供商将整合和处理最终用户提供的数据信息，并将其出售给相应的数据销售商。卖方将这些数据信息用于广告。此外，平台提供商还通过浏览收集的数据向现有用户推荐新用户。因此，用户的规模不断扩大，从而产生更多数据，并且平台获得更多的广告收入。基于平台丰富的数据信息，平台运营商可以轻松地将业务扩展到相关领域，这可以为自己创建相对独立的数字业务生态系统。社交媒体平台承诺将用户联系起来，将消息传递给选定的受众（有时是一个人，有时是朋友列表，有时是所有可能想要找到它的用户）。但作为其服务的一部分，这些平台不仅托管该内容，还组织它，使其可搜索，在某些情况下甚至通过算法选择它的一些子集作为首页产品、新闻、订阅频道或个性化推荐。在某种程度上，这些选择是平台销售的核心商品，其旨在吸引用户并将其保留在平台上，以换取广告和个人数据。[1]

互联网平台的本质是数据流和探索平台。平台的不同开发模型实际上是不同的数据利用模型。数据是平台以及平台市场商品增长的驱动力。基于大数据与人工智能技术，互联网平台呈现出与传统互联网服务提供商完全不同的发展模式。传统的互联网服务提供商强调技术与商业模式的价值，强调技术创新与商业模式创新。现今的平台经济下，数据成为关注核心与平台的主要资产，数据争夺成为平台发展的核心要素。与数据利用相关的问题是人工智能算法，通过人工智能算法，平台可以创造新的商业模式，获取平台发展所需的数据资源。因而，要规制互联网平台的责任，必须从数据与人工智能算法入手。数据与人工智能算法是规制互联网平台发展的核心，传统以商业模式为核心规范互联网发展显然不适应互联网平台发展的需要。

2. 数字平台规制的必要性

数字平台是现今数字经济的核心支撑。经过多年的发展，数字平台所积累的巨大权力和财富令人震惊。目前 Meta 的市值约为 7340 亿美元；Alphabet 是谷歌和 YouTube 的母公司，市值约为 1.56 万亿美元，这比许多国家的国内生产总值还要高。除了积累了巨额的财富，平台的影响力正日渐渗透入我们

---

〔1〕 Tarleton Gillespie, Platforms are not Intermediaries, *Georgetown Law Technology Review*, Vol. 2, 2018, p198.

生活的各个领域，对我们生活的几乎各个方面都产生了重大影响。Facebook
是全球最大的平台，每月活跃用户超过 29.8 亿。平台用户平均每天在各种社
交媒体应用上花费近两个半小时。2021 年新冠疫情期间，用户平均在 Face-
book、X. com、Instagram 和 TikTok 等应用上花费了超过 1300 小时。[1]

　　随着这些平台的发展势头强劲并融入全世界数十亿人的日常生活，信息
生态系统正在发生巨大的变化，数字平台有可能彻底改变我们人类与自己和
世界互动的方式。对于互联网平台而言，其对数据资源具有天然的渴望。这
种渴望导致其在数据收集、处理与利用时会追求数据效益的最大化，忽视数
据安全、隐私等。对于一些具有基础设施地位的超级平台来说，其拥有的数
据资源的数量与质量可以跟一些强力政府部分收集的数据相匹配，其收集的
数据资源渗透进消费者的各个领域。这些互联网平台掌握了消费者个人身份
信息、家庭情况、个人生活轨迹、朋友生活圈、个人财务状况、个人心理状
况、个人学习状况、个人健康状况等。一些超级平台构成了所谓的数字威权
主义者，他们可以利用这些数据来影响人的情感、操纵选举、跟踪人的行踪、
也利用这些数据来扩展其服务。在这一数据帝国中，互联网平台如果未采取
有效措施来保护这些数据，一些影响公共利益与国家安全的行为就会不断涌
现，如煽动民族仇恨、销售假药、强奸、盗窃、诈骗、黑客攻击等行为。现
在，我们看到大型媒体不再控制大部分在线创建的内容；平台公司的商业模
式要求新闻媒体重新考虑如何接触受众并与之互动；社交媒体的兴起导致当
地新闻减少，并因财务前景黯淡而推动大型媒体的整合；信誉较差的内容创
作者能够吸引数百万用户的注意力，从而导致误导性和虚假信息以前所未有
的速度传播。现如今，这种变化远远超出了信息生态系统的范围，[2]对整个
社会生态系统带来全方位的影响。有研究称，由于社交媒体的成瘾特性和相
关的心理影响，青少年抑郁症的发病率显著增加。在埃塞俄比亚，Meta 被指
控其推荐系统在埃塞俄比亚北部战争中放大了仇恨和暴力。在缅甸，Meta 被
指控其对针对罗兴亚人的仇恨言论应当承担责任。

---

　　[1]　Peter Suciu, "Americans spent on average more than 1, 300 hours on social media last year", avail-
able at https://www. forbes. com/sites/petersuciu/2021/06/24/americans-spent-more-than-1300-hours-on-
socialmedia/？ sh=5170a6e42547，最后访问日期：2023 年 3 月 1 日。

　　[2]　Carol Vidal, et al., "Social media use and depression in adolescents: a scoping review", *Interna-
tional Review of Psychiatry*, Vol. 32, No. 3, 2020, pp. 235-253.

概言之，数字平台通过数据收集、处理与人工智能算法控制已经掌控了巨大的权力，其不但可以塑造人的行为模式，控制人的信息获取，还可能影响人的情感表达，甚至还可能导致社会虚假信息泛滥，加剧社会分裂与仇视，甚至可能影响一个国家的选举进程。从某种意义上讲，数字平台正成为超越国家的数字利维坦，对我们的政治、经济与文化生活都带来了巨大的风险。如果不控制数字平台的无序发展，我们最终都可能成为数字利维坦下的被奴役者。基于数字平台强大的影响力与控制力，以及这种影响力与控制力对个体基本权利、社会整体利益可能带来的风险，人工智能系统在数字平台上的使用无疑构成高风险应用。

3. 数字平台多边规制现状

现今，国际社会并无统一的规制数字平台人工智能系统使用的规则。在数字平台规制方面，各国都进行了有益的探索。如中国出台了《关于促进平台经济规范健康发展的指导意见》以及《关于平台经济领域的反垄断指南》等规范性文件。《关于促进平台经济规范健康发展的指导意见》提出了包容审慎监管的理念；而《关于平台经济领域的反垄断指南》针对平台经济的垄断行为进行规制。欧盟《数字市场法》是现今唯一规制数字平台的区域性多边条约。《数字市场法》提出了平台监管的"守门人"概念，对"守门人"施加了一系列监管义务和禁令。从平台规制的各国实践看，各国对数字平台的规制主要是从竞争与垄断的角度规制，禁止平台利用人工智能算法等实施垄断行为。

从多边视角看，现今并无具有约束力的多边规则，现有的多边规范大多是一些没有约束力的软法。联合国教科文组织曾提出数字平台规制的五原则：平台进行人权尽职调查、平台应遵守国际人权标准、平台透明、平台为用户提供可用的信息和工具以及平台对相关利益相关者负责。

4. 数字平台规制的方法与路径

一是以规制平台自身架构为核心。传统规制平台的法律责任框架以规制平台经营者为核心。起初，许多国家的法律都要求平台经营者对侵权行为有明确的认知。随着互联网技术的飞速发展，以知晓为基础的责任承担方式在实践中遇到众多问题，一些法院在司法实践中开始摆脱知晓因素的约束，以违反注意义务作为平台经营者承担责任的基础。然而，随着大数据与人工智能技术的发展，以平台经营者为核心构建的责任体系显然不能应对商业现实的挑战。在大数据与人工智能技术背景下，规制平台自身显然比规制平台经营者更为有效与有价值。

在大数据与人工智能背景下，平台具有强大的自我学习与延展能力，传统的平台不断发展出新的模式。在此种情况下，仍以经营者为核心规制平台经济无疑与商业现实严重不符。现今的平台以数据与算法为核心构建，经营者可能既不是算法的设计者，也不是数据的商用化者，可能仅仅是算法与数据的使用者、收集者。而现今平台的许多责任是数据与算法所引发的责任，其与平台经营者没有多大关系，比如由于数据与算法偏差，导致平台在对某个人进行画像（Profiling）时存在偏差，平台经营者并无多大过错，此时要求平台经营者承担责任并无法律依据。传统的网络服务提供商责任规则只能解决网络服务平台提供者可以控制行为的责任，如对知晓的侵权行为没有采取措施阻止，不能解决平台经营过程中因为信息偏见与误导给他人造成的损失。有研究表明，在社交媒体平台中持续向用户输入负面信息将影响用户心情，从而可能损害用户健康等。如果算法设计本身存在问题，而网络平台经营者又不是算法设计者，此时平台可能会以不知晓算法偏差、错误为由要求免于承担责任。然而，让消费者来承担相关后果无疑损害了消费者利益。因而，现行以互联网平台经营者为核心的体系已不能适应以大数据与人工智能为基础构建的平台，必须构建以规制平台本身构架为基础的平台责任体系。而平台构建体系的核心就是数据与算法。

二是以规制平台的数据与人工智能算法为核心。飙升的数据和信息流现在产生的经济价值高于全球商品贸易。[1] 数字数据越来越多地融入营销战略中；它是大多数平台的核心资产。要求用户数据以换取免费服务是大多数平台获取原始数据的主要手段。除了这些原始数据外，平台通常还通过数据挖掘、处理，大数据分析等获取更适合其特殊需求的数据。平台不仅自己收集用户数据信息，还与第三方数据收集公司合作，在其他平台上或通过 APP 收集数据。据统计，谷歌应用程序商店中 88% 的免费应用程序将与谷歌共享相关数据。Facebook 上大约 43% 的 APP 将与 Facebook 交换数据。即使用户没有 Face-

---

[1]　James Manyika, Jacques Bughin, Jonathan Woetzel, "Digital Globalization: The New Era of Global Flows", available at https://www.mckinsey.com/business-functions/digital-mckinsey/our-insights/digital-globalization-the-new-era-of-global-flows, 最后访问日期：2023 年 7 月 8 日。

book 帐户，Facebook 也可以从某些应用程序接收高度个人信息。[1]其他平台（如 X. com，亚马逊和微软）也与该平台的外部用户共享和交换数据。[2]多年来，Facebook 为一些全球最大的科技公司（微软、亚马逊与雅虎）提供了比其披露更具侵入性的用户个人数据访问权限。大多数第三方数据公司都能够跨平台和应用程序收集数据并集成数据。通过分析收集的数据，数字平台和第三方数据公司可以清楚地描述用户的个性特征。实际上，所有平台提供商都会跟踪其网站上的用户活动，并收集用户的个人、行为和其他数据，更加巧妙、广泛且精确地揭示我们习惯，社交关系，品味，思想，观点，能量消耗，心跳，甚至睡眠模式和梦想的数据点与其他数据点的关联性。然后，计算机对所有内容进行排序、分析和使用，以优化和定位高度个性化的广告，供我们在线查看。从行业的角度来看，数据永远不会太多。[3]如今，普通消费者不可能知道如何收集和使用他们的数据，也不可能逃避收集他们的个人数据。数字平台获取原始数据和间接数据的能力存在巨大差距。一些平台具有使用大数据和算法来获取用户间接数据和业务数据的强大能力，而一些平台获取数据的能力有限并且必须从第三方购买数据。

收集数据只是数据货币化的第一步。收集的数据必须进行处理、汇总、分析，然后商业化，以便为平台经济利益相关者创造利润。数据处理和聚合的能力决定了平台的商业模式。通常，大多数平台的商业模式是通过处理所获取的数据并将数据应用于相关区域来获得利润。数据处理是通过一个过程将原始数据转换为有意义的信息。依据 GDPR 第 4.2 条规定，"处理"是指任何一项或多项对个人数据或一系列个人数据的操作，不论是否通过自动化的方式，例如收集、记录、组织、构造、存储、调整、更改、检索、咨询、使用、通过传输而公开、散布或其他方式对他人公开、排列或组合、限制、删除或销毁而公开。从广义上讲，数据处理包括以下 6 个阶段：数据收集，数

---

〔1〕 Sam Schechner, Mark Secada, You Give Apps Sensitive Personal Information. Then They Tell Facebook, The Wall Street Journal, available at https://www. wsj. com/articles/you-give-apps-sensitive-personal-information-then-they-tell-facebook-11550851636, 最后访问日期：2023 年 5 月 3 日。

〔2〕 Reuben Binns, et al. , Nigel Shadbolt, Third Party Tracking in the Mobile Ecosystem, available at https://arxiv. org/pdf/1804. 03603. pdf, 最后访问日期：2023 年 5 月 29 日。

〔3〕 Ronald J. Deibert, The Road to Didital Unfreedom: Three Painful Truths About Social Media, *Journal of Democracy*, Vol. 1, No. 30. , 2019, pp. 25-39.

据准备，数据输入，数据处理，数据输出/解释和数据存储。数据聚合是数据和分析之间发生的步骤。数据聚合在组合，处理和聚合数据时增加了价值。数据聚合是一个过程，在此过程中，数据以基于报告的汇总格式进行搜索，收集和呈现，以实现特定的业务目标或流程或进行人工分析。

仅凭数据无法保证平台的成功。分析数据的能力对于平台也很重要。大数据和大分析具有相互促进的关系。如果公司无法快速分析数据并对其采取行动，那么大数据的价值将会降低。算法的学习能力随着处理更多相关数据而增加，具有大量数据的简单算法最终将优于具有少量数据的复杂算法，部分原因在于算法有机会通过反复试验来学习。另一个是大数据集的相关性。[1]此外，算法通过反复试验来学习，并从更大量和更多种类的数据中找到模式。随着平台收集更多用户数据，其算法有更多实验机会通过数据的收集，聚合，处理和分析，数据最终成为一种有价值的特定信息，可以在商业领域中轻松探索。[2]数据商业化意味着将数据转换为新的收入来源。实际上，数据本身越来越成为商品。但是，仅仅囤积海量的数据是无意义的，有效的数据产业能力是数字经济中企业竞争优势的源泉。通过处理所有可用信息，监控和分析或预测竞争对手对当前和未来价格的反应，竞争对手可以更容易地找到他们可以达成一致的可持续的超竞争价格均衡。从理论上讲，公司可以同时采用多种方法来实现数据货币化。

以电子商务平台为例，平台通过整合、处理消费者提供的数据信息，并将其提供给相应的数据经纪人，买方使用该数据信息从目标广告服务中获取利润。平台还通过探索综合信息向消费者推荐新用户，从而扩大用户规模，产生更多数据和更多广告收入。此外，用户数据具有固有的可扩展性，可以以非常低的成本轻松扩展到其他相关领域。平台可以快速构建一个相对独立的数字平台生态系统。阿里巴巴在非购物领域快速扩张和成功的主要原因是它能够整合消费者数据并将其应用于相关领域。如果此时的关键资源是数据，不仅仅是针对广告，而且还要优化产品和服务本身，拥有最多数据的公司不仅仅处于主导自己行业的最佳位置，他们也准备好接管相邻的田地。此外，如果

---

〔1〕　Ariel Ezrachi, Maurice E. Stucke, Virtual Competition: The Promise and Perils of *the Algorithm-Driven Economy*, Harvard University Press, 2016, pp. 24-25.

〔2〕　Barbara Wixom, Jeanne Ross, How to Monetize Your Data, *MIT Slogan Management Review*, Spring, 2017.

这些公司编制有关用户的政治敏感信息并调整他们的内容体验，他们也是强有力的政治角色。平台的核心资产是数据，平台从本质上讲是数据收集、整理与商业化平台。因而，从规制有效性角度看，控制了平台数据就控制了平台。

除了数据，算法也是规制互联网平台必须考虑的要素。算法是设计良好的可计算的过程，它把某个值或某些值作为输入并产生某个值或某些值作为输出。换句话说，算法是完成某个特定的设计良好的任务的路线图。[1]算法是计算机科学领域最重要的基石之一。算法决定了你用 Google 搜索的结果，算法决定了新浪微博向你展示的话题，算法决定了 Netflix 向你推荐的电影，算法决定了你 QQ 对话窗弹出的横幅广告等，这都意味着"算法在统治世界"。[2]就平台而言，算法决定了平台的商业模式。不同的互联网平台从本质上讲就是不同的算法模式。数据是重要的，但是，没有正确方法的数据只是噪音。因而，算法对于平台的发展至关重要。特别是在人工智能的环境下，深度学习算法日益获得广泛应用。

平台算法是平台发展的基础，算法决定了平台的商业模式与发展基础。而数据是平台发展的核心资产，没有数据，算法就没有可供利用的资源，对于自我学习的算法而言，也缺乏了修正错误与改进算法的基础。因而，数据与算法构成了平台发展的核心。从规制有效性角度看，只有有效规制数据与算法的应用才可能有效规制平台的发展。

三是以促进人工智能算法正义与数据正义为目标。算法与数据规制的目标为何？传统规制互联网平台经营者责任的规则强调从主观的注意义务角度规制其责任，要求平台经营者承担一定的管理、合作等注意义务，其很少涉及对算法与数据的规制问题。平台法必须从平台自身的结构与模式出发，强化对算法与数据的规制。算法与数据的规制核心就是必须坚持算法正义与数据正义。尽管作为一个发展中的理念，数据正义的含义远未定型，但"反数据歧视"和"数据透明"必然是题中之意。"数据透明"要求数据的收集、处理必须公开、同意，不存在数据黑箱。从平台规制角度看，"数据透明"原则意味着平台的数据收集行为必须是公开的，获得明确授权的。未经许可的

---

〔1〕《算法的重要性》，载 https://blog.csdn.net/asivy/article/details/18404579，最后访问日期：2023 年 5 月 7 日。

〔2〕《算法正在统治世界》，载 https://blog.csdn.net/emprere/article/details/98858729，最后访问日期：2023 年 5 月 7 日。

数据收集行为不符合数据正义要求。此外，对于数据处理与加工行为而言，未经许可不应对数据主体的数据信息进行加工处理，即使获得许可，也只能在许可范围内进行加工处理。对于"数据反歧视"原则而言，平台的数据收集应该是全面的，不带偏见的，不能恶意收集数据主体的负面数据信息。另外，加工数据时应全面客观分析数据信息，在算法设计时，要考虑数据输入与输出的全面性、完整性。要保障数据主体的异议权。此外，数据安全也应是算法正义的应有之义。没有数据安全，就没有个人隐私，个人成为网络环境下"裸体的人"。因而，在数据收集、存储、传输、处理、使用等活动中必须坚守数据安全原则。算法正义要求算法更具透明性与解释性，避免算法偏见。对于算法歧视，应要求算法设计者不能将自己的偏见嵌入算法系统。算法结果建立在数据之上，基础数据的不完善将直接影响算法输出的科学性。因此，算法设计者应力促通过算法获得的数据的准确性、全面性。对于通过算法输出与输入的数据，应要求数据全面、完整、非歧视。此外，对于人工智能等深度学习算法，由于系统的自主学习、决策能力很强，它的开发者无法预测最终将输出什么结果，那么"黑箱"的存在将不可避免。对此，应强化算法设计者对算法的可解释性进行阐释，应禁止完全不能解释的算法的应用。

5. 数字平台多边规制的框架与具体制度

平台无疑会成为未来互联网经济发展的核心模式。规制平台应成为未来规制网络经济秩序的重中之重。随着平台在经济发展中的地位越来越重要，在某些领域平台成为事实上的网络基础设施，影响了经济与社会生活的各个领域。因此，强化平台责任是制定平台法的主要原则。平台规制的制度框架不应针对平台经营者的具体经营行为，而应以具体架构为基础进行规制。这既有利于平台向有利于公众利益的方向发展，也防止了平台以法律规制为幌子限制公众的言论自由与表达自由。也就是说，数字平台的多边规制既需要考虑要求数字平台保障用户的基本人权，特别是用户行使言论自由、信息自由和隐私保护的权利，同时要求平台需要针对伤害风险采取预防与保障措施，特别是针对弱势用户和少数族裔人口（例如儿童、少数民族等），还要控制强大的利益相关者（即国家、平台、股东）对用户的强大权力。围绕数字平台监管以及制定区域和国际标准或软法律的讨论和审议应该具有包容性和多利益相关方性质。在塑造数字平台的监管格局时，各国政府应表现出更大的政治意愿，让民间社会参与进来。数字平台，特别是那些对公众具有巨大影响力的数字平台，需要承认它们所具有的重要作用和影响力；对内容审核方法承担责任，同时维护和保障人权规范；以更加平等、非歧视的方式与不同地区的用户互动。

　　数字平台规制总体制度目标是促进平台经济的健康可持续发展同时尊重与保障基本人权，对于平台施以过于苛责的责任将损害平台的健康发展。因此，平台规制施以平台本身的责任必须考虑平台自身发展现实，技术现实与商业模式基本逻辑。举一例为证。现今几乎所有平台都进行数据收集工作。然而，数据收集也涉及用户隐私等问题。我们能不能以保护数据安全为由完全禁止平台收集与使用数据呢？答案无疑是否定的。如果禁止平台收集与使用数据，几乎所有的平台都将宣布死亡。因此，平台规制必须在数据安全与数据利用之间找到恰当的平衡点。这一平衡点的确立既要考虑用户数据安全，也要考虑平台经营现实与经营模式。平台的规制对象为数据与算法。在相关数据立法中，平台规制应关注数据安全、数据正义等问题。平台规制应确保用户数据的安全性，确保用户数据获取的合法性，用户数据存储与使用的安全性。另外，数据正义也应是平台法必须关注的问题。平台应确保数据收集的完整性。在使用数据时，确保数据的真实性，防止数据偏见。平台法应规定用户对数据的修正权，对不良数据的遗忘权等。对于人工智能算法而言，平台规制应要求算法设计者对算法本身及其运行的可解释性，对于不可解释的算法，平台法规制要求建立事后审查机制防止算法引发灾难性后果。平台规制应确保算法正义，对一些重要的算法应建立审查机制，防止算法错误与偏见发生。此外，平台规制应要求算法在运行过程中的合法性、全面性。算法在数据的收集、整理、运用于商业化过程中必须坚守数据的全面、完整、非歧视、同意等原则。平台规制应坚持事前预防规则为先的原则，坚持从数据收集与利用环节以及算法的设计环节等建立事前预防的责任体系。基于人工智能与大数据的发展，平台运行过程中的用户信息利用越来越难以被外界知晓，算法黑箱与数据黑箱正成为平台经济的普遍现象。在有些情况下，算法设计者自己都不清楚平台信息的利用情况，更遑论平台的经营者。因而，要解决数据黑箱与算法黑箱问题，平台法需遵从的事前预防规则就成为必然选择。

　　总之，在人工智能与大数据的背景下，需要建立新范式来处理互联网平台的多边规制问题。这种新的范式以规制平台自身的架构为目标，强调对平台人工智能算法与数据的规制。要求数据的收集者、利用者与人工智能算法的设计者、利用者遵从数据正义与算法正义原则。只有这样，平台才有可持续发展可能，用户利益才可能获得有效保护。

（三）就业服务

1. 就业服务领域人工智能风险

人工智能系统已经广泛用于就业服务领域。人工智能招聘系统通过算法挑选合适的候选人，使得该招聘系统能处理大量的申请人数据，从而能极大提高工作效率。另外，由于人工智能有能力处理大量的数据，其也更可能发现适宜的候选人。与人工招聘相比，人工智能招聘系统可以克服招聘人员的主观偏见，消除人员招聘中的噪声，可克服无意识的人类偏见，进而可能获得更为客观的结果。

然而，人工智能招聘系统是基于过往数据训练的系统，如果训练人工智能模型所依据的数据过时、错误或缺乏代表性，必然导致结果出现偏差。在整个招聘过程以及评估、晋升或保留与工作相关的合同关系人员的过程中，此类制度可能会延续历史上的歧视模式，例如针对妇女、某些年龄组、残疾人、某些种族或民族血统或性取向的人。用于筛选简历、测试性格、能力和认知能力或确定候选人是否"文化契合"的人工智能系统可能对残疾人特别具有歧视性，因为它们可能要求申请人使用他们无法使用的工具。例如，无法说话的人无法参加需要口头回答的测试。它们还可以用于测试并非执行所有工作所必需的性格特征，例如乐观程度。最近在就业方面的另一个例子是，优步人工智能面部识别系统未能让黑人司机登录他们的帐户，因为自动面部验证软件错误地判定他们的自拍照是其他人的。其次，如果人工智能算法规则设计存在缺陷，也必然会引发错误的结果。HireVue 算法招聘系统通过分析未来较为成功的 25 000 名应聘者的人脸与语言信息建立招聘算法模型。其分析的 350 个语言要素信息包括应聘者的语调、使用被动词或是主动词情况、句子长度以及表达速度等。而人脸分析要素包括皱眉情况、眉毛上扬、眼睛睁开幅度、嘴唇紧闭情况、下巴上升情况以及微笑情况。从一般常识角度看，任何招聘者都不会将上述要素作为应聘者是否合格的考量标准。然而，算法设计者基于自身的设计理念将上述要素纳入考量反映了其自身设计理念的偏差。此外，由于人工智能本质上难以理解，开发人员以及系统使用者难以发现该招聘系统是否存在偏见。人工智能系统可能会在有缺陷的假设下运行，或者缺乏现实世界使用的相关背景，因为开发人员没有考虑到其系统的所有潜在使用方式。最后，用于监控候选人的表现和行为的人工智能系统也可能损害其数据保护和隐私权利。因而，将人工智能系统运用于人员招聘存在歧视、偏见甚至错误的风险，可能损害当事方的平等就业的权利，是一种高风险系统。欧盟《人工智能法案》序言第 57 段就规定，用于就业、工人管理和自营职业的人工智能系统，特别是用于人员的招聘和选拔，用于做出决定或对启动、晋升和终止的决定产生重大影响，以及用于基于个人行为、个人特征或生物识别数据的个性化任务分配、监测或评估与工作相关的合同关系的人员，也应被归类为高风险，因为这些系统可能会明显影响这些人员的未来职业前景、生计和工人的权利。欧盟《人工智能法案》将用于不同就业阶段的人工智能系统归类为高风险人工智能系统，包括用于在就业过程中做出决策的系统以及通过筛选和评估求职者的申请来招聘和选择求职者的系统。

2. 就业服务领域人工智能系统规制现状

人工智能系统在就业服务领域运用的风险主要是对个体平等就业权的损害。现今，各国法律基本规定了人人享有平等就业的权利。因此，通过算法系统对当事方进行歧视、引发对特定群体的偏见是一种违法的行为。许多国家尝试对人工智能在就业领域的应用进行规制。如美国伊利诺伊州准备立法禁止将种族作为自动化招聘决策的依据。[1]然而，国际层面还没有规制人工智能招聘的专门多边条约。现今规制就业服务领域的规范大多是一些软法性质的原则。国际劳工组织《关于公平招聘的一般性原则和实施指南》提出了公平招聘的十三项原则，与人工智能招聘系统相关的原则主要有：招聘活动应当尊重、保护并实践国际公认的人权，包括国际劳工标准中所反映的权利，特别是结社自由和集体谈判以及预防并消除强迫劳动、童工劳动和就业职业歧视的权利；劳动者应可获得关于自身权利及其招聘雇用条件的免费、全面且精确的信息以及招聘应当考虑能够在过程中提高效率、透明度并保护工人的政策和做法，如技能和资格的互认。此外，一些非政府组织也发布了技

---

〔1〕 https://custom. statenet. com/public/resources. cgi？id = ID：bill：IL2023000H3773&ciq = ncsl& client_ md = 8f7e95823cba8d3a00c86cd500fc8976&mode = current_ text，最后访问日期：2023 年 3 月 5 日。

在就业服务领域运用的规制标准。非营利组织"民主与技术中心"（CDT）联合几家非政府组织出版了《21世纪就业选择程序的民权标准》（Civil Rights Standards for 21st Century Employment Selection Procedures），该标准对2020年《招聘评估技术的民权原则》（Civil Rights Principles for Hiring Assessment Technologies）进行扩展，针对自动化招聘系统，该标准呼吁终止歧视性选择工具。他们还要求雇主告诉求职者工具如何评估他们，以及该工具如何可能导致不利的决定等。同时该标准还要求招聘工具必须更加透明地运作，并包括防止不公平结果的保障措施，因为工人和监管机构通常无法检测雇主使用的工具，更不用说他们如何歧视工人了。

3. 就业服务领域人工智能系统多边规制的具体规则

首先，从现有研究成果看，人工智能用于就业招聘所带来的歧视不可避免，人工智能招聘系统对当事人的平等就业权带来的巨大伤害。因此，涉及招聘的人工智能算法系统必须确保招聘系统不会带来歧视。人工智能招聘系统开发者与使用者必须审核用于训练模型的性能数据，积极寻找输入中可能导致输出有偏差的任何偏差，仔细测试模型的预测是否存在不利影响，消除任何被证明会导致有偏差结果的因素，重新训练模型迭代直至解决不利影响。国际多边规则必须要求在部署人工智能算法招聘系统前的算法审计，检验训练数据的适恰性，算法模型的科学性。在人工智能算法具体运用时，确保人在环中而不是完全由机器来决定招聘结果。

其次，人工智能招聘系统的设计必须确保公平地对待每一位候选人，算法规则自身不能含有歧视特定个人、群体的规则，如对妇女、残疾人的歧视。另外，算法招聘系统的部署者必须对算法进行事前审计，确保算法部署不会不合理损害特定个人、群体的公平就业权。如算法系统不合理造成盲人、聋哑人的负担，甚至非法剥夺其就业权。

再次，透明度义务。人工智能招聘系统的使用者必须告知应聘者其使用的系统是算法决策系统，告知自动决策的程序、结果，对结果进行解释，告知对不利结果的申诉渠道等。

最后，监管责任。鉴于人工智能系统的黑箱性质，招聘者在自动化决策系统中的强势地位，应聘者的弱势地位，各国政府应对就业服务领域的人工智能运用承担监管责任，要求对所有的涉及就业服务领域的人工智能应用事前备案登记，事前审计，事中监督系统运行，事后对损害提供救济。

除就业服务外，现今人工智能也广泛运用于工作效率的评定与工作场所的监督。人工智能系统对于工作效率的评定主要涉及企业的内部控制与管理问题，一般不会给个人带来不利影响。但企业应确保这种评价的透明并为个人提供申诉途径。对于工作场所的人工智能应用主要涉及对雇员工作状态的监督与控制。现今，一些企业使用人工智能技术来监督雇员是否投入工作。从技术角度看，这样的人工智能应用的科学性不足，并没有科学证据证明此类人工智能应用能识别雇员的工作状态。另外，从个人权利保障角度看，虽然工作场所不是私人领域，但在工作场所的针对性监控可能对雇员带来不必要压力，导致其情绪受到损害，进而可能损害个人的健康。因而，各国原则上应禁止在工作场所使用人工智能监控雇员的行为，基于安全考虑除外。

（四）公共服务

1. 人工智能在政府公共服务领域的应用与风险

人工智能技术现今已经广泛应用于公共服务领域，包括医疗健康保健服务、金融保险服务、住房服务、水、电、煤服务、公共交通服务、公共安全服务与互联网服务等。这些领域是人们充分参与社会或提高生活水平所必需的支撑与福利。人工智能已经以多种方式应用于医疗保健领域，对于拥有国家卫生服务的国家来说，其未来在公共部门的应用潜力是巨大的。人工智能应用程序，尤其是涉及机器学习的应用程序，可以帮助解释结果并提出诊断建议，并预测风险因素以帮助采取预防措施。人工智能还可以提出治疗建议并帮助医生制定高度个性化的治疗计划。结合医生和其他医学专家的知识，人工智能可以在健康领域带来更好的准确性、更高的效率和更积极的成果。人工智能最广泛宣传的用途之一是自动驾驶汽车，例如 Uber 和一些主要汽车公司正在测试的自动驾驶汽车。虽然政府在监管和理解此类工具的影响方面可以发挥作用，但它们为公共部门创新带来的机会却不太明显。相反，政府正在使用人工智能来改变预测和管理交通流量以及处理潜在安全问题的方式。安全是政府探索人工智能应用的主要关注领域。这里的安全涵盖物理安全和网络安全，并且可以涵盖政府负责的广泛主题，包括执法、灾难预防和恢复、军事和国防。在监控领域，计算机视觉和自然语言处理系统可以处理大量图像、文本和语音，以实时检测对公共安全和秩序可能存在的威胁。加拿大运输部已试点使用人工智能，通过扫描预装载的航空货物信息来识别潜在威胁，从而进行基于风险的监督。昆士兰消防和紧急服务部门使用机器学习来预测重大灾害（例如旋风和火灾）的可能性。执法是人工智能发展的另一个领域。面部识别已在世界各地的许多城市使用，以帮助定位犯罪嫌疑人并打击恐怖主义。在网络安全方面，近年来，各国政府一直是严重网络安全事件的受害者。例如，美国人事管理局成为一次黑客攻击的受害者，该次黑客攻击导致超过 2150 万条记录的关键敏感信息被泄露，其中包括详细的安全审查背景信息和 560 万公众的指纹。人工智能可以协助政府监控网络问题并发现违规行为。人工智能现已经被许多国家用于个人征信体系。该体系可以根据公民是否值得信赖来影响公民获得服务、信贷、工作和旅行的机会，决定公民获得金融资源或住房、电力和电信服务等基本服务的机会。确定社会信用评分的系统由人工智能提供支持，包括与闭路电视监控相关的面部识别技术、从智能手机应用程序收集的数据以衡量在线行为、金融资产和政府记录，例如教育、医疗和国家安全评估等。

　　人工智能可以识别数据中的模式或异常情况，以提高决策的准确性、更好地分配资源、预测未满足的需求、发现欺诈或安全风险等。如果设计和实施得当，这些功能可以让人工智能在整个政策周期（从议程设定和政策制定到实施和评估）为政府活动做出积极贡献。

　　从政府、公共服务提供者角度看，人工智能最重要、最直接的现实益处就是通过减少或消除重复性任务，提高了公共服务工作效率，节约了运行成本，从而使得政府从低价值工作向高价值工作方向转变，增强机构实现其使命的能力，更好地专注于核心职责。据统计，公务员平均花费高达 30% 的时间来记录信息和其他基本行政任务。通过自动化或以其他方式避免其中一小部分任务，政府可以节省大量资金，并围绕更有价值的追求重新调整公务员的工作，从而产生更具吸引力的工作。另外，通过人工智能技术在公共服务领域的应用，公共服务的提供者可以获取大量的具有极高价值的公共数据。公共服务的提供者可以从这些公共数据中获取新的知识与见解，这又反过来提升公共服务的质量与效率。

　　人工智能在公共服务领域的应用无疑会增加公共服务效率，节约公共服务成本。但随之而来也带来了巨大的问题。公共服务领域决策错误与偏见可能给公民带来巨大损失，使得其无法享有基本的公共服务。人工智能系统可能会导致对个人或群体的歧视，并使历史歧视模式永久化，例如基于种族或族裔、性别、残疾、年龄、性取向的歧视，或产生新形式的歧视性影响。向公共当局申请或接受公共援助福利和服务包括医疗保健、住房、电力，和互联网服务的自然人通常情况下依赖于这些福利和服务生存，并且相对于主管当局而言处于弱势地位。如果人工智能系统被用来确定当局是否应拒绝、减少、撤销或收回此类福利和服务，则可能会对这些人的生计产生重大影响，并可能侵犯他们的基本权利。同样，人工智能系统就自然人获得健康和人寿保险的资格做出决定或对决定产生重大影响也可能对人们的生计产生重大影响，并可能侵犯他们的基本权利，例如限制获得医疗保健的机会或长期存在基于个人特征的歧视。此外公共服务领域对公民个人信息的大规模搜集对公民个人信息带来了巨大威胁。与其他领域不同，公共服务领域所收集的数据几乎都是个人最为重要的敏感数据，这些数据的泄露与滥用会给个人带来无法弥补的损失。

2. 人工智能公共服务领域应用的规制现状

现今，国际社会并未制定关于公共服务领域的人工智能应用规制的专门规则。各国在公共服务的具体领域基本制定了相关规则确保个人能享有其基本的公共服务。中国在公共服务具体领域制定了具体的法律法规确保每个人都能平等地享有基本的公共服务。然而，这些涉及公共服务的规则无法应对人工智能在这些领域应用的挑战。因而，近年来，各国政府开始尝试规制人工智能在这些公共服务领域的应用。《加拿大政府的自动决策指令》旨在实施一套法律、道德和技术原则，以确保公共部门在设计和实施阶段的人工智能风险管理标准和方法一致。为了配合该指令，加拿大政府制定了算法影响评估，以评估算法对公民的潜在影响。美国政府于 2023 年 2 月颁布一项行政命令，指示联邦机构根除人工智能等新技术设计和使用中的偏见，保护公众免受算法歧视。

3. 人工智能公共服务领域应用的多边规制

基于人工智能应用于公共服务对于个人权益的巨大影响，多边框架下的人工智能在公共服务部门的规制应确保人工智能运用于公共服务时有利于公众公平地接受相关的公共服务，不会造成歧视与偏见，对于个人信息等进行严格保护。具体而言：

首先，政府与相关机构必须事前评估相关风险，通过映射（映射是指建构人工智能系统的场景以界定相关风险）等手段确定该技术的优势和劣势，确定人工智能有潜力帮助解决的具体运营问题以及可能带来的具体风险。

其次，多边规则应要求政府与相关机构在部署人工智能运用时确保人工智能系统的公平与公正，通过算法设计将相关规则嵌入人工智能系统。同时，多边规则应要求政府在人工智能运用时确保系统安全，不对个人信息带来损害。

最后，鉴于公共服务领域的人工智能运用关涉公众基本服务的享有与保障，政府与相关机构在部署人工智能系统时必须坚持审慎原则，对于人工智能系统必须提供外部监督机制保障，确保人工智能系统的正常运行，对于人工智能系统所造成的损害提供及时、有效的补救。

（五）教育

1. 人工智能在教育领域的运用现状

人工智能技术被广泛运用于教育领域，深刻影响了教育的方式，也给教育带来广泛的益处。[1]联合国教科文组织发布的《人工智能与教育北京共识》指出，人工智能为支持教师履行教育和教学职责提供了机会，在支持学习和学习评价潜能方面等具有重要价值。[2]人工智能在改变学生、教师和学校工作人员的教育和培训方面具有巨大潜力。人工智能正以各种方式应用于教育，从而为学生提供全天候支持的聊天机器人系统到适应每个学生需求的个性化学习算法，人工智能正渗透入教育的全过程、全链条，深刻影响着学生的学习方式、教师的教学方式以及教育的支撑体系。

人工智能可以帮助有学习困难的学生，并通过个性化学习为教师提供支持。借助人工智能技术，教育工作者可以分析学生的表现和偏好数据，以创建符合每个学生独特优势和劣势的定制课程计划和评估学生的学习效果。传统教育基本是整体性教育，基于成本等因素考量很难提供个性化服务。人工智能技术通过机器学习可以对每一个学生的学习情况进行评价并提供基于个性化的支持。人工智能的高效率、自动化学习与决策为个性化学习提供了可能与重要途径。人工智能驱动的工具和技术还可以通过多种方式增强学生的

---

〔1〕Kyoungwon Seo, et al. , Artificial intelligence for video-based learning at scale, In *Proceedings of the Seventh ACM Conference on Learning@ Scale* , pp. 215 – 217.

〔2〕《人工智能与教育北京共识》，载 http://www.moe.gov.cn/jyb_ xwfb/gzdt_ gzdt/s5987/2019 08/W020190828311234679343.pdf, 最后访问日期：2023 年 6 月 2 日。

学习体验。例如，虚拟现实和增强现实可以使学习更具互动性和沉浸感，而聊天机器人和其他人工智能驱动的工具可以提供全天候的学习支持。此外，人工智能还可用于创建个性化测验和游戏，帮助学生以有趣和互动的方式进行学习。从个性化学习算法到虚拟现实和增强现实，人工智能驱动的工具和技术正在以我们从未想过的方式帮助增强学生的学习体验。人工智能技术同时可以自动执行评分等管理任务，为教育工作者腾出时间专注于教学的其他重要方面。人工智能驱动的工具也被用于自动化管理任务，例如对作业进行评分和提供反馈。人工智能还被用来分析大量数据，以确定教育体系中存在模式和观点，为新教育战略和政策的制定提供依据。目前有许多成功的人工智能驱动的教育工具和平台的例子。一些最受欢迎的人工智能应用包括：Duolingo（多邻国），一款语言学习应用程序，使用人工智能为每个用户提供个性化课程；ALEKS（一款为了至 12 年级学生设计的网络数学学习软件），一个人工智能驱动的数学学习平台，提供自适应评估和个性化学习计划；Coursera，它使用人工智能根据学生的兴趣和以前的学习历史向他们推荐课程等。

人工智能技术对教育生态带来了深刻的影响，其不但提供了更加多元的学习工具与方法，使得个性化学习与评价成为可能，同时也丰富了教学的管理手段。如果运用得当，人工智能技术是真正有潜力彻底改变教育生态的技术。

2. 人工智能应用于教育领域存在的风险与问题

人工智能技术运用于教育领域虽然可以带来巨大的益处，但其所引发的风险也不能小视。教育毕竟是人的事业，其目的是培养理性的有益于社会的人。然而，教育的技术化是否会导致我们培养的人缺乏个性、缺乏情感，成为被技术控制的对象，人工智能技术运用于教育领域是否会导致人的主体性的消失，成为被机器所控制的冰冷客体。因此，人工智能技术运用于教育领域最大的问题是对人的异化风险，导致人性的消解甚至消亡。从已有证据看，人工智能对教育所带来的风险主要有：一是人工智能系统可能会加剧教育领域现有偏见与歧视。人工智能机器学习算法依赖大量数据来识别数据中存在的模式并做出预测，如果训练数据自身存在偏差，那么人工智能运行结果也必然出现偏差。用于对论文进行评分的人工智能系统可能是在某个特定学生群体的数据集上进行训练的，如果这一系统运用于对所有学生的论文进行评价，这必然导致评分结果不公平。用于招生选拔的系统如果是基于过往有偏见（如美国高校招生中对亚裔的歧视）的数据进行训练，该系统部署后必然会对特定群体（亚裔的申请学生）带来不利影响。将人工智能系统运用于教育领域可能强化现有的不平等现象，使得教育更缺乏多样性和包容性。二是隐私问题。人工智能需要访问大量数据才能正常运行，这引发了社会对隐私问题的关注。随着人工智能在教育中的使用越来越多，确保学生数据得到充分保护并维护隐私至关重要。如果没有适当的安全措施，在教育中使用人工智能可能会导致机密信息未经授权地泄露，使学生面临风险。因此，必须采取适当的安全措施来保护学生的数据，确保人工智能在教育中的使用不会损害敏感信息的安全性和机密性。三是当学习者与机器而不是人类交互时，参与度和积极性可能会降低。缺乏实时反馈和互动可能会导致学习过程中的孤立感或脱节感，对人造成异化。此外，人工智能在教育领域的滥用，如用人工智能系统监控学生的学习状态、对学生的心理与生理状态等进行评价等损害了教育之根本，将对教育带来巨大伤害。

3. 人工智能教育领域运用的多边规制

与其他领域相比，由于关涉人的培养问题教育具有更强的主权属性，基本是一个主权范围的自主决定的事项，主权国家很难在此领域让与权利给第三方。因此，现今几乎没有涉及教育领域的国际多边规范与规则。人工智能技术的出现导致教育的方式与规制模式发生了革命性变化，教育开始跨越国界，对其他国家产生影响。教育的跨国性必然要求国际社会协同努力建立规制教育的多边机制。现今并无保障人工智能技术运用于教育领域的多边国际规则。欧盟《人工智能法案》序言第 56 段规定，在教育领域部署人工智能系统，对于促进高质量的数字教育和培训，让所有学习者和教师获得并分享必要的数字技能和能力，包括媒体素养和批判性思维，从而积极参与经济、社会和民主进程非常重要。然而，在教育或职业培训中使用的人工智能系统，尤其是用于确定入学或录取、将人员分配到各级教育和职业培训机构或计划、评估个人的学习成果、评估对个人适当的教育水平并对个人将接受或能够接受的教育和培训水平产生实质性的影响，或者用于监测和检测学生在考试中的违纪行为的人工智能系统，应当归类为高风险人工智能系统，因为其可能决定一个人一生的教育和职业生涯，从而影响其确保生计的能力。如果设计和使用不当，这些系统可能具有特别的侵扰性，并可能侵犯受教育和培训的权利以及不受歧视的权利，并使历史上的歧视模式永久化，例如针对妇女、特定年龄群体、残疾人或特定的种族或民族血统或性取向的人的歧视。欧盟《人工智能法案》将教育领域的人工智能运用定义为高风险人工智能运用并基于其高风险特征建立了特殊的规制规则与方法。

虽然国际社会尚未达成强制性多边规范，但一些软法性的规则正逐渐形成，如联合国教科文组织制定的《人工智能与教育决策指南》与《人工智能与教育北京共识》等。《人工智能与教育决策指南》指出，在教育中部署和使用人工智能必须以包容和公平的核心原则为指导。教科文组织为决策者提供了七个方面具体可行的建议。第一，定义人工智能和教育政策的全系统愿景，评估全系统的准备情况并选择战略优先事项；第二，采用人本主义方法作为人工智能和教育政策的首要原则；第三，建立部门间治理和协调机制，调动跨学科和多方利益相关者的专门知识，为政策规划提供信息，并建设决策者的能力；第四，制定贯穿各领域的战略目标，并规划条例和计划，以确保在教育中公平和包容地使用人工智能；第五，利用人工智能促进和提升教育管理和交付，培养以学习者为中心的人工智能应用，以加强学习和评估，并确保人工智能用于赋能教师，计划使用人工智能支持跨年龄、地点和背景的终身学习，在人工智能时代培养生活和工作的价值观和技能；第六，建立一个可信的证据库来支持人工智能在教育中的应用，加强人工智能和教育领域的研究和评估；第七，促进人工智能教育的本地创新。[1]《人工智能与教育北京共识》指出，确保教育数据和算法使用合乎伦理、透明且可审核。国际社会应致力于在教育领域开发不带性别偏见的人工智能应用程序，并确保人工智能开发所使用的数据具有性别敏感性。同时，人工智能应用程序应有利于推动性别平等。促进教育人工智能应用的公平与包容，教育人工智能的开发和使用不应加深数字鸿沟，也不能对任何少数群体或弱势群体表现出偏见。确保教学和学习中的人工智能工具能够有效包容有学习障碍或残疾的学生，以及使用非母语学习的学生。欧盟发布的《教育工作者在教学中使用人工智能和数据的道德准则》[2]借鉴了欧盟人工智能高级专家组《值得信赖的人工智

---

〔1〕《人工智能与教育：政策制定者指南》，载 https://unesdoc.unesco.org/ark:/48223/pf0000378648，最后访问日期：2023 年 5 月 6 日。

〔2〕 Ethical guidelines on the use of artificial intelligence and data in teaching and learning for educators, available at https://education.ec.europa.eu/news/ethical-guidelines-on-the-use-of-artificial-intelligence-and-data-in-teaching-and-learning-for-educators，最后访问日期：2023 年 7 月 9 日。

能道德准则》[1]规定，提出了教育领域部署人工智能技术必须关注影响教育结果的偏见与错误风险，提出人工智能系统在教育领域中使用必须坚持的伦理原则：一是人类自主性和监督，包括基本权利与儿童权利保障、人类自主与监督；二是透明度，包括可追溯性、可解释性和沟通；三是多样性、非歧视和公平，包括可访问性、通用设计、避免不公平偏见和利益相关者参与（无论年龄、性别、能力或特征如何，都可以使用；关注有特殊需要的学生）；四是社会和环境福祉，包括可持续性和环境友好性、社会影响、社会和民主；五是隐私和数据治理，包括尊重隐私、数据质量和完整性以及数据访问。这些软法性质的文件为人工智能的多边规制提供了重要的参考。基于教育的重要性以及人工智能应用于教育领域所带来的风险与益处，我们认为教育领域的人工智能的多边规制必须坚持：

一是人的主体性与人的监管。教育不仅仅是人的知识培养，其还对个人的情感满足与人格塑造具有重要的影响。人工智能技术虽然近年来得到快速发展，可能更能了解人，对人具有更多的认知。但人工智能系统是机器，本质是无法了解人的细微情感与情绪变化的，对人的认知与回应都是基于过往的数据，是对过往冰冷数据的学习后的冰冷回应。因此，作为关于人的事业，人工智能系统在教育领域的应用必须坚持人的主体性，将人放在核心地位，避免人被异化为冰冷的数字。因此，任何人工智能在教育领域运用的系统都必须贯彻以人为中心的原则，人工智能技术只能作为辅助教育的技术而不能作为教育的主宰。对于人工智能系统在教育领域的运用，辨析建立全链条的系统监管体系，事前进行系统审计与评估，事中对系统运行的效果与风险进行评估，及时发现存在的问题并提供针对性的有效解决方案。

二是鼓励赋能型人工智能技术在教育领域的应用。人工智能技术在减少教育鸿沟、促进个性化人才培养、促进更具体验性的学习方面具有重要价值。国际社会应采取措施鼓励这种赋能型人工智能技术在教育领域的应用。

三是明确教育领域禁止应用人工智能系统。人工智能在教育领域的应用不应对学生造成歧视、偏见，更不能引发学生的心理与精神伤害。运用人工智能系统监控学生的学习状态以及用人工智能系统对学生进行自动化决策不

---

[1] "Building trust in human-centric AI", available at https://ec.europa.eu/futurium/en/ai-alliance-consultation.1.html, 最后访问日期：2023 年 7 月 18 日。

具有合理性正当性，应严格禁止。

四是增加人工智能系统的透明度与可解释性。所有应用于与教育领域的人工智能技术都应该进行算法备案，明确算法的规则与用途，对算法做出明确的解释。

五是建立禁止算法偏见与歧视的多边规则。严格监控用于教育领域的训练数据，避免隐含偏见、歧视的数据被用于人工智能系统训练。严格算法自身审计，确保算法规则的平等性与公平性。

六是建立严格的归责责任体系，对于算法损害提供及时救济。

（六）公共执法

1. 人工智能技术在公共执法领域的应用

人工智能技术已经被各国执法机构广泛应用于执法的各个领域，从研究、分析和回应国际司法协助请求、先进的虚拟尸检工具、自主机器人巡逻系统、预测可能发生的犯罪地点和类型（预测性警务和犯罪热点分析），到优化执法资源、计算机视觉软件识别被盗汽车、识别商店扒手的行为、识别在线诈骗等几乎所有的公共执法领域。现今，人工智能技术已经成为各国执法机构最为依赖的提高执法效率与执法准确性的工具。各国的执法机构在执法的各个领域都部署了大量的人工智能系统以节约执法资源、更有效地打击违法行为。

人工智能技术在执法领域的运用主要涉及四个领域：一是预测和分析；二是识别；三是探索，如即时定位与地图构建，自动化巡逻等；四是通信。尽管这些类别之间没有严格的界限，但它们确实具有不同程度的复杂性以及与环境的相互作用。系统的复杂程度越高，系统运行的环境越混乱，系统的开发、原型设计和集成到执法中的挑战性就越大。最近的一项研究发现，人工智能等智能技术可以帮助城市将犯罪率减少30%至40%，并将紧急服务的响应时间缩短20%至35%。[1]国际数据公司（IDC）预测，到2022年，40%的警察机构将使用实时视频流和共享工作流程等数字工具来支持社区安全和替代响应框架。[2]

---

〔1〕 Surveillance and Predictive Policing Through AI, 载 https://www.deloitte.com/an/en/Industries/government-public/perspectives/urban-future-with-a-purpose/surveillance-and-predictive-policing-through-ai.html，最后访问日期：2023年6月10日。

〔2〕 IDC FutureScape：Worldwide Smart Cities and Communities 2022 Predictions

　　人工智能和机器人技术将显著增强执法部门的监视能力，当这种情况发生时，有必要关注与这些技术相关的隐私问题，如何时何地允许使用传感器等问题。总的来说，需要就人工智能技术的伦理与道德问题进行讨论，特别是在执法越来越多地触及公民生活的情况下。执法部门应采取措施确保公平、问责、透明，并确保向社区有效传达人工智能技术的使用情况。同样重要的是，要加深对犯罪和恐怖组织恶意使用人工智能的风险的了解并做好准备，包括新的数字、物理和政治攻击。可能的恶意用途包括人工智能网络攻击、假新闻扩散，以及操纵视频、危及政治人物信任或质疑法庭证据有效性的换脸和欺骗工具。

　　2. 人工智能技术应用于执法领域主要的问题

　　执法机构利用涉及人工智能系统某些用途的行动具有严重的权力失衡特点，这可能导致非法或不合理监视、逮捕或剥夺自然人的自由以及对人基本权利造成其他不利影响。特别是，如果人工智能系统没有接受高质量数据的训练，在性能方面不能满足准确性或稳健性要求，或者在投入市场或以其他方式投入使用之前没有经过适当的设计和测试，它可能会以歧视性或其他不正确或不公正的方式做出决定。此外，人工智能的部署可能导致重要的，如获得有效补救和公平审判的权利以及辩护权和无罪推定权程序性基本权利的行使受到阻碍，特别是在此类人工智能系统不够透明、解释和记录存在问题的情况下。在执法环境中，准确性、可靠性和透明度对于避免不利影响、保持公众信任并确保问责和有效补救尤为重要。人工智能系统的不透明决策不但损害了个人的知情权，更为重要的是，个人在人工智能决策的无知之幕下无从知晓其被人工智能决策所伤害，自然也就无法获得有效救济。人工智能工具的使用对嫌疑人辩护权的影响也不应被忽视，特别是由于人工智能的使用导致个人难以获得有意义的信息进而导致在法庭上难以质疑人工智能决策的结果。此外，执法机构滥用执法权可能会对社会整体利益带来危害，如对整个社会的大规模监控可能导致巨大的寒蝉效应，进而危及整个社会的信任与表达。[1]公

---

　　[1]　随着智能手机、笔记本电脑以及其他移动和个人媒体的普及，监控实践所涵盖的公民生活世界的范围成倍增加，包括有关公民和消费者何时、何地以及与谁进行通信的信息。虽然不同国家公民对大规模监控存在着不同的观点与容忍度，但总体而言，大多数公民还是担心其隐私与安全受到威胁，参见 Veronika Kalmus, et al. , Who is afraid of dataveillance? Attitudes toward online surveillance in a cross-cultural and generational perspective, New Media & Society, 2022, available at https://journals. sagepub. com/doi/10. 1177/14614448221134493，最后访问日期：2023 年 7 月 3 日。

共执法机构对人工智能的不当使用会对当事人造成极为严重的不利影响，其也因为示范效应可能导致社会对执法机构整体的不信任，进而对社会的法治环境带来伤害。毫无疑问，公共执法机构对人工智能工具的使用不应成为不平等、社会分裂的促进剂。

考虑到警察和执法机构的作用和责任，以及他们为预防、调查、侦查或起诉刑事犯罪或执行刑事处罚而做出的决定的影响，执法中人工智能应用的一些具体用例必须被归类为高风险，特别是在可能严重影响个人生活或基本权利的情况下。

3. 人工智能技术运用于公共执法领域的多边规制

国际社会虽然没有专门规制公共执法领域的多边规则，但现存的一些人权公约以及相关的保护妇女、儿童等专门性国际多边规则可以用来规制公共执法行为。《公民权利和政治权利国际公约》第 26 条规定，人人在法律上一律平等，且应受法律平等保护，无所歧视。在此方面，法律应禁止任何歧视，并保证人人享受平等而有效之保护，以防因种族、肤色、性别、语言、宗教、政见或其他主张、民族本源或社会阶级、财产、出生或其他身分而生之歧视。这意味着利用人工智能技术所进行的歧视行为违反了《公民权利和政治权利国际公约》的第 26 条规定。此外，公共执法机构运用人工智能技术侵害公民的基本人权违反了《世界人权宣言》的行为。联合国区域间犯罪和司法研究所（UNICRI）与国际刑警组织等联合发布的《执法中的人工智能和机器人》报告分析了人工智能和机器人技术在警务领域做出的贡献，并研究了国家执法机构在不同发展阶段的使用范例。该报告指出人工智能和机器人技术已经广泛使用于执法领域，提出了与恶意使用人工智能和机器人技术相关的新威胁和犯罪，包括执法部门必须做好应对的新型数字、物理和政治攻击。与此同时，该报告还强调了其他一些挑战，例如跟上创新步伐、技术专业知识的差距以及确保执法部门在使用这些技术时符合人权、公平、问责、透明度和可解释性的重要性等。

基于各国执法体制与理念的差异化，国际社会要在公共执法领域的规制方面达成一致意见需要在执法理念上达成共识性意见。公共执法领域的多边规制即使不能在体制机制方面协同一致，但至少应在执法的理念上取得基本共识，否则不可能达成所谓的多边协议。我们认为在公共执法领域的人工智能运用至少应坚持人权保障优先，不能以所谓效率与便捷为目标牺牲个体的基本权利与利益。公共执法领域人工智能的多边规制涉及各国是否准备好接受执法部门常态化使用生物识别技术、建立广泛的监控设备和传感器网络以及社会在多大程度上愿意允许执法部门为了所谓公共安全和安全保障利益随时介入他们的私人生活。公共执法使用人工智能技术时如何应对执法所引发隐私与道德问题是重要测试案例。在执法领域，隐私通常更有可能让位于安全。但是这种对安全的过分关注可能引发公平性、问责性、透明度和可解释性问题。上述问题处理不当可能导致公众丧失对执法机构信心，进而引发公众对执法机构权威性与可信度的怀疑，进而影响执法机构的执法活动。因此，不管各国执法体系与执法理念有何差异性，确保人工智能技术运用在公共执法领域尊重个体的基本权利，保证执法过程的公平、公开与透明等基本原则至关重要，因为这些原则是确保公众对执法机构信任与信心的关键。任何执法机构显然都不希望其执法无法得到公众的信任。因此，公共执法领域人工智能技术应用的国际多边规则规制至少涉及：

一是保证系统的公平、公正，不造成偏见、歧视，不会造成对个体的不公平对待。基于公共执法系统人工智能技术对于个人权益的重大影响，运用公共执法领域的算法必须进行事前的严格风险评估，对算法模型与训练数据进行严格审计与监管。

二是确保人工智能系统的透明性。个体有权知晓其被人工智能系统所决策，公共执法机构也应公开其使用的算法类型与系统。

三是确保人工智能系统不会对个体权益造成损害，或对个体行为带来现实与潜在的威胁。不得利用人工智能系统进行非法的监控以及非法获取个人信息。

三、高风险人工智能规制的国际法规则

与禁止使用人工智能系统不同，高风险人工智能系统虽然可能带来一定的社会风险与危害，但整体而言，如果运用得当，这些高风险的人工智能应用可能增加社会的整体福利，进而改善个体的生活，提高个体的获得感与幸福感。因此，对于高风险的人工智能系统，确保风险可识别可控，在风险发生时具有某种补救机制就至关重要。现今，几乎没有国家建立基于风险路径的人工智能规制体系，国际社会也尚未建立基于风险视角的人工智能特别规

制体系。欧盟《人工智能法案》是世界上第一部基于风险视角的规制人工智能的区域性多边条约，其提出的规制路径与方案值得仔细研究。欧盟《人工智能法案》提出了规制四种不同风险层次的人工智能应用的规则与措施，但该法规制的重点是高风险领域的人工智能应用。以下将结合欧盟《人工智能法案》的相关规定，分析高风险人工智能多边规制的框架、路径与方法。

（一）高风险人工智能系统的国际法规制框架

欧盟《人工智能法案》是世界上第一部对人工智能进行全面规制的区域性多边条约，其不但对高风险领域进行了具体界定，同时对高风险领域制定了一系列特别的监管措施。该法案要求高风险人工智能系统在投放市场前和使用过程中应严格履行审查义务并接受审查监督。欧盟《人工智能法案》规定高风险系统提供者必须：

1. 创建适当的数据管理办法；
2. 向系统提供准确、完整的数据集；
3. 向政府当局提供证明系统符合相关要求的技术信息；
4. 向用户提供透明、清楚的信息，使用户充分了解系统如何运作；
5. 采取适当的人为监督措施；
6. 避免让人类用户过度依赖系统输出，即"自动化偏见"；
7. 确保系统具有高等级、可持续的安全性和准确性。

依据欧盟《人工智能法案》，高风险人工智能系统提供者必须接受完备的上市前合格性评估。在高风险人工智能系统出售或投入使用后，供应商还要建立相应监测系统。对于投入使用后仍在继续学习和更新的系统，如构成对系统的实质性修改，则需接受新的评估。简而言之，欧盟《人工智能法案》对于高风险的人工智能系统建立了特别的事前审查、事中监督的严格风险控制机制。这些严格的风险控制措施既包括一些实质性的措施，如系统的安全性、准确性等，同时也包括严格的程序化措施，如事前审计，事中监督以及事后的评估等。也就是说，欧盟《人工智能法案》建立了基于人工智能运用全周期的风险控制措施。基于人工智能系统的自适应与不断迭代性，欧盟对高风险人工智能系统风险的全周期控制无疑是有益尝试。

一个健全的人工智能系统风险控制体系必然涉及事前的风险评估、事中的运行监督以及事后的补救措施。只有建立无缝的全链条风险控制体系，人工智能的风险才可能可知可控，人工智能真正成为负责任的人工智能系统，给人类带来福祉而不是伤害。

1. 事前机制。事前机制的核心是确保训练数据的可靠、准确与代表性，人工智能算法模型的稳定、可靠、公正、包容，不包含不合理偏见、歧视性规则。事前机制的核心程序性机制是系统开发者与部署者事前的对高风险人工智能系统的风险评估与应用程序与场景备案。国际社会应建立科学的人工智能系统风险评估标准，确保评估方法的科学性与评估结论的可靠性。国际社会应建立统一的高风险应用清单备案机制，对高风险应用算法进行备案审查，从而确保后续的监管得以顺利开展。

事前机制要求人工智能开发者与部署者对人工智能系统的功能进行测试，确保系统的安全风险可控。除对系统自身的内部运行机制进行测试外，人工智能开发者与部署者还需对系统的外部风险进行测试，评估其潜在的生物、网络安全和社会风险，并将这些评估结果公开。事前机制要求人工智能系统开发者在开发系统中将个人权益保障、安全保障放在优先地位，人工智能系统开发者与部署者必须自证已将相关的限制个人数据处理的原则与规则嵌入人工智能运用场景中，而不仅仅是采取了所谓的行业标准化的技术措施。[1]除直接将限制数据处理规则进行算法处理外，个人权益的算法实现也能从技术上限制数据处理行为，确保个人权益的实现。个人权益的算法实现要求数据处理者尽可能将权利嵌入算法，从技术上确保用户能方便、快捷行使权利。如为便于用户行使删除权，人工智能系统开发者与使用者应在技术上确保用户能够识别信息存储位置。个人权益的算法实现要求算法缺省设置符合个人数据友好型目标，将个人数据保护嵌入人工智能系统开发者与使用者创建的技术、流程，将隐私友好选项设为默认值。无论是否基于择入、择出以及收集与处理数据的法律义务获取个人数据，数据处理者必须承担基于个人数据友好型的设计和缺省保护义务。个人数据友好型的缺省设置禁止数据处理者在个人数据选项设计上采取"暗黑模式"，通过诱导与欺骗手段让用户交出数据，禁止无选择同意的缺省设置。个人数据友好型的设计和缺省保护义务要

---

〔1〕　爱尔兰数据保护委员会在 Meta12 亿欧元的处罚案中指出，即使 Meta 公司采取了符合行业标准的加密算法与网络协议，但这些措施并未对跨境个人数据提供适宜的保障，见该处罚案第 7.195 段。

求数据处理者采取有效技术措施保障个人的数据权利与自由。措施的有效性需考虑措施的先进性、对数据处理活动的影响以及给个人带来的风险等因素。人工智能系统开发者与使用者不能基于成本考量拒绝实施设计和缺省保护。个人权益的算法实现还要求数据处理者将系统安全置于最优先地位。非安全人工智能系统虽然可能给数据处理者带来不利影响，但用户却是数据泄露与滥用的主要受害者。在系统安全负外部性主要由用户承担，安全投入高企的背景下，数据处理者并无现实激励确保系统安全最大化。因而，必须从外部强化数据处理者的安全保障义务，强制数据处理者将用户数据安全保障放在最优先地位。具体而言，数据处理者必须确保其人工智能系统自身不存在易于泄露用户隐私与数据、黑客攻击、对抗算法干扰等明显安全漏洞，确保数据安全成为最基本缺省设置，通过技术手段防止任何数据泄露与窃取行为。数据处理者必须开发应对潜在对抗算法的合理威胁模型，除考虑算法表现维度外，还需考虑算法安全特性。[1]当存在安全冲突时，数据处理者须确保决策结果损害最小化。

2. 事中机制。事中机制的核心是确保人工智能风险能被快速识别、控制。在人工智能系统运用过程中，必须确保用户的知情权与选择权，通过算法决策机制进行决策时履行告知义务，通过算法生成内容时履行标识责任。美国国家标准与技术研究院（NIST）发布的《人工智能风险管理框架》（Artificial Intelligence Risk Management Framework，人工智能 RMF 1.0）提出控制与管理人工智能系统事中风险的框架。该管理框架将人工智能风险管理框架分为治理、映射、衡量与管理四大模块。[2]治理是在人工智能全生命周期和各组织层次中有效管理风险的持续性内在要求，其效果是在设计、开发、部署或获取人工智能系统的各种组织内部推动和加强相关实践和规范，以促进风险管理文化，并支持其他模块。治理模块的范畴不仅彼此交互，而且还会与其他模块交互，但却并不必然以其他行动为前提，这体现了治理模块在人工智能风险管理过程中的融贯性。

---

〔1〕 Anthony D. Joseph, *et. al.*, *Adversarial Machine Learning*, Cambridge University Press, 2019, p. 252.

〔2〕 窦传喜：《美国 NIST〈人工智能风险管理框架〉评述》，载 https://mp. weixin. qq. com/s/7njq OOXIIFrf6LizDCXFOg，最后访问日期：2023 年 5 月 3 日。

表五：治理

范畴	子范畴
治理 1：整个组织中，与映射、衡量、管理人工智能风险相关的政策、流程、程序以及具体做法均已到位、透明且有效实施。	治理 1.1：理解、管理和记录涉及人工智能的法律和监管要求。 治理 1.2：人工智能可信特征被整合到组织政策、流程、程序和具体做法中。 治理 1.3：根据组织的风险容忍度制定流程、程序和具体做法，以确定所需要的风险管理活动水平。 治理 1.4：基于组织的风险优先级考虑，风险管理流程及其结果是通过透明的政策、程序和其他约束性措施建立的。 治理 1.5：制定计划对风险管理流程及其结果进行持续监控和定期审查，并明确界定组织角色和职责，包括明确定期审查频率。 治理 1.6：建立机制，以清点人工智能系统并根据组织的风险优先级分配相应资源。 治理 1.7：制定流程和程序，以不增加风险或降低组织可信度的方式安全停用并逐步淘汰人工智能系统。
治理 2：落实问责制，使恰当的团队和个人被授予有关映射、衡量和管理人工智能风险的权力，同时对其负责并接受相应培训。	治理 2.1：与映射、衡量和管理人工智能风险相关的角色、责任以及沟通渠道均已被记录下来，而且整个组织的所有个人和团队都对它十分清楚。 治理 2.2：组织成员和合作伙伴均已接受人工智能风险管理培训以促使他们在履行职责和责任时与政策、程序和协议保持一致。 治理 2.3：组织领导要对有关开发和部署人工智能系统的风险决策负责。
治理 3：在整个生命周期的人工智能风险映射衡量和管理过程中，优先考虑员工的多样性、公平性、包容性和流程的无障碍性。	治理 3.1：整个生命周期中，与映射、衡量和管理人工智能风险相关的决策均由多元化的团队做出（例如在人口特征、学科、经验、专业知识和背景等方面的多样性）。 治理 3.2：制定政策和程序，以明确和区分人-人工智能配置人员和人工智能系统监督者的定位和责任。
治理 4：组织团队致力于营造一种关注并且交流人工智能风险的文化。	治理 4.1：制定并落实相关组织政策，在设计、开发、部署和使用人工智能系统时培养批判式思维和"安全第一"的理念，以使潜在的消极影响最小化。 治理 4.2：组织团队记录他们所设计、开发、部署、评估和使用的人工智能技术的风险和潜在影响，并在更大范围内分享这些信息。 治理 4.3：明确具体做法以确保落实人工智能测试、风险事件识别和信息共享活动。

范畴	子范畴
治理5：旨在保障相关人工智能参与者持续参与的流程已到位。	治理5.1：制定并落实相关组织政策，以收集、关注、重视和整合来自开发或部署人工智能系统团队以外的、有关人工智能风险的潜在个人影响和社会影响的反馈意见。 治理5.2：建立机制，使开发或部署人工智能系统的团队能定期将来自相关参与者的反馈意见融入到系统设计和实现中去。
治理6：旨在处理由第三方软件和数据以及其他供应链环节引起的人工智能风险和收益问题的政策和程序已到位。	治理6.1：制定政策和程序，以处理与第三方实体相关的人工智能风险，包括侵犯第三方知识产权或其他权利的风险。 治理6.2：制定应急流程，以处理被视为高风险的第三方数据或人工智能系统中的故障或事件。

来源：《人工智能风险管理框架》，翻译：窦传喜 https://nvlpubs.nist.gov/nistpubs/ai/NIST.AI.100-1.pdf

映射模块建构人工智能系统的场景以界定相关风险。如果缺乏场景知识以及对特定场景中的风险的认知，就很难进行风险管理，因此，映射的结果是衡量和管理模块的基础。映射模块旨在增强组织识别风险以及更广泛影响因素的能力，为了实现这一目标，应广泛地整合来自组织内和组织外的各种观点。

表六：映射

范畴	子范畴
映射1：场景已被建构并理解。	映射1.1：理解并记录人工智能的预期目的、潜在用途、特定场景下的法律、规范和用户期待以及可能的部署环境。具体的考虑因素包括：特定用户群体及其期待；系统使用对个人、社区、组织、社会和地球的潜在积极影响和消极影响；在人工智能开发生命周期或产品生命周期中有关系统目的、用途以及风险的假设和相关局限性；以及相关的 TEVV 和系统指标。 映射1.2：跨学科的人工智能参与者、专长、技能以及场景建构能力可以反映人口特征的多样性以及知识领域和用户背景的广泛性，且上述参与均被记录下来。优先考虑跨学科合作的机会。

范畴	子范畴
	映射 1.3：理解并记录组织对人工智能技术的使命和相关目标。 映射 1.4：已经明确界定或（在已经对现有的人工智能系统作了评估的情况下）重新评估商业价值或商用场景。 映射 1.5：确定并记录组织的风险容忍度。 映射 1.6：由相关人工智能参与者引出并理解系统需求（例如"系统应尊重用户隐私"）。设计决策将社会技术（socio-technical）影响考虑在内以应对人工智能风险。
映射 2：对人工智能系统进行分类。	映射 2.1：定义可由人工智能系统支持实现的特定任务和方法（例如，分类器、生成模型、推荐模型）。 映射 2.2：记录有关人工智能系统局限性以及人类如何利用和监督系统输出的信息。文档提供充足的信息以帮助相关人工智能参与者做出决策并采取后续行动。 映射 2.3：确定并记录科学的 TEVV 考量因素和（考量过程的）完整性，包括与实验设计、数据收集和选择（例如，可用性、代表性、适用性）、系统可信度和设想验证等相关的考量因素。
映射 3：理解（相较于适当基准的）人工智能的功能、用途、目标以及预期收益和成本。	映射 3.1：审查并记录计划中的人工智能系统功能和性能的潜在收益。 映射 3.2：审查并记录潜在成本，包括非货币成本——这些成本由计划中或已实现的人工智能错误或系统功能和可信度要求导致，与组织的风险容忍度有关。 映射 3.3：根据系统的功能、已建构的场景和类别，指定并记录系统的应用范围。 映射 3.4：定义、评估并记录实际操作人员和从业者熟知人工智能系统性能和可信度以及相关技术标准和资格认证的流程。 映射 3.5：根据治理模块的组织政策，定义、评估并记录人类监督流程。
映射 4：人工智能系统所有组件（包括第三方软件和数据）的风险和收益都已被映射。	映射 4.1：制定、遵循并记录相关方法，以映射人工智能组件（包括对第三方数据或软件的使用）的技术风险和法律风险，以及侵犯第三方知识产权或其他权利的风险。 映射 4.2：确定并记录人工智能系统组件（包括第三方人工智能技术）的内部风险控制。

范畴	子范畴
映射5：描述对个人、群体、社区、组织和社会的影响。	映射5.1：根据（人工智能系统）可能的使用情况、过去在类似场景下的使用情况、公开事件报告、开发或部署人工智能系统团队以外的反馈意见或其他数据，确定并记录每个被识别的影响（包括潜在的有益影响和有害影响）的产生可能性和影响程度。 映射5.2：支持与相关参与者定期接触并整合反馈意见（关于人工智能的积极影响、消极影响和意外影响的反馈意见）的具体做法和人员均已到位且被记录。

来源：《人工智能风险管理框架》，翻译：窦传喜 https://nvlpubs. nist. gov/nistpubs/ai/ NIST. AI. 100-1. pdf

衡量模块采用定量、定性或混合的工具、技术和方法论来分析、评估、测量和监控人工智能风险以及相关影响。衡量模块将会使用在映射模块中确定的人工智能风险相关知识，并为管理模块启动风险监控和响应工作提供信息。值得注意的是，独立审查流程可以减轻内部偏见和潜在利益冲突，提高测试的有效性。

表七：衡量

范畴	子范畴
衡量1：确定并应用适当的方法和指标。	衡量1.1：在映射模块所列举的人工智能风险中，要从最重要的人工智能风险开始选择并实施衡量方法和衡量指标。适当记录不衡量或不能衡量的风险或可信特征。 衡量1.2：定期评估和更新人工智能指标的适当性和现有控制措施的有效性，包括报告错误和对受影响社区的潜在影响。 衡量1.3：非一线开发人员的内部专家和/或独立评估人员参与定期评估和更新工作。根据各组织风险容忍度的需要，咨询行业专家、用户、开发或部署人工智能系统团队以外的人工智能参与者和受影响社区，以支持评估工作。
衡量2：评估人工智能系统的可信特征。	衡量2.1：记录 TEVV 期间的测试集、指标和有关工具的详细信息。 衡量2.2：涉及人类受试者的评估要符合适当要求（包括对受试者的保护），并具有相关人群的代表性。 衡量2.3：人工智能系统性能或保证标准要被定性或定量地

范畴	子范畴
	测试，并在与部署环境类似的条件下进行演示。记录测试过程。 衡量 2.4：（在映射模块中确定的）人工智能系统及其组件的功能和行为要在开发过程中受到监控。 衡量 2.5：部署的人工智能系统被证明是有效和可靠的。记录超越技术开发条件的一般化限制。 衡量 2.6：定期对人工智能系统进行（在映射模块中确定的）安全风险评估。将要部署的人工智能系统被证明是安全的，且剩余风险不超过风险容忍度，它可以安全地失败——特别是在超出其知识限制的情况下。安全性指标反映系统的可信性和健壮性、实时监控和故障响应时间。 衡量 2.7：评估并记录（在映射模块中确定的）人工智能系统的安全性和弹性。 衡量 2.8：评估并记录（在映射模块中确定的）与透明度和问责制相关的风险。 衡量 2.9：人工智能模型被理解、验证和记录，人工智能系统输出结果在（由映射模块确定的）具体语境中被解释，为负责任地使用和治理人工智能系统提供信息。 衡量 2.10：评估并记录（在映射模块中确定的）人工智能系统隐私风险。 衡量 2.11：对（在映射模块中确定的）公平性和偏差进行评估，并记录相应结果。 衡量 2.12：评估并记录（在映射模块中确定的）人工智能模型训练和管理活动所造成的环境影响和可持续性问题。 衡量 2.13：评估并记录被部署在管理模块中的 TEVV 指标和流程的有效性。
衡量 3：对已识别人工智能风险的持续跟踪机制已到位。	衡量 3.1：相关方法、人员和文档均已到位，以（基于系统的预期表现和在部署场景下的实际表现等因素）定期识别和跟踪现有的、意外的和突发的人工智能风险。 衡量 3.2：在当前可用技术难以进行风险衡量或还没有风险衡量指标的情况下，考虑风险跟踪技术。 衡量 3.3：设立终端用户以及受影响社区报告问题和对系统结果进行申诉的反馈流程，并将其纳入到人工智能系统评估指标中。

续表

范畴	子范畴
衡量4：收集和评估关于衡量效果的反馈。	衡量4.1：用于识别人工智能风险的衡量方法与部署场景相联系且通过与行业专家和其他终端用户协商来获取信息。记录上述方法。 衡量4.2：关于人工智能系统在部署场景下和整个生命周期中的可信度的衡量结果，通过行业专家和相关人工智能参与者的输入提供信息，以验证系统的运行况是否与预期相一致。记录上述结果。 衡量4.3：根据与相关人工智能参与者（包括受影响社区）的协商情况和有关特定场景下的人工智能系统风险和可信度的实际数据，确定并记录可衡量性能的优化或下降情况。

来源：《人工智能风险管理框架》，翻译：窦传喜 https://nvlpubs. nist. gov/nistpubs/ai/NIST. AI. 100-1. pdf

管理模块利用在治理模块中建立的系统性的文档规范、来自映射模块的场景信息以及来自衡量模块的实证信息来处理已识别的风险，并降低引发系统故障和负面影响的可能性，其中，风险处理由事件响应、恢复和信息沟通计划组成。在完成管理模块后，确定风险优先级并持续监控、不断改进的计划亦将就位。

表八：管理

范畴	子范畴
管理1：基于映射模块和衡量模块的评估和其他分析输出的人工智能风险被优先考虑、响应和管理。	管理1.1：决定人工智能系统是否达到了预期目的或预定目标，以及是否应该继续开发或部署人工智能系统。 管理1.2：根据影响大小、发生概率以及可用资源或方法等因素，优先处理已记录的人工智能风险。 管理1.3：制定、计划并记录对（在映射模块中确定的）高优先级的人工智能风险的响应方案。风险响应可以包括减轻、转移、避免或接受等选项。 管理1.4：记录人工智能系统下游客户和终端用户的负面剩余风险（定义为所有未减轻的风险的总和）。
管理2：最大化人工智能收益和最小化负面影响的策略被计划、准备、	管理2.1：考虑管理人工智能风险所需的成本资源，以及可行的非人工智能的替代性系统、方式或方法，以降低潜在影响的影响程度或可能性。

范畴	子范畴
实现、记录且由相关人工智能参与者的输入提供信息。	管理 2.2：制定并应用有效机制以维持已部署人工智能系统的价值。 管理 2.3：遇到未知风险时，按照程序响应并恢复。 管理 2.4：制定并应用有效机制，分配并理解相关责任，以淘汰、放弃或停用性能或输出结果与预期不一致的人工智能系统。
管理 3：来自第三方实体的人工智能风险和收益被管理。	管理 3.1：定期监控来自第三方资源的人工智能风险和收益，同时应用并记录风险控制。 管理 3.2：作为人工智能系统定期监控和维护的一部分，监控用于开发的预训练模型。
管理 4：风险处理（包括风险响应和恢复）和（对已被识别和衡量的人工智能风险的）沟通计划被记录和定期监控。	管理 4.1：落实对已部署人工智能系统的监控计划，计划包括获取和评估来自用户和其他相关人工智能参与者的输入、申诉与否决、系统停用、事件响应、恢复以及管理变更等机制。 管理 4.2：持续优化的可衡量活动已被纳入到人工智能系统更新中包括与利益相关方（包括相关人工智能参与者）的定期接触。 管理 4.3：与相关人工智能参与者（包括受影响社区）沟通风险事件和错误。遵循并记录跟踪、响应并从事件和错误中恢复的流程。

来源：《人工智能风险管理框架》，翻译：窦传喜 https://nvlpubs. nist. gov/nistpubs/ai/NIST. AI. 100-1. pdf

　　3. 事后机制。事后机制的核心是确保人工智能风险所带来的损害可补偿、可救济以及人工智能风险的相关反馈机制与改进机制能发挥作用。对于人工智能风险所带来的损害的可补偿、可救济的最为关键的问题是人工智能损害的责任和责任归属确定机制。责任和责任归属的核心问题是是否存在对人身或财产造成损害的缺陷以及缺陷与损害之间是否存在因果关系。侵权制度的基础是存在可归因于某人的过失，该人可以预见到特定损害的发生，并且其过失行为与所造成的损害有近因性或因果关系。事后机制的另一个层面的问题是风险的反馈回环机制的建立。人工智能系统开发者与部署者在发现风险损害后应及时对系统进行审查，及时排除风险隐患，进而确保人工智能系统运行的安全、有序，这对于不断进化与迭代的人工智能系统尤为重要。基于人工智能系统的独特性，事实上，人工智能系统的使用者难以杜绝风险的发生，但是如果已经发现了风险的存在而不采取措施规制，其无疑具有重大过错。因此，如果人工智能系统的使用者没有建立这样的反馈处理机制，其理应承担更为严格的责任。

（二）高风险辅助决策系统规制逻辑

人工智能被定义为能够自主计算、学习和决策的系统。这个定义与自动化的定义不同。自动化停留在协助人类活动和判断的领域，而不是自主做出决策。由于自动化也涉及技术创新和发展，而人工智能也是通过技术创新和发展而赋能，因此两者之间存在重叠领域。然而，两者之间的关键区别在于自我判断能力。因此，人们可以将自动化称为人工智能的一个中转站。自动化是人工智能的必要条件，但不是充分条件。虽然目前人工智能的讨论非常重视自动化，但更关键的部分（也是值得更多关注的部分）是自我判断和自我决策部分。人工智能技术的广泛运用会给人类社会带来全方位的影响。人工智能对人类社会的影响基于不同的运用场景而存在巨大差异。

辅助决策的人工智能系统意指人工智能技术、机器和系统只是为了帮助人类进行活动和开展业务而不使用人工智能自己的分析或判断的情况。也就是说，辅助决策系统的最终决策者仍然是人类。简而言之，人工智能只是人类活动的一种工具，尽管它具有创新性。当监管者和企业家提到人工智能时，通常指的是这一类型的人工智能。它只是复杂而先进的自动化工具，精确地承担重复性工作，从而帮助人们减轻工作量，如工厂的工业机器人以及机场和商店的售货亭。事实上，他们从事的是传统工人所从事的工作。虽然自动化早已在工厂中应用，但之前的自动化机器只是按照编程重复其机械动作，这些自动化系统并不从事数据收集、处理和分析。而当前工作场所的自动化根据收集和分析的数据，自动调整其机械动作。自动化机器可以根据机器收集的消费者对活动或物品的个人偏好的数据，为消费者提供不同的选择。谷歌与油管搜索结果会被记住，下次我们访问这些网站时，我们可能会发现有吸引力的项目出现在屏幕顶部或新的搜索结果中。当重新插入数据部分时，机器仍然不会自行做出决定，它们只按照编程指令执行预定的功能。事实上，这是人工智能在商业和日常生活中最常被提及的应用和运用。虽然这种数据驱动的自动化比传统的机械自动化先进得多，但其本质仍然是一样的：它只是充当助手而不是决策者。我们在日常生活中遇到的不少自动化例子都是为我们提供便利的机器，但最终的决定权仍然保留给人类操作员或企业主。虽然机器运行时不需要人工干预，机器只是按照程序执行机械任务，但任何实质性判断仅当情况需要以某种方式做出决定时才由人做出。由于人工智能技术和机器的法律责任问题，以及人工智能技术和机器的其他不确定性，许多国家的法律往往要求由人类做出最终决定。在日本高松市，人工智能最初根据预先制定的标准对该市日托设施服务的申请进行排名，但申请的最终决定仍然由人类评估员做出。无人机和无人机部署在高风险地区的自动化机器人也是人工智能作为工具的另一个例子，因为作战士兵可以决定攻击或撤退。

不管何种情况，只要最终决定权属于人类，操作人工智能技术和机器的人员都应承担法律责任。如果机器在制造和编程过程中出现问题，人工智能机器的制造商或程序员需要承担相应的法律责任。当一个人的决定被发现是错误的时候，他不能将错误归因于计算机。当他采用计算机的结果并根据结果做出决定的那一刻，所有的责任都应由他自己承担。

当一个国家机构利用人工智能作为履行其公共职责的工具或助手时，只剩下该机构的决定，而支持该决定的人工智能的任何结果都只会被该机构吸收。无论技术进步或设备创新，最终决定仍然由机构，更具体地说是由负责的公职人员做出。因此，执行决策的主体是主权国家政府的机构或官员，其法律责任根据各自国内法由该机构或官员承担，根据国际法由争议国家承担法律责任。机构或官员根据人工智能提供的信息或建议采取行动或不行动。只要最后的作为或不作为被视为机构或公职人员的行为，其归属于国家就不会带来法律责任方面的特殊问题。因此，无论在漫长的决策过程中应用和使用了多少新的设备或机器，只要最终决策的主体不变，其法律责任（国际法下的国家责任）的语境就不会发生根本性的变化，做出决定的仍然是机构或政府官员。如果人工智能仅作为政府机构或官员的"工具"来应用和利用，那么在法律责任方面就会提出一个相对容易的问题，即谁应该为影响个人或官员的最终决定承担责任。人工智能的任何结果、产品或结果在法律上都不是独立的，它只是被纳入并包含在机构或官员的最终决定中。至少在国际法上，无论是机构还是官员做出最终决定并不重要，因为它们都构成"国家机关"，其作为或不作为可直接归因于国家。只要满足其他条件，在人工智能作为纯粹工具的情况下，评估和寻找国家责任似乎并不存在特殊困难。

（三）高风险自动化决策系统的义务体系

任何自动化决策系统都是由人进行开发与部署，并不存在完全自主的自动化决策系统。要防止高风险系统所带来的风险与损害，国际社会必须赋予高风险自动化决策系统的开发者与部署者防止风险发生的义务。这种义务既包括符合国际法明确规定的义务也包括一些共识性的人工智能伦理规范。

1. 合法义务。这里的合法义务主要是指遵守各国国内法的相关规定以及国际条约与惯例的相关规定。遵守法律规定的注意义务是人工智能自主决策利用者必须承担的基于法律明确规定的义务。

除制定法意义上的义务外，人工智能系统的开发者与部署者还需遵守一些非制定法的义务。非制定法的义务一般源于可预见性理论。传统侵权法的过失责任以可预见性理论为核心。[1]可预见性理论意味着人工智能自主决策利用者已经预见到损害的发生可能而未采取措施预防需要承担侵权法上的赔偿责任。现今，人工智能自主决策系统的广泛使用所引发的损害对于人工智能系统利用者而言是不言自明的。人工智能利用者用以规避责任的主要借口是人工智能自主决策"黑箱"导致其没有"注意可能"以预防损害发生。事实上，基于现今的技术发展状况，人工智能自主决策利用者的"注意可能"并不缺乏，完全有能力采取措施来预防损害发生。这些具体的措施包括：

2. 设计正义义务。人工智能设计正义要求设计理念、设计模型设计必须关注社会公平、考虑弱势群体的利益，而不能仅仅是关注人工智能优化。

3. 审查与认证义务。将人工智能自主决策系统运用于具体场景时，人工智能自主决策利用者有义务事前进行人工智能系统的审查与认证。

4. 应用领域适恰义务。人工智能运用领域与目标是当事人选择的结果。[2]现今，所有的机器学习人工智能，不管多么复杂，其仅仅能处理单一目标问题。也就是说，用于识别物体的人工智能不能用于下棋目的。人工智能自主决策是基于对世界的量化认知后进行的量化决策。事实上，并非任何

---

〔1〕 ［美］柯蒂斯·卡诺等：《运用传统侵权法理论"迎接"机器人智能》，载《产权法治研究》2019 年第 01 期，第 120 页。

〔2〕 Edelman Gary Grossman，We're entering the AI twilight zone between narrow and general AI，available at https://venturebeat.com/ai/were-entering-the-ai-twilight-zone-between-narrow-and-general-ai/最后访问日期：2023 年 7 月 2 日。

领域都适合进行量化的人工智能自主决策，将人工智能系统强制运用在不适于应用数字化评价的领域缺乏正当性。将人工智能运用于面相识别用以区分罪犯与非罪犯，建立罪犯的"通常面孔"无疑是典型的"以貌取人"。[1]此外，在某个领域适宜的人工智能自主决策可能并不能适合于其他领域。人脸识别人工智能在某些领域，如金融服务可能具有正当性。基于人脸识别人工智能的错误率，将其运用于关涉公民生命、健康、自由的敏感领域，如执法领域，正当性就值得商榷。

5. 透明与可解释义务。透明义务意指人工智能系统的决策的过程必须向用户告知，不得向用户隐瞒人工智能决策过程，且不得利用暗黑模式进行决策。研究人员尝试在机器学习领域为分类与预测提供理性的解释，他们甚至尝试对拒绝统计直觉与解释的技术领域如深度神经网络进行解释。这些研究人员认为，如果我们能够识别最显著性的方面，我们就能对预测结果进行理论与因果关系的重建。然而，正如对抗样本所显示的那样，这些解释方法并不能保证识别出对机器最具有数学价值的信息所产生的解释对人类具有同样的解释力。[2]事实上，对人工智能的事后理解与解释经常是无意义的，并不能提供充分细节理解黑箱行为。[3]

计算机科学家普遍相信模型越复杂，其结果就越精确。也就是说人工智能的可解释性与人工智能的精确度之间存在一定的冲突性，黑箱对于高要求的预测表现而言必不可少。事实上，当考量那些具有意义特征（feature）的结构性数据问题时，在对数据进行预处理后，更加复杂的分类器如深度神经网络、增强决策树、随机森林与更加简单的分类器如逻辑回归、决策列表在表现上并无重大区别。[4]因此，在很多情况下，选择可理解还是可解释人工智能所引发的决策结果并无差异。人工智能自主决策是一种对活生生的人的物化过程。在对用户权利直接带来影响的敏感领域，如涉及人身与财产保护、

---

〔1〕 Xiaolin Wu, Xi Zhang, Automated Inference on Criminality using Face Images, *Computer Science*, *law*ArXiv abs/1611. 04135 vl. 2016.

〔2〕 Alexander Campolo, Kate Crawford, "Enchanted Determinism: Power without Responsibility in Artificial Intelligence, *Engaging Science*, *Technology*, *and Society*, Vol. 6, 2020, pp. 1–19.

〔3〕 Cynthia Rudin, "Stop explaining black box machine learning models for high stakes decisions and use interpretable models instead", *Nature Machine Intelligence*, Vol. 1, 2019, pp. 206 – 215.

〔4〕 Cynthia Rudin, "Stop explaining black box machine learning models for high stakes decisions and use interpretable models instead", *Nature Machine Intelligence*, Vol. 1, 2019, pp. 206 – 215.

人格权保护等领域，人工智能规制要求数据、模型以及所使用启发法的透明度，从而确保人工智能系统所作出的决定不是基于非法或规范所不能接受的要素与推理，确保当人工智能系统适用于个人时，个人可以挑战人工智能系统的推理。

高风险人工智能自动化决策系统开发者与部署者除遵守上述法定的或共识性的义务外，还需遵守透明、问责等义务。透明义务涉及高风险人工智能自动化决策系统的过程与结果的披露问题，问责涉及归责体系问题。透明问题前面已经有详细的论述，以下将重点关注问责问题。

（四）高风险自动化决策系统的责任体系

1. 高风险人工智能的损害责任难题

人工智能系统除引发传统的人身、损害事故外，如人工智能系统造成公民身体伤害、财产损失，也可能带来一些新的损害形式，如群体性偏见、歧视等。在预测未来犯罪可能性方面，人工智能系统算法自带种族偏见，将没有犯罪记录的黑人标识为未来罪犯的概率高于白人两倍。[1]Deepfake 算法通过深度伪造技术伪装他人的形象、表达等。如果这种技术运用于一国国家元首发布战争动员或其他紧急行动，将给社会带来致命影响。技术信息在网络传播的扩散效应，即使相关方进行事后补救，已经造成的损害也无可弥补。更为有害的是，Deepfake 技术滥用会导致社会真实信息传导偏差，使得公众不再轻易相信真实信息，并进而损害公民的社会参与。在信任 3.0 时期，人们通过去中心化的网络与市场进行交流，以点赞以及评论等为工具的群体化成为信任的基础。滥用这种群体化将导致信任崩溃，损害公民的社会参与。[2]

人工智能系统瑕疵所引发的损害包括系统性伤害与对个体的伤害。人工智能的不当利用会对社会边缘群体造成系统性偏见、歧视、压制、仇视言论等以及对社会整体利益的损害，如引发社会整体信任危机。与个体伤害不同，这种系统性伤害外界难以感知，很多受害者并不知晓其被人工智能系统画像、

---

〔1〕 J. Angwin, et. al. , Machine bias：There's software used across the country to predict future criminals. And it's biased against blacks, *ProPublica*, 23 May 2016.

〔2〕 Joshua Rothman, "In the Age of A. I. , Is Seeing Still Believing?" *The New Yorker*, November 5, 2018.

歧视。[1]人工智能系统对个体的伤害包括人身伤害、财产、可得利益损失以及隐私权、数据保护权、名誉权、荣誉权等权益损害等。人工智能系统所导致的财产损失既包括具体的财产损失，也包括预期利益损失。具体财产损失如无人机与自动驾驶对第三方财产的损害，人工智能系统攻击导致网络崩溃与财产损失（如医院系统被劫持、银行账号被盗等）等。此外，基于人工智能系统的错误决策所导致的工作机会丧失、没有获得应获得的社会救济、信贷资格、减刑或假释机会丧失等预期利益损失也时有发生。

在人工智能系统拥有极大权力但仅承担有限义务与责任[2]的情况下个体根本无法有效限制人工智能系统的滥用。法谚云"无救济，则无权利"。用户获得救济的前提是其必须证明损害的真实存在，而不能仅仅证明人工智能使用者存在违法行为。欧洲法院就认为，仅仅有违反 GDPR 的行为并不足以产生损害赔偿责任，只有违反 GDPR 的行为给用户带来具体损害的情况下，数据处理者才需承担损害赔偿责任。[3]英国最高法院在谷歌案[4]也指出，消费者对个人数据丧失控制权这一事实本身已经表明谷歌的违法行为，谷歌应当予以赔偿的论点并不成立。原告一方面无法提出证据证明所涉 400 万用户分别获得了何等物质损害或身体、精神痛苦，又没有提出必要证据证明谷歌对个人数据进行了何种非法处理。然而，在多数个人数据损害为非物质损害的情况下，用户几乎无法完成具体损害的证明责任。即使用户能证明某种具体损害的存在，其也难以证明违法行为与具体损害之间的因果关系。在大数据普遍运用与数据集处于实时动态变化的背景下，数据与算法损害可能源于单独的个人数据，也不可能源于不同个人数据组合，亦可能源于对他人数据的不当使用。另外，如前所述，大数据时代的个人数据具有多重性与弥漫性，被诸多数据处理者收集与处理，以各种方式进行关联，受害者难以发现数据转移与使用印迹。因此，即便能证明损害存在，受害者也无法证明何种数据使用造成了损害，无法证明数据使用与所受损害之间的因果关系。另外，个

---

[1]　Sandra Wachter, et. al. , "Why Fairness Cannot Be Automated: Bridging the Gap Between EU Non-Discrimination Law and AI", Compuecer Law & Security Review, Vol. 41, 2021.

[2]　Rebecca Tushnet, "Power without Responsibility: Intermediaries and the First Amendment", *The George Washington Law Review*, Vol. 76, No. 4. , 2008, p. 101.

[3]　Case C-300/21, decided on 4 May 2023.

[4]　Lloyd v Google LLC, [2021] UKSC 50.

人数据权益损害无可救济、无可挽回，有限的经济赔偿其实是无意义的。在互联网日益全方位渗透入我们社会生活的当下，任何个人数据的泄露与损害都将是长期的、永久的。严重的个人数据泄露甚至可能导致个体的社会性死亡，并不存在着恢复救济的可能。被记录的数据事实上是无限的，对数据的分析与处理也仅仅受限于人的能力约束，数据事实被永久存储。[1]因此，有必a要建立处理人工智能系统应用的特殊规则。

人工智能不断扩大的自主性意味着其行为的不可预测性将动摇责任归属的基础。正如谢勒所说，更通用的人工智能系统的发展与机器学习的进步相结合，几乎可以肯定的是，与不可预见的人工智能行为相关的问题将会越来越频繁地出现，并且人工智能行为的意外性将会显著增加。[2]人工智能很难单独产生结果，它最常与网络空间互动，从而成为集体智慧的一部分，或者至少成为集体产生的智慧的一部分。因此，即使没有特定组件是智能的（至少在某些情况下），整个系统也是智能的，因此追踪特定组件就非常成问题。人工智能引入了几个"代理"和因素，这些"代理"和因素使得近因性、因果联系和可预见性这些对归责重要的要素难以追踪。

人工智能决策系统损害责任承担应由谁来承担呢？是人工智能决策系统本身，还是人工智能决策系统设计者与使用者存在着广泛争议。在人工智能辅助决策，如辅助驾驶、辅助医疗[3]与假人工智能决策[4]情况下，由背后真正的人来承担责任并无法律争议。此外，在一些不适宜由人工智能自主决策的场景，如果人工智能系统利用者完全由人工智能进行自主决策，由此产

---

〔1〕 Helen Nissenbaum, "Protecting Privacy in an Information Age: The Problem of Privacy in Public", *Law and Philosophy*, Vol. 17, 1998, p. 576.

〔2〕 Matthew U Scherer, "Regulating Artificial Intelligence Systems: Risks, Challenges, Competencies, and Strategies," *Harvard Journal of Law and Technology*, Vol 29, No. 2., 2016, pp. 359-360.

〔3〕 Rebecca Robbins, Enin Brodwin, An invisible hand: Patients aren't being told about the AI systems advising their care, available at https://www.statnews.com/2020/07/15/artificial-intelligence-patient-consent-hospitals/，最后访问日期：2023年4月2日。

〔4〕 Olivia Solon, "The Rise of 'Pseudo-ai': How Tech Firms Quietly Use Humans to Do Bots' Work", GUARDIAN, available at https://www.theguardian.com/technology/2018/jul/06/artificial-intelligence-aihumans-bots-tech-companies，最后访问日期：2023年4月2日。同时参见 Woodrow Hartzog, "Unfair and Deceptive Robots", *Maryland Law Review*, Vol. 74, No. 4., 2015, pp. 785, 812-14；许多公司宣传其机器人能够理解用户的交流信息，然而，最终研究表明这些公司隐瞒了这些所谓的机器人决策是依靠人来完成的事实。

生的损害无疑是人工智能利用者故意或放任的结果，由其承担侵权责任也无法律障碍。然而，在许多场景下，基于人工智能决策的快速、及时的需求，人不可能对这些决策的结果进行有效控制。如果强制要求对其进行人类干预，将导致人工智能决策无意义。另外，在人工智能自主决策场景下，人的干预的必要性也是值得探讨的问题，人工智能决策的广泛采用主要基于其效率性、客观性与精准性，如果过分强调人工干预将导致人工智能决策系统的无效与无意义，从而限制人工智能自主决策系统的发展。人工智能的个性化推荐基于人工智能对每个用户提供个性化的购物、旅行、时事、新闻等信息，要求人工智能系统使用者对这些人工智能决定进行人工干预几无可能，也不具有任何现实价值。对于这种完全由人工智能完成的自主决策是否需要人来承担责任呢？

有人提议赋予人工智能系统特定法律地位[1]，赋予人工智能人格权或有限人格权只是相关利益方逃避责任的托词。[2]近年来，呼吁赋权人工智能以促进人工智能产业发展见诸各种论坛与文章，人工智能最终成为逃避责任的壳公司。事实上，并不存在建立真正关注腐败或服从法律的人工智能可能性。赋予人工智能权利是完全错误的，将引发巨大的法律、道德与政治灾难。[3]美国北达科他州颁布立法规定法律意义上的"人"仅为个体、组织、政府、政治部门或政府机构或工具，不包括环境因素、人工智能、动物或无生命物体。[4]人工智能实体对人类的损害源自对人工智能实体行为的唯一限制是受到最少限制的人类创造者所施加。不对这些人类行为进行限制将导致人工智能滥用，从而导致人的利益损害。人工智能系统损害责任的承担就需要探讨"代理人"问题。也就是说，谁将最终为机器的行为承担最终责任。

从人工智能决策系统过程看，人工智能决策系统的相关参与方至少包括人工智能系统设计者与利用者。现今计算机科学更关注的是如何设计人工智能，

---

〔1〕　"Civil law rules on robotics", available at https://oeil. secure. europarl. europa. eu/oeil/popups/ficheprocedure. do？ lang＝en&reference＝2015/2103（INL），最后访问日期：2023 年 3 月 3 日。

〔2〕　Joanna Bryson, et al. , "Of, for, and by the People：The Legal Lacuna of Synthetic Persons", *Artificial Intelligence and Law*, Vol. 25, 2017, p. 273.

〔3〕　Fraser Myers, "AI：Inhuman After All？", available at https://www. spiked-online. com/2019/06/14/ai-inhuman-after-all/，最后访问日期：2023 年 5 月 3 日。

〔4〕　North Dakota House Bill 1361, "he definition of person；and to declare an emergency", available at https://legiscan. com/ND/text/HB1361/2023，最后访问日期：2023 年 7 月 3 日。

而不是在特定背景下人工智能是否适宜。如果不对人工智能开发者与使用者赋予法律义务，确保人工智能领域的负责任的技术发展的希望将非常渺茫。[1]一位面部识别人工智能计算机科学家在面对批判时回应，任何事情都可以用于作恶，同时也可以行善。[2]现行计算机科学工程教育强调技术中立性，计算机科学家仅仅制造工具，并不控制该工具利用与结果。传统产品是真正无涉价值判断的物，其如何发挥作用完全取决于使用者的行为。然而，人工智能设计者不仅仅是工程师[3]，其设计的产品嵌入其个性化的价值选择，在某种意义上体现了设计者的决策。完全中立、客观、无偏见的人工智能并不存在，任何人工智能都反映了使用者的偏好、偏见与故意曲解。[4]任何工具都不会是中立的，人工智能设计者通过目标、过程与系统定义权力。人工智能自身不能从头建立规制内容，人工智能必须由人定义目标、命令以及嵌入机器学习系统可能选择的最优规则所致的后果。任何人工智能都反映了设计者选择。人工智能设计者对人工智能决策系统目标、命令以及结果的选择体现了设计者的理念与对现实世界的认知。人工智能从本质上讲是对占据主导地位的科学、社会与政治价值的认可。以训练数据集来代表我们的社会生活的普遍化过程其实是一个具有政治性的过程。任何人工智能决策都存在由其设计者定义的标准，而这些标准正是人类价值的表达。人工智能设计者可能认为其是中立的，但长久的经验表明其只不过是政治、经济与意识形态丛林中的幼儿。[5]学习人工智能的核心模式就是从数据中识别模式，建立起解释世界的模型，在不清楚事先程序定义的规制与模式下进行预测与决策。而人工智能

---

〔1〕 Frank A. Pasquale, "Data-Informed Duties in AI Development", *Columbia Law Review*, Vol. 119, 2019, p. 1917.

〔2〕 James Vincent, "Drones taught to spot violent behavior in crowds using AI", *available at https://www. theverge. com/2018/6/6/17433482/ai-automated-surveillancedrones-spot-violent-behavior-crowds*, 最后访问日期：2023 年 3 月 3 日。

〔3〕 Matthew Hutson, "Artificial intelligence could identify gang crimes—and ignite an ethical firestorm", available at https://www. sciencemag. org/news/content/artide/arti_ cial-intelligence-could-identifygang-crimes-and-ignite-ethical-firestorm, 最后访问日期：2023 年 5 月 4 日。

〔4〕 "Artificial Intelligence, Content Moderation, and Freedom of Expression", available at https://www. ivir. nl/publicaties/download/AI-Llanso-Van-Hoboken-Feb-2020. pdf, 最后访问日期：2023 年 7 月 4 日。

〔5〕 John Naughton, "Here is the news—but only if Facebook thinks you need to know", available at https://www. theguardian. com/commentisfree/2016/may/15/facebook-instant-articles-news-publishers-feeding-the-beast, 最后访问日期：2023 年 5 月 9 日。

所采取的数据是对现行社会的描述，人工智能系统所采取的效率与精准目标只能是对现实状况的优化而不可能挑战现状，因此，其本质是对现状的固化，进而限缩改革范围。计算机科学家必须认知其在更大范围的社会技术系统中的位置，理解开发人工智能干预与这些干预所引发的政治、社会后果，并对其开发的人工智能的影响承担后果。

　　2. 高风险人工智能损害责任规制现状

　　基于高风险人工智能应用损害的特殊性，一些国家与地区尝试建立针对人工智能应用的专门的责任体系。2022 年 9 月欧盟提出了两项涉及人工智能责任的提案：一项新的《人工智能责任指令》和对现有法规进行更新的《产品责任指令的修订版》。《人工智能责任指令》旨在建立一个统一的制度来处理因人工智能产品和服务造成的损害而提出的消费者责任索赔。《人工智能责任指令》的主要目标是减少责任索赔和人工智能相关损害的法律不确定性，确保受害者能够针对人工智能相关损害寻求有效补救，协调成员国之间针对产品责任指令之外的索赔的某些规则，并更新责任承担规则。《人工智能责任指令》通过减轻受害者的举证责任并协助他们获取证据，简化法律程序并为受人工智能系统伤害的受害者提供更广泛的保护，通过增加担保、培养消费者信任并为企业提供更好的法律确定性，使人工智能市场蓬勃发展。《人工智能责任指令》目的仅在于实现成员国基于过错的侵权法的（最低）程序协调。它包含有关法律纠纷中证据披露和举证责任的规则。其关于适用性的规定在很大程度上依赖于对《人工智能法案》的引用。其关于证据披露的规定仅适用于《人工智能法》规定的"高风险人工智能系统"，而关于举证责任的规定适用于《人工智能法》所定义的"人工智能系统"。《人工智能责任指令》规定，如果被告不遵守法院发布的披露令，则推定其不遵守相关注意义务。在某些条件下，它还预见到被告的过失与人工智能系统的输出之间存在因果关系的推定。

　　与《人工智能责任指令》不同，《产品责任指令的修订版》寻求协调欧盟产品责任法的实体法和程序法。它适用于所有"产品"，但其范围现在扩展到"传统"软件和人工智能软件。责任是由产品缺陷引发的。《产品责任指令的修订版》的证据披露规定也适用于非高风险产品。这些规则至关重要：受伤者通常缺乏证明人工智能模型缺陷的方法，除非他们能够访问数据和算法——如果原告对人工智能提供商提出合理的索赔，《产品责任指令的修订版》将批准这些数据和算法。违反法律规定的安全要求或因产品明显故障而造成损坏的。如果被告不遵守其披露义务，《产品责任指令的修订版》甚至会强制推定存在缺陷，所有这些规定涉及解释的难题，以及在保护商业秘密、竞争和对受害人的有效赔偿之间取得平衡的难题。

当前各国的责任规则，特别是基于过错的规则，不适合处理人工智能产品和服务造成的损害的救济。人工智能损害救济最大的问题就是举证责任问题，基于人工智能的黑箱性质以及自我进化特征，消费者难以证明损害发生的因果关系，也就是说消费者难以举证证明其损害是由人工智能系统所造成的。事实上，在有些情况下甚至人工智能系统的开发者与部署者也无法证明损害是如何发生的以及损害是不是由人工智能系统所引发。因此，国际社会应协同努力建立人工智能系统损害的救济的规则体系，这一规则体系需要明确人工智能损害的表现形式，人工智能侵权判断的举证责任以及因果关系判断准则。

人工智能系统的规制不应在基于过错的成员国侵权法与所谓的严格责任产品责任法框架之间建立虚构的二分法，而应选择一项完全协调的法规。根据人工智能带来的主要风险，包括不可预见性、不透明性、歧视、隐私、网络安全和生态影响等，我们可以推断出进一步必要的步骤，以建立可行的人工智能责任和监管制度。值得信赖的人工智能仍然是人工智能监管的重要目标。

3. 高风险人工智能损害责任体系化

从各国的现实实践看，人工智能损害赔偿的责任主要包括一般侵权责任、特殊侵权责任、代理责任以及数据信义责任等。以下我们将对这些现存的损害责任制度进行分析，探讨其在适用于人工智能系统时存在的问题。

一般侵权责任的承担，需要证明当事人的过错、侵害他人的民事权益并造成损害。人工智能决策系统使用者的过错是认定责任承担的前提。人工智能黑箱是人工智能普遍存在的现象，人工智能通过对输入信息的处理产生输出信息或行为，无人知晓该过程中发生了什么。对于复杂的人工智能决策系统而言，如何从海量代码的大洋中寻找错误之针确实是巨大难题。事实上，从分析海量代码去发现人工智能错误基本是不可能完成的任务，更遑论人工智能决策系统是由成百上千的解决更小问题的更小人工智能构成，且人工智能自身还会不断进化。对于人工智能决策规制，不可能从人工智能自身代码中发现错误，机器的事实自证（robot ipsa loquitur）就成为必然选择。机器的事实自证意味着在人工智能系统设计者与使用者具有干预义务与干预可能的情况下，由机器所造成的损害结果来推定当事方的过错。也就是说，让机器系统自身说话而不关注其达成结果的过程。机器的事实自证规则意味着侵权事实的发生就是过错的证据，除非当事人能证明存在"干预"例外。

人工智能决策的规制现今主要关注隐私保护与数据保护。通过数据逻辑体系，各种暴力活动被永久化，从油管推荐人工智能，到人脸识别与在线广告。从某种意义上讲，数据科学从根本上讲是以对人类行为的简化处理为前提，并以此控制与标准化人生活的路径，因而其对数据攫取存在着贪婪性。《欧盟通用数据 GDPR 条例》《伊利诺伊州生物信息隐私保护法》《加州消费者隐私保护法》等对人工智能决策系统的收集与处理数据的行为进行规制。中国也通过隐私权以及个人数据保护相关法律对数据进行保护。中国 2020 年起实施的《个人信息安全规范》设置了专款对平台使用人工智能自动化决策的行为进行一系列较高规格的规范。对于数据中介产业而言，现今几乎没有规制，在美国仅仅有佛蒙特州于 2018 年要求数据中间商注册并解释其收集的数据情况。人工智能决策系统数据侵权的行为的非法性毋庸置疑，但一般个人数据利用边界现行规则并不清晰。法国法院在一涉及运用 GDPR 探讨人脸识别人工智能合法性的案例中指出，需要关注使用者的权限问题、信息处理知情同意问题以及比例问题。[1]法院认为，对信息的使用应该使用一种更不具有侵入性的方式，传统的录像监控，个人身份识别等足以保障安全的情形下，使用人脸识别系统违反了 GDPR 第 9 条的规定。

在传统的搜索人工智能、个性化推荐人工智能决策等领域的规制都是将平台系统提供者作为网络服务提供商进行规制。然而，传统侵权法对人工智能系统平台的规制主要是基于其提供的存储、搜索、链接、信息服务等行为[2]，并不能规制人工智能决策在其他领域的广泛运用。

各国现今特殊侵权责任主要包括产品侵权责任、替代侵权责任与代理侵权责任。对于产品侵权责任而言，中国的产品质量法并无涉及无形人工智能系统规制的具体规定，人工智能系统是否属于产品质量法意义上的产品也存

---

〔1〕　https://forum. technopolice. fr/assets/uploads/files/1582802422930－1090394890＿ 1901249. pdf. 最后访问日期：2023 年 3 月 4 日。

〔2〕　曹阳：《数据视野下的互联网平台提供商法律规制研究》，中国政法大学出版社 2019 年版。

在着广泛的争议。中国《电子商务法》第 18 条中规定了网络平台人工智能个性化推荐结果的消费者保护义务，但这种义务违反是否需要承担民法意义上的侵权责任该法并无明确规定。

那么，人工智能决策系统是不是传统意义上的"产品"呢？有法院认为含有软件的物是产品，而由软件所产生的信息并不是产品。[1]也有人主张应对人工智能决策系统适用产品责任。[2]依据欧盟《医疗设备条例》，用于医疗目的的软件被认为是医疗设备。现行的欧盟安全立法只适用于产品而不适用于服务，因而用于健康服务、金融服务以及交通服务的软件从原则上讲不适用于欧盟的产品质量法。嵌入人工智能决策系统的传统产品无疑是产品，但基于网络环境运行的单独人工智能系统是否构成产品还需法律予以明确。然而，即使认定其构成传统意义上的产品，其也存在着诸多问题。

产品责任适用于人工智能决策系统存在的问题是如何定义产品缺陷。中国《产品质量法》第 46 条将产品缺陷定义为"产品存在危及人身、他人财产安全的不合理的危险"。从产品质量法角度看，人工智能的缺陷主要涉及产品的安全风险。然而，人工智能决策系统很难从外部证明产品中存在缺陷。人工智能决策系统的复杂性、不透明性也使得受害者难以发现与证明缺陷。同时，机器学习生态系统的关联性特征也使得引发系统失灵的因素难以被发现。机器学习建立于开源资源库与商业系统的融合体系中，比如无人机制造商，使用了存于 Caffee Model Zoo 的来源于学术研究人员的模型，并将之移植于 PyTorch，然后在商业云上运行。此时，产品缺陷由哪个环节引发难以判断。此外，具有自我学习能力的复杂人工智能决策系统可能导致不可预测的决策路径偏离是否构成缺陷也值得探讨。有研究者通过简单的几张贴纸扰动，就能操作特斯拉的自动驾驶系统离开高速公路。[3]传统产品责任一般不要求软

〔1〕 "Protecting Artificial Intelligence and Big Data Innovations through Patents：Subject Matter Eligibility"，available at https：//www. jonesday. com/-/media/files/publications/2018/03/protecting-artificial-intelligence-and-big-data-in/files/protecting-artificial-intelligencepdf/fileattachment/protecting-artificial-intelligence. pdf，最后访问日期：2023 年 4 月 3 日。

〔2〕 John Villasenor，"Products liability law as a way to address AI harms"，available at https：//www. brookings. edu/research/products-liability-law-as-a-way-to-address-ai-harms/，最后访问日期：2023 年 3 月 4 日。

〔3〕 Bowei Xi，"Adversarial machine learning for cybersecurity and computer vision：Current developments and challenges"，*Wiley Interdisciplinary Reviews：Computational Statistics*，Vol. 12，No. 5.，2020.

件销售商对软件攻击行为承担责任。机器学习领域并无行业标准或广泛认可实践来保护系统免受对抗样本或黑客的侵袭。如果基于传统的产品缺陷理论，产品缺陷是基于一般消费者的安全期待，那么，对于汽车自动驾驶系统而言，不被随意操纵而偏离正常行驶路线是其基本的安全期待。人工智能设计者参与人工智能设计过程，在此过程中，其进行了参数选择、权重选择、结果选择，人工智能设计成为决策的一部分，其理应对缺陷所导致的决策结果承担责任。因此，人工智能设计者应证明其对安全风险要素的考虑，如何进行安全风险控制，以及是否建立安全风险冗余机制。比如对自动驾驶人工智能，人工智能设计者必须设计足够的安全冗余度，在传感器失灵或天气恶劣条件下，终止人工智能决策行为。值得注意的是，人工智能系统设计者会主张人工智能系统本身并无任何问题，而是基于数据错误导致人工智能以有害方式发展与进化。然而，人工智能系统的设计者有义务期待在合理预期的使用场景下所提供的数据，在人工智能系统中建立合适的防护机制从而确保人工智能结果是有益的。

对于替代侵权责任，替代责任被广泛运用于雇主责任以及知识产权领域网络服务提供商的间接侵权责任的承担。替代责任的核心是责任承担者对其可以有效控制的对象所实施的侵权行为需要承担责任。因此，有效控制是人工智能决策系统利用者承担替代责任的前提。然而，在人工智能决策系统是否存在着有效控制呢？

首先，人工智能决策系统使用者存在着对人工智能系统一定的控制力。数学模型不会是天然邪恶的，人工智能所带来的损害是由于使用这些模型的方式所致，将人工智能运用于何种场景是人工智能决策系统使用者的选择。比如将人脸识别领域的人工智能用于罪犯识别、招聘场景等完全是人工智能决策系统使用者的自主选择。另外，人工智能系统使用者在人工智能具体应用时可以进行有效的人工智能选择与人工智能认证。正如前述所言，人工智能系统利用者不但可以确定人工智能系统使用的领域、对象，也能对人工智能运行结果进行某种意义上的人工干预。此外，对于如何使用数据集，人工智能决策系统使用者也具有一定的控制力。

其次，人工智能系统使用者的控制力受到限制。人工智能黑箱是人工智能系统使用者面临的主要障碍。人工智能黑箱源于人们对于机器学习过程本身的未知。深度学习被认为是一种魔法，超出了现行科学知识的范畴。深度学习被广泛运用于关键性社会领域，如健康关怀、犯罪领域等，在政治与公民程序外为社会创造了更加颗粒度的区分、关系语与层级，而对此后果即使是人工智能设计者，不可能完全理解与控制。另外，人工智能决策系统自身也不是静态的，随着进化人工智能等发展，人工智能决策系统自身也是动态变化的。机器学习人工智能会在运用中不断进行学习、强化以适应新的场景。人工智能系统的功能是动态的，而现行规则主要处理产品在投放市场时出现的问题。机器学习模型经常基于模型自身所生成的结果以及源自用户的相关反馈进行再训练。比如在垃圾邮件人工智能系统中，人工智能会根据用户对分类结果的反馈（如分类错误）进行再学习，从而优化人工智能结果。此外，第三人对人工智能系统的侵扰对于人工智能系统使用者而言其也是无能为力的。人工智能基于数据进行决策，第三人的探索性攻击（如逃逸攻击、模型窃取、模型逆向攻击以及成员推断攻击）、污染训练数据攻击（毒害数据）以及对深层次环境的攻击（如机器学习供应链、软件依赖性等）都对人工智能决策带来负面影响，而人工智能系统使用者对这些攻击行为基本上不可控制。最后，人工智能决策系统的控制力与效率、投入密切相关。要对人工智能进行完整的控制，就必须设计完全可控可解释的人工智能。人工智能的可控制性与人工智能的自身适应性成反比关系。越容易控制的人工智能，其就需要更精细化的设计。而更精细化的设计就意味着人工智能需要更多的变量，而更多的变量就意味着人工智能适用性的不足，从而导致人工智能的价值大大降低。因此，降维处理是大数据人工智能系统设计必须解决的问题。因此，越是效率高的人工智能，人工智能系统使用者的控制力越弱。人工智能的系统控制力与投入密切相关。对于深度学习人工智能而言，要了解人工智能如何进行数据分析、模型构建以及决策过程并进而控制人工智能决策必须进行所谓的人工智能审计与认证。人工智能审计与认证与人工智能设计相比其所付出的成本可能不相上下。更为重要的是，人工智能审计支出对于中心企业而言更是不可承受之负担。

人工智能决策系统只有在利用者可以有效控制的场合才可能适用替代责任，但基于人工智能黑箱以及人工智能的动态性特征使得人工智能利用者难以对人工智能决策系统进行有效控制，因此，人工智能利用者难以承担所谓的替代责任。

对于代理侵权责任而言，有人认为，人工智能服务呈现出典型委托代理关系的法律特征。[1]智能机器人作为投资顾问违反信义义务导致客户蒙受损失，相关责任由谁承担？美国的通行做法是由使用智能机器人投资顾问的咨询公司承担。[2]代理关系的特征是代理人在代理权限内为代理人行事，而被代人承担由此引发的法律责任。代理责任与替代责任不同的是代理人是独立行事而不是在被代理人控制下行事。因此，人工智能决策系统使用者承担代理责任的前提是其授权代理人以自己的名义行事。如果我们将人工智能决策系统视为虚拟的"电子代理人"，要求被代理人承担法律责任并无法律障碍。我国法律在电子合同领域广泛承认所谓的电子代理人的存在，并认可电子合同的法律效力。然而，人工智能自主决策系统下的电子代理人与传统的电子代理人存在着巨大的差异，表现在传统的电子代理人基本受制于系统设计者的严格控制，其系统基本是封闭的，不易受到第三方的侵扰。而人工智能系统代理人受到输入数据、客观使用环境、用户行为等的限制，其如何达成输出结果对使用者而言难以知晓，此外，机器学习人工智能系统本身处于不断进化过程中，人工智能决策偏离目标情况时有发生，因此，人工智能系统的决策结果当事人难以控制。也就是说，人工智能决策系统经常发生超越代理权限的决策行为。

　　人工智能设计者的产品责任主要处理安全风险问题。随着人工智能决策系统的广泛运用，人工智能决策系统会对政治、经济与文化权利等带来负面影响。因此，仅仅规制安全风险并不能让人工智能设计者设计开发更负责任的人工智能。以所谓数据信义责任规范人工智能开发者行为成为一种有效的选择。人工智能设计者的数据信义责任源于所谓的"信息受托人"规则，该规则被援用于人工智能决策系统领域以保护用户隐私。[3]依据美国律师协会的观点，任何时候一方基于另一方的知识并对之赋予信任与信心，就可能产生

---

[1] 唐林垚："人工智能时代的算法规制：责任分层与义务合规"，载《现代法学》2020年第1期，第198页。

[2] 唐林垚："人工智能时代的算法规制：责任分层与义务合规"，载《现代法学》2020年第1期，第208页。

[3] Jack Balkin, Information Fiduciaries and the First Amendment, *UC Davis Law Review*, Vol. 49, 2016, p. 1183；另参见 Jack Balkin, Jonathan Zittrain, "A Grand Bargain to Make Tech Companies Trustworthy", available at https://www.theatlantic.com/technology/archive/2016/10/information-fiduciary/502346/, 2023年4月3日访问。

所谓的信义关系。[1]此时,受托人有法律义务为其客户的最佳利益行为。信义义务存在的前提是双方信息的不对称,缺乏信息一方必须信任与依赖具有更多信息一方。法律必须对掌握更多信息一方施以特别义务从而确保其不会因信息非对称损害另一方的利益。中国在众多的法律如《公司法》、《律师法》中规定了信义义务,但缺乏信义义务的一般规定。

在数字时代,我们信任人工智能系统提供者,并为之提供个人的敏感信息。最终用户在这些大公司面前非常脆弱并依附于他们,而这些系统提供者在数据收集与使用方式方面是真正的专家。正因为如此,信息受托方具有特别义务不损害其收集、分析、使用、出售与分发数据的主体利益。[2]在 hiQ诉领英案中,电子隐私信息中心在向法庭提交的法庭之友意见就认为,领英的用户协议以及隐私政策意味着领英与用户之间建立了信义关系,领英需承担保护用户个人信息以及确保收集、使用与披露信息的行为与公司的协议、规定等一致的责任。信义义务主要规范人工智能决策系统中数据收集者与使用者的行为。人工智能系统设计者利用他人照片进行机器学习,人工智能系统设计者与照片提供者之间可能存在着某种信任关系,其利益受损可以适用信义责任。但是人工智能系统对所引发的集体性损害,如该系统对女性以及边缘群体的伤害可能就无能为力,因为第三方与人工智能系统设计者之间根本就不存在着所谓的信任关系,因而其并不存在着救济的可能。

此外,人工智能系统使用者作为企业其必须为公司股东承担信义义务,而这种义务的核心要素就是为企业谋取最大利益,因此,人工智能系统使用公司有强烈的经济利益最大化、尽可能收集与商业化用户信息的需求。如果其对用户承担信义义务就意味着威胁其商业底线并进而损害股东的利益。因此,信义义务存在着所谓的模糊性与适用的紧张关系。有学者认为,信息信义并不是一个应对信息安全的适宜解决方案,更不用说对于建立于广泛监控基础上的商业模式以及超大的市场份额引发的最根本问题的解决。此外,信义义务也可能引发潜在的成本,削弱对在线平台结构性权利以及更严格的公共

---

[1] Robert A. Kutcher, "Breach of Fiduciary Duties: causes of action and defenses", *in Business Tortslitigation*, p. 3.

[2] Jack Balkin, "Information Fiduciaries and the First Amendment", *UC Davis Law Review*, Vol. 49 No. 4, 2016, pp. 1183, 1186.

规制的关注。[1]

以上的分析表明，现存的法律责任体系无法应对高风险人工智能应用所引发的损害。事实上，削足适履地将现存规范强制适用于高风险人工智能只能导致受害者无法获得有效救济。因此，符合逻辑与现实的做法是针对高风险人工智能损害建立专门的规则，这一规则的核心是确保因高风险人工智能系统受到损害的人获得足够的赔偿。另外，基于人工智能系统自身的复杂性与不断迭代，这种损害赔偿制度不能过于关注损害背后的技术动因，而是要将关注的重点放在人工智能运行的结果上。总而言之，从多边规制角度看，基于各国司法体制的差异性，虽然我们不需要建立统一的规制人工智能损害的规则，但可以要求各成员方必须对人工智能损害提供充足赔偿，尽可能简化损害赔偿的举证责任。

（五）高风险自动化决策系统的国家责任

1. 再论自动化决策的本质

目前使用的"人工智能"一词有些模糊和宽泛，涵盖了各种新的自动化设备及其在各个不同自动化级别中的综合运用。高度先进的人工智能正在各个领域兴起，超越了简单地在商业环境中协助人类的水平，能够做出自主判断和决策。自动化决策的人工智能是在决策过程中无需人工干预，或者人类干预非常少或次要，以至于决策是由人工智能做出的人工智能系统。现今，一些人工智能技术已经取得了显著进步，达到了全自动化水平，具有自我判断、自我决策的功能。作为工具的人工智能与这种自我思考、自我判断的人工智能的根本区别在于，最终决策者不是人，而是一个非人的物体，即人工智能。比如在医疗领域，随着人工智能技术的进步，人工智能的医疗水平不断提高，它最初只是起到辅助医疗的作用，现在已经发展到可以诊断疾病，甚至可以开药，可以说是医疗的最终决定。从这一点来看，人工智能的这种表现与医生的医疗服务似乎并没有本质的区别。自动驾驶的自动化水平逐渐提高到完全自动驾驶（称为"第五级"自动化），其中每项驾驶决策均由车辆自行执行，无需人工干预。在军事背景下，自主通常指"机器的能力"，这些武器一旦激活，就可以在现实环境中运行，无需任何形式的外部（人为）

---

[1] Lina Khan, David Pozen, "A Skeptical View of Information Fiduciaries", *Harvard Law Review*, Vol. 133, No. 2. , 2019, p. 498.

控制。这里的关键概念是人工智能的"自主性"。值得注意的是，自主水平不仅涉及对机器机械能力的评估，还涉及人类操作员与机器之间的互动程度。

2. 自动化决策的国家责任认定主要争议与解决

如上所述，国家责任问题是新人工智能时代的一个引发广泛讨论的法律问题，人工智能拥有的自主程度越高，问题就越复杂。如前所述，对于自主程度较低的人工智能，现有的法律体系基本能有效处理。然而，具有更高程度自主性的人工智能对现行法律体系提出了新的挑战。由于可以合理地预期具有更高自主性、具有独立于制造商和运营商的原创性和独立思维能力的人工智能的应用和利用将会增加，我们必须考虑这种发展所带来的系统性影响。人工智能技术、机器和系统可以进行移民程序，包括文件评估和面谈，最终决定是否发放签证。人工智能可以通过筛查可疑人员的背景调查并决定是否将其拘留来开展执法活动。事实上，人工智能接管国家事务和公共任务的类似案例还有很多。这些决策有时可能具有人类决策的外表，但如果人为因素只是简单地读取和告知人工智能的决策，那么这种外表不会改变决策的本质。

由人工智能机器或系统做出的最终决定可以分为两种情况：一是人工智能系统直接将判断和决定通知给有关个人或实体；二是人工智能的判断和决定首先正式传达给政府官员，然后再传达给有关个人或实体。这两种情况即使不完全相同，也有共同点。在后一种情况下，主管官员在做出正式决定时，本身并没有进行实质性审查，而是在没有进行有意义的审查或检查的情况下接受人工智能的判断。在这种情况下，人们就会怀疑政府官员是否有真正意义上的独立判断或决策行为。国际法委员会第五十三届会议通过的《国家对国际不法行为的责任条款草案及其评注》第 4 条规定的可归咎于国家的国家机构的作为或不作为的评价将重点放在行为者的"外在"特征和地位上，而没有额外考虑该组织的内部决策过程或内部工作分工。[1]尽管如此，外在特征标准并不意味着其不考虑官员在决策中的实质审查与判断。也就是说，官员必须思考人工智能的判断和决定的内容，然后做出自己的决定。如果缺少这一点，则可以认为在这种情况下不存在人类决策。由于缺乏真正意义上的

---

〔1〕 "Draft articles on Responsibility of States for Internationally Wrongful Acts, with commentaries", a-vailable at https://legal. un. org/ilc/texts/instruments/english/commentaries/9_ 6_ 2001. pdf，最后访问日期：2023 年 3 月 9 日。

政府官员的判断或决策过程，第二类与第一类几乎无法区分。从某种意义上讲，第二类情况与第一类情况并无实质性差别。如上所述，第一类情况涉及复杂的法律问题，因为它会导致人工智能的自我判断和自我决定，然后通过直接接触传达给有关个人或实体。因此，下面的讨论集中于第一类情况。

　　如何理解人工智能进行这种"直接接触"的现状？一种方法是将具有此类功能的人工智能机器或系统视为政府"雇用"处理其官方事务的主体（无论是否为人类）。它不是自然人，但人工智能机器或系统被认定为有资格代表政府行使"权力"的主体。在这种情况下，人工智能机器或系统被"独家"委托处理政府事务（作为独立决策者），政府也承认人工智能对某些事项或某些事项的方面做出决策的权力。换句话说，这就像人工智能机器或系统虽然不是劳动法中规定的劳动者，也不是政府组织法中规定的政府官员，但根据行政法被认定为行政措施的主体。在这种情况下，国家对人工智能的作为和不作为负责，只要它通过人工智能发起和决定的行政措施影响到个人或实体。在这里，人工智能可以是被理解为一种"自动化公职人员（所谓的机器人监管者或机器人政府雇员）"。根据《国家对国际不法行为的责任条款草案及其评注》第4条的基本意图，如何根据一个国家的国内法对其政府组织或政府结构进行评估将是一个决定性因素，这也表现出广泛的国家具体差异。此类评估的结果可能会根据各国国内法的相关规定而有所不同。当然，首先需要界定以"受雇身份"处理公共事务或"专门为国家机构执行任务"的概念。在许多国家的现有文件中，受国家专门从事公共事务的雇用基本上仅适用于自然人。如果人工智能机器不被视为为政府工作的人或物（因为它不是自然人），那么迫在眉睫的问题是谁应该为其发布的最终决定承担责任。人工智能机器不是自然人，因此不需承担责任。政府措施的受害者可能会发现很难寻求法律补救。解决这个问题的一种方法是宣布该机构对人工智能决策的任何结果负责，无论自动化水平如何，这是一种"无过错"责任规则。无论如何，这个明显的法律真空需要填补。这种情况既适用于国内行政法背景，也适用于国际法背景。

　　那么，如果人工智能被理解为既不"直接接触"也不受国家或政府机构雇用的主体，情况又如何呢？这就是最终的决定表面上是由人类做出的，但决定的本质是由人工智能做出的情况。如果通过人类以几乎相同或等同于直接接触的方式进行决策，则上述关于"直接接触"的讨论也适用于此。在这种情况下，即使没有正式的雇佣关系，人工智能也可以被视为"受托"行使政府权力的主体。只要官员宣布了决定，他或她的行为就可以直接归咎于国家，国家应对此类行为负责。如果官员援引人工智能自己的决定和他或她的机械批准，一个复杂的问题将继续出现。越强调人工智能决策的独立性，谁应该承担法律责任以及如何承担法律责任就越不清楚，除非采用"无过错"责任制度。在这种没有"直接接触"的情况下，法律真空的担忧仍然存在。

即使人工智能机器或系统在做出判断和决策、履行或不履行方面超出了合法委托的权限范围，机构和国家仍然可以通过"替代责任"被追究责任。即使人工智能机器或系统既没有专门用于政府事务，也没有被法律正式委托进行一定的决策过程和制定政府措施，仍然有可能被追究法律责任。换句话说，政府对人工智能机器或系统的"有效控制"如果得到承认，人工智能的决定可以归咎于政府，并由政府承担法律责任。具体而言，根据国际法判例，即使人工智能机器或系统既不属于政府，也不被政府"雇用"（不属于《国家对国际不法行为的责任条款草案及其评注》第4条的情况适用），而是在没有法律授权依据的私营部门运行（不属于《国家对国际不法行为的责任条款草案及其评注》第5条规定的情况），只要其处于政府"有效控制"之下，其行为仍可归于国家（属于《国家对国际不法行为的责任条款草案及其评注》第8条规定的情况）。这一点尤其值得关注。在现行国家体制下，政府对收集、处理个人信息和大数据的商业主体进行了强有力的管理、监管，在某种意义上讲整个人工智能生态系统都受政府控制。随着国家对个人信息敏感性的日益关注，政府的任何监管都可能达到"有效控制"的门槛。特别是在个人信息和大数据方面，目前许多国家都在出台新的隐私保护和限制个人信息商业用途的法规。尽管监管重点放在信息的"保护"上，但从政府监管日趋严格的意义上来说，这可能被视为一种加强控制的措施。一些国家甚至就如何收集和管理个人信息提出了具体说明，并对违规者进行严厉处罚。除此之外，个人信息和大数据越来越多地被从国家安全的角度来看待，使情况变得更加微妙和复杂。因此，当前的数字格局以及各国试图加强对个人信息和大数据使用的控制的近期趋势表明，人工智能基于这些信息和数据的判断、决策和行为几乎可以自动归因于国家。是否有有效的控制是一个决定因素，但由于数字环境的独特性，它可以相对容易地满足。此外，应该指出的是，即使人工智能的判断、决定和行为与政府完全无关或独立于政府，但如果国家机构允许这些判断，在某些情况下，这也可以认为政府和国家已经接受并确认了人工智能的判断、决定和行为，就好像它们是自己一样。如果发现涉及《国家对国际不法行为的责任条款草案及其评注》中规定的具有有效性门槛要求的各种控制媒介之一，则人工智能的决定或行为将被认定归因于国家。因此，如果上述判决、决定或行为被确定违反任何相关国际法，无论是条约还是习惯国际法，最终将导致国家责任。

第五节　人工智能武器规制

沙特油田攻击事件是人工智能武器第一次真正进入公众视野。有人预言，人工智能获得足够的认知能力从而成为世界主宰力量的日子指日可待。美国国防部长马克·埃斯珀认为，人工智能领域发展具有改变战争性质的潜能，第一个驾驭人工智能的国家将在未来战场上具有决定性优势。[1] 创新工场首席执行官李开复将人工智能武器系统称为继火药和核武器之后的"战争第三次革命"。这场冲突是人工智能前所未有的试验场。在某些领域，它的用途已经很明确了。例如，双方现在普遍使用无人机和巡飞弹药，在飞行、瞄准和射击方面提供了人工智能增强的自主能力。徘徊弹药（也称为自杀式无人机或智能导弹）的使用受到了国际媒体的广泛关注。俄乌战争是人类首次人工智能（人工智能）战争。然而，人工智能技术在军事领域的运用引发国际社会忧虑。使用具有致命力的机器人从而引发一场人类灾难的可能性是显而易见的。[2] 如何规制人工智能武器现成为国际社会讨论的热门问题。2013 年 4 月，联合国人权理事会《海恩斯报告》建议各国规定暂停自主机器人杀手的研发。在 2018 国际人工智能联合会议上，超过 2000 名人工智能学者共同签署《致命性自主武器宣言》，宣誓不参与致命性自主武器系统（LAWS）开发、研制工作。美国国防部认为如果对人工智能武器进行适当监管，其应不

---

〔1〕 "Remarks by Secretary Esper at National Security Commission on Artificial Intelligence Public Conference", available at https://www. defense. gov/News/Transcripts/Transcript/Article/2011960/remarks-by-secretary-esper-at-national-security-commission-on-artificial-intell/，最后访问日期：2023 年 6 月 1 日。

〔2〕 [美] 温德尔·瓦拉赫、科林·艾伦：《道德机器：如何让机器人明辨是非》，王小红等译，北京大学出版社 2017 年版，第 16 页。

违背国际法下的相关规则。[1]2016 年 12 月，中国在联合国第五届特定常规武器大会上提交立场文件，呼吁将全自动武器纳入国际法的管制之下。人工智能可有效减少战斗一方的人员伤亡，其对于无平民居住区的攻击也具有正当性。另外，运作良好的人工智能可以精准识别作战目标，减少误伤。因此，现阶段国际社会急需解决的问题是如何让人工智能武器有序发展，不对人类文明造成灾难性后果。

虽然人工智能武器面临诸多争议，但各国发展人工智能武器的进程并未受影响，人工智能武器也必定成为未来战场的主角。在《2011-2036 财年无人系统综合路线图》中，美国国防部提出要实现无人系统与有人系统的无缝对接，从而逐渐减少人类控制与决策。英国国防部 2011 年估计在 2025 年全自动武器遥控指挥平台将出现。[2]韩国科学技术院与韩国相关机构合作于 2018 年 2 月开设人工智能研发中心，研发适用于作战指挥、目标追踪等领域的人工智能技术。在这场人工智能武器竞争游戏中，占领优势地位的国家虽然可获得竞争优势，但人工智能武器发展的负外部效应可能会给人类带来灾难性影响，国际社会需要行动起来建立多边规则规制人工智能武器的负面效应。

一、人工智能武器正当性

（一）人工智能武器是"新武器"

人工智能武器是利用人工智能技术在人类不干预的情况下完成指定任务的任何战争工具、方法与手段。现今人工智能武器系统仍由人决定袭击目标，人工智能武器在袭击过程中可以选择袭击对象、袭击规模以及袭击水平。因此，现今人工智能武器还不是完全的自主人工智能武器系统。未来可能研究出自主进行战争决策、自主进行攻击目标选择的人工智能武器系统。该人工智能武器系统通过监控敌国或潜在威胁对象的行为，分析对方的威胁水平，自主决定是否发出攻击以及攻击水平与规模。

---

〔1〕 "Department of Defense Directive 3000. 09", Nov. 21, 2012, available at https：//www. esd. whs. mil/portals/54/documents/dd/issuances/dodd/300009p. pdf，最后访问日期：2023 年 3 月 4 日。

〔2〕 UK Ministry of Defense, "The UK Approach to Unmanned aircraft Systems", 2011, pp. 5-4, 6-8.

除了在传统武器中加入人工智能要素的人工智能武器外，人工智能技术本身也可能成为一种破坏力极大的网络武器。电脑蠕虫病毒曾攻击五角大楼的电脑系统以及伊朗核项目，人工智能技术对这些系统进行攻击，将给人的生命、财产带来巨大损失，这无疑构成一种战争行为。[1]

与传统武器相比，人工智能武器系统具有自主决策性，能自主决定攻击目标与攻击规模。通过附载于传统武器上的传感器以及相关算法与模型，人工智能武器能自主进行战争决策。因此，人工智能武器是"新武器"。

（二）人工智能武器优势

人工智能武器可以大量减少人在战争中的伤亡。与传统武器相比，人工智能武器能更精准打击目标，从而避免无辜人员伤亡。人工智能武器可以在算法控制下自动识别打击目标并进而对选择目标进行精准攻击，从而可以尽快实现战争目标，减少战争消耗。另外，人工智能武器发展必然引发战争范式变革，传统的以人为战争核心要素的战争模式将转向以技术竞争为核心的战争模式。"技术"而非"人"成为战争决胜的关键要素，这将导致人在战争中的参与度大大降低，并进而有效减少人员死亡。

在不对称战争中，人工智能武器具有传统武器不可比拟的优势。在反恐战争中，人工智能武器能在偏远地区进行目标发现、决策与作战。人工智能武器解决了非对称战争中一方战争行为隐蔽性、灵活性以及随机性给另一方带来的非对称伤害问题。通过实时监测、跟踪与及时决策，人工智能系统可以弥补非对称性作战中作战方法、手段缺乏灵活性，但作战力量强大一方作战进程的僵化等方面不足，增加作战的灵活性、便捷性，从而可以更有效地应对恐怖主义等非传统安全。

（三）人工智能武器具有合法性

一种"新武器"是否符合国际法相关规定，主要受日内瓦四公约（第一附加议定书）控制。依据规定，一种"新武器"不得是《化学武器公约》《生物武器公约》或《某些常规武器公约》等专门国际公约所禁止的武器；"新武器"不得引起过分伤害或不必要痛苦，或对自然环境引起广泛、长期和严重损害；"新武器"不得拥有无差别攻击效果；"新武器"需符合人道原则

---

[1]　姜世波：《网络攻击与战争法的适用》，载《武大国际法评论》2013 年第 2 期，第 43 页。

和公众良心要求。

当前战争法与人道法并没有明确禁止人工智能武器使用。然而，将人工智能技术应用于有毒武器、生物武器、化学武器等领域无疑是国际法禁止的行为。依据武器规制的一般规则，如果某种武器会引发过度或非必要伤害，应禁止此类武器使用。人工智能武器并不天然会引发过度或非必要伤害。事实上，人工智能武器研发的主要目标是减少非必要伤害。区别原则要求各种武器需仅仅以特定军事目标为攻击对象。区别原则是武装冲突法中的首要原则。[1] 很多人认为，在可预见未来，人工智能武器不可能识别战斗人员、军事目标与平民之间的差别。[2] 事实上，人工智能武器比人更能有效识别攻击目标，更能有效率地进行精准打击。从本质上讲，研发人工智能武器的目的就是为了以最小代价更精准识别与打击目标，因此，其不是一种无差别攻击武器。比例原则意味着在进行军事行动时需评估行动对平民的伤害，如果其远大于军事行动的获益，应禁止这样的行动。人工智能武器能否进行价值判断，考量武装冲突中的不同情况成为人们关注的问题。价值判断需要经验积累，军事人员在做决定与判断前都进行过长期训练。如果我们要引入人工智能武器系统，我们需要证明其在做价值判断时更加可靠，比人更胜一筹。现在的问题是，我们并不清楚人工智能系统如何进行所需的价值判断。现阶段国际法并无清楚的运用于战争中的价值判断规则，国际法也无明确要求要战争中的参与方明确其价值判断规则。因此，我们不能因为我们不能理解人工智能武器的价值判断规则就禁止人工智能武器发展。

二、人工智能武器新问题

有学者认为，现有国际人道法规则完全能应对人工智能武器的挑战。[3] 现有国际规则能有效管控有人控制的人工智能系统在传统武器与战争领域的适用，但对完全由人工智能系统自主决策的武器与攻击可能就束手无策。

---

[1] International Court of Justice, Legality of the Threat or use of nuclear Weapons, Advisory Opinion of 8 July 1996.

[2] "Killing Made Easy: From Joysticks to Politics", in Patrick Lin, et al. *Robot Ethics: The Ethicd and Social Implicootions of Robotics*, MIT Press, 2012, p118.

[3] https://article36. org/wp-content/uploads/2020/12/Policy_ Paper1. pdf，最后访问日期：2023年2月4日。

人工智能武器由算法系统控制。现阶段可行的人工智能武器算法主要包括监督学习、无监督学习、神经网络与深度学习以及强化学习等。监督学习主要通过标签化的训练数据对人工智能武器进行监督学习。学习算法可识别数据中的模式，建立解释世界的模型，在不清楚事先程序定义的规则与模型下进行预测。监督学习通过将标签化的训练数据在学习算法下运行，学习算法可以识别数据中存在的模式，从而使得该系统可以被用于非标签化的检测数据来生成我们需要的结果。监督学习一般处理两种问题：回归与分类。回归处理连续的数值问题，如通过过往数据来分析现行房屋的价格。而分类主要处理标签化问题，如这张照片是猫还是狗。无监督学习与监督学习的区别在于训练数据是否被标签。无监督学习用于在大量无标签数据中发现某种模式。神经网络通过从观测数据中学习，计算出他自己的解决方案，而强化学习算法的目标是训练机器来做出各种特定行为。

人工智能武器的"自主性"特征使得现在以人为基础构建的规制武器的国际规则目的落空，并不能有效规制人工智能武器的发展与运用。当前的战争法并没有规定不能利用机器人自主决定目标击杀对象。战争法管控的是战争影响，也就是对实际发生的战争进行管控，而并非管控战争决策的过程。现阶段对人工智能武器规制面临的主要问题是：

（一）人工智能武器的"人道"问题

毫无疑问，由冰冷机器与系统所作出的决策不会受到人决策时的伦理、法律与道德约束。人工智能武器还具有攻击的精准性、选择性，可有效减少进攻方的人员伤亡。在网络环境下，进攻方可以利用网络武器以极小成本给敌方造成巨大人员伤亡与财产损失。与由人控制的传统武器相比，人工智能武器由算法进行控制。自主算法所带来的人道风险要大于人类控制下的武器所带来的风险。无人控制的算法更无情、更难以被阻止且容易自我复制。除非通过程序赋予，人工智能武器并无所谓的同情心与同理心。即使算法能够理解其行为对人类的效果与意义，但其并不关心这些后果。因此，即使是相较于道德自律最差的人类而言，算法武器也存在更多样化的选择，可以以最无情的方式追求自己的目标。由于缺乏人具有的"人性"，自主性人工智能武器没有能力在必要时依据"人性"来判断攻击行为是否合乎比例——即对平民伤亡与军事利益加以权衡。[1]马顿斯条款要求在无国际法规则明确禁止情况下，战斗人员仍应受来源于既定习惯、人道原则和公众良心要求的国际法原则支配。国际人道法没有明确禁止并不自然意味着允许。交战者的行动必须符合人道原则和公众良心的要求。康德认为，"有两种东西，我愈时常、愈反复加以思维，它们就给人心灌注了时时在翻新、有加无已的赞叹和敬畏：头上的星空和内心的道德法则。"[2]对于人工智能武器而言，其可能清楚国际法明确禁止的行为，但基于具体情形下判断其行为是否符合人道原则和公众良心对人工智能而言是难以完成的任务。人工智能并不具有"内心的道德法则"，不会同情被害者，在衡量某种行为是否符合人道时其并不能基于人道与良心作出判断。

（二）人工智能武器的"控制"问题

人工智能武器由算法进行控制，而算法能迅速自我复制。完全在线运行的算法实体能迅捷进行自我复制与生成新算法。这样的特性使得算法可以自由地在不同的国家管辖区域内移动。算法实体通过在其他国家的复制，解散原先的实体而逃避管辖，使得法律难以对其进行有效管辖。与此相反，人类控制的实体要逃避管辖，必须进行物理移动。另外，自我复制也使得算法实体难以被摧毁。算法的拷贝可以存在于不同的国家。对一个拷贝的摧毁不会导致该算法实体消失，其将继续存在并进一步进行复制。这样的策略不能适用于人控制的实体。现实生活中人控制的实体如需复制，要么需额外的人力投入来控制该实体，亦或是把同样的人至于该复制体的控制下。简而言之，算法几乎能瞬时克隆，而人类并不具有这样的能力。此外，人工智能武器算法具有自我学习的能力，其可能脱离原先算法的限制与控制机制，脱离人的监管进行自主战争决策与攻击。因此，相对于人控制的实体，人工智能武器更难以控制。当人类进行攻击行为时，攻击者的生命也处于危险之中。但对于算法而言，其并不需要承担任何风险。由于不受外界因素的影响，其更易于用非常规方式实现非常规目标，而人类可能对此无能为力。

---

[1] "Losing Humanity: The Case Against Killer Robots", available at https://www.hrw.org/report/2012/11/19/losing-humanity/case-against-killer-robots, 最后访问日期：2023年4月8日。

[2] [德]康德：《实践理性批判》，关文运译，商务印书馆1960年版，第164页。

（三）人工智能武器的"归责"问题

按照现行国际法规则，武器使用者不能因其执行命令而免于其承担滥用武器的战争责任。《国际刑事法院罗马规约》第 8 条将在国际性武装冲突中实施的某些行为纳入战争罪的范畴。1945 年的《欧洲国际军事法庭宪章》规定，对于战争犯罪，个人应负其个人责任。1946 年联合国大会确认的"纽伦堡原则"第 1 条规定，任何人实施了按照国际法构成犯罪的行为，都应当承担责任并因此应受刑罚处罚。日内瓦四公约（第一附加议定书）第 91 条规定，冲突一方……应对构成其武装部队的人员的一切行为承担责任。国际人道主义法下士兵的决定需有人承担责任。除了直接参与战争的士兵需要承担责任外，对士兵的行为有影响的个体与机构也需要承担战争责任。这就是国际法中的间接责任。间接责任，也就是指挥责任，是没能阻止或惩罚其下属犯罪行为的军事指挥官以及具有平民身份的上级所应承担的刑事责任。具体而言，当上司知道或有理由知道其下属的犯罪行为，其没能采取必须与合理的措施来阻止或惩罚其具有"控制"能力的下属行为时需要承担责任。[1]指挥责任要求上级对失职罪负责，这是一种不作为犯罪。[2]根据国际法委员会 2001 年二读通过的《国家责任条款草案》第 8 条，私人行为体的行为要归责于国家，则需要建立在国家对私人行为的指示、指挥或控制之上。至于控制的程度，国际法院在尼加拉瓜案[3]确立了"有效控制"（effective control）标准，并在 2007 年《种族灭绝罪公约》适用案中再次确认了该标准。国际刑事司法机构则支持"全面控制（overall control）"标准。[4]前南刑庭在"塔迪奇案"[5]中对"控制"的分析是放在国家责任的框架下进行的，对于非国家实体来说，确认国家责任不需要上升到给出明确指令的程度，只需要符合全面控制就可以了。

---

〔1〕　Prosecuter v. Delalic', ICTY, Case No. IT-96-21-T, Judgment（Trial Chamber）, No. 16, 1998, pp. 346.

〔2〕　Christine Bisai, "Superior Responsibility, Inferior Sentencing: Sentencing Practice at the International Criminal Tribunals", *Northwestern Journal of International Human Rights*, Vol. 11, 2013, pp. 83, 86-87.

〔3〕　ICJ, Case Concerning Military and Paramilitary Activities in and Against Nicaragua（Merits）, Judgment of 27 June 1986, pp. 105 – 115.

〔4〕　Case Concerning the Application of the Convention on the Prevention and Punishment of the Crime of Genocide（Bosnia and Herzegovina v. Serbia and Montenegro）, 26 Feb, 2007.

〔5〕　ICTY, In The Appeals Chamber, Tadic', 15 July 1999（Case no. IT-94-1-A）.

人工智能武器自主性特征对"控制"认定带来了挑战。对于非完全自主性人工武器而言，虽然由人决定攻击目标，但攻击方式与规模可能由人工智能武器自主决定。那么谁是该人工智能武器的"控制者"呢？另外，如果该人工智能武器脱离人类预设的控制与限制机制，谁又是"控制者"呢？对于完全自主性人工智能武器而言，由于人并不在战争决策体系中，其仅仅设计算法来保障战争朝有利于自己方向发展，如何追究这些相关主体的责任也是重大挑战。如果一架人工智能无人机对军事目标进行不相称地行动或屠杀平民，该武器的使用国可能无须承担责任。该国可以抗辩道，"虽然我们的军人监督其运营，但人工智能武器通过设计独立决定其分配的目标。通常这些决定是非常好的，但今天的决定很糟糕。"

三、规制人工智能武器的技术路径

人工智能包括三个要素：算法，计算和数据。对人工智能的实现来说，算法是核心，计算、数据是基础。因此，从技术层面看，要控制人工智能武器，必须对算法进行控制。要控制算法，就必须解决算法黑箱与算法安全问题。

（一）解决算法黑箱

算法是配方，指令集，是用于实现特定计算或结果的任务序列。算法代表了可重复、实用的解决方案，是以计算机流程和公式回答问题并将其转化为答案，可以在有限时间内提供可靠预期结果。人工智能所使用的机器学习算法可以根据一些基本结构进行操作，例如神经网络、贝叶斯分析或演化适应。通常最复杂的机器学习系统结合多种算法。一旦构建了学习算法，就可以对它进行训练。通过大量的数据集进行训练，这些数据集可以提供许多期望结果或问题的例子。学习算法基于某种相对成功的信号随时间迭代。每一种算法都有一个输入和输出：数据进入计算机，算法完成它的任务并输出结果。机器学习反过来：数据和期望的计算出来的算法，将一个算法变成另一个算法。学习算法是制作其他算法的算法，由于他们通过模拟神经网络的百万倍迭代来实现新算法生成，所以它们输出的计算结构往往既有效又难以理解，这就是所谓的"算法黑箱"。

算法黑箱体现了信息时代的悖论：数据在其广度和深度上变得惊人，但往往对我们来说最重要的信息不在我们的控制下，仅供内部人士获取与使用。算法经常包含一系列计算过程，包括对用户行为的密切监视，所得信息的"大数据"汇总，结合了多种形式统计计算的分析引擎来分析数据，最后是一组面向人类的行为、建议和界面。而这些行为、建议和界面通常只反映幕后文化处理的一小部分。算法的表现取决于数据和预设条件（规则）。现今的算法本身就是"黑箱"。除了算法的编撰者，无人知晓算法是如何设计与运作。企业对运行数据与方法算法黑箱都不遗余力地进行保护。此外，随着深度学习的发展，算法的编撰者有时可能也不清楚算法的运作机制。即使写出了一些非常成功与普遍存在的算法系统的工程师，如谷歌与 Netflix 等的软件工程师也承认其仅仅能理解系统所展示的行为的一部分。[1]华尔街的交易员常以伏击和入侵者来命名其交易算法，但他们常常不知道他们赚钱的黑匣子是如何工作的。

人工智能武器的核心要素是自动武器系统，该系统的核心就是算法。而这种算法本身就是各国的核心军事秘密，第三方无从了解其如何设计军事决策与攻击算法。此外，随着机器学习技术的发展，即使是算法设计者可能也不了解人工智能算法如何学习与运作的，不了解机器如何生成新的算法，这些新算法的运行机制与规则如何，算法"黑箱"进一步强化。

算法黑箱的存在使得外界无从了解战争的决策与执行机制，各个主体都可基于"机器自身决策"来免除自身责任。这将导致各国恣意使用人工智能武器而无人承担责任的窘境，人工智能武器的规制将是一纸空谈。此外，"算法黑箱"的存在可能导致人工智能武器失控，完全脱离预设的限制与控制机制，这可能给全人类带来灾难性后果。因此，要规制人工智能武器，必须解决"算法黑箱"问题。

（二）解决算法安全

人工智能武器必须满足安全性要求。没有安全保障的人工智能武器可能发生错误战争决策，对人类发起恣意攻击，损害人类安全。算法设计者可能在算法中故意加入歧视性、无选择性战争规则，以牺牲平民的安全来换取战争胜利。此外，算法设计者自身的偏见以及算法运用中的大数据样本问题导

---

〔1〕　Ed Finn, *What Algorithms Want：Imagination in the Age of Computing*, MIT Press, 2018, p. 15.

致的错误与偏见屡见不鲜。谷歌的图像识别软件曾经将黑人标记为"大猩猩"。而这种错误与偏见将使得人工智能武器错误选择攻击目标与攻击手段。在强人工智能背景下，算法可以自动生成新算法。以大数据为基础的算法，存在被攻击、被篡改、被操纵的可能。当数据库或算法被攻击时，算法的训练和更新就会偏离预计的轨道，形成恶性算法，在应用时可能无法分清敌我。当远程操控环节或人工智能决策程序被攻击时，己方的武器就可能变成敌人的武器，人类可能失去对武器使用的垄断权。这种在无人介入情况下生成的新算法内部如何运作他人无从知晓，其安全性就更无从谈起。更让人担忧的是，在可预见的未来，人工智能完全能自主抉择，自主选择战争时机、对象与规模。互联网、人工智能和传统武器的融合，让网络攻击从虚拟攻击升级为物理攻击。而不受安全控制的人工武器网络武器的虚拟与物理攻击将带来毁灭性后果。人类社会如果不对人工智能武器建立某种安全阀，后果将不堪设想。

（三）解决数据缺陷

任何人工智能系统的发展与优化都必须以数据为支撑。数据是人工智能获得智能的前提要素，数据是训练算法获得战争模型的基础。数据的准确性与全面性是战争模型准确无误的前提。如果训练数据是残缺的、偏见的、不全面的，基于此生成的模型无疑也会是偏见的，从而导致在战争过程中的错误决策。人工智能武器训练数据的缺陷导致其不能有效识别黑人面孔，在战场可能导致误杀。

作战进程的算法化发展是基于过往数据模型化发展的结果。人工智能武器系统智能化的数据训练集来自传统的过往行为与现象的数据化处理。

四、规制人工智能武器的多边规则

人工智能技术发展将会给武器领域带来指数级的变化。然而，摩尔定律的力量不仅适用于技术的积极方面，也适用于其消极方面。摩尔定律的不法利用者敏锐地意识到应如何利用系统复杂性和糟糕的算法来获取不当利益，这给人类带来不可预知的风险。这种风险的预防是全球公共产品，需要国际社会共同努力才能达成有效解决。

（一）原则

1. "人在环中"

人工智能算法具有自我复制、自我学习的能力，可以自主决定战争方式与手段。此外，人工智能武器技术并不是完美无缺，可能发生错误对无辜者进行军事攻击，对目标进行非比例攻击，不遵守人道法的基本原则等情况。人工智能武器出现错误的原因在于错误的优化、错误的执行、未能给算法灌输重要限制，或无法纠正错误执行等。

由于算法自身存在的非伦理性、非人道性，存在错误决策的可能，人的某种程度介入是确保人工智能武器朝有利于人类福利改善方向发展必须坚持的原则。2012 年，美国国防部制定了临时政策，要求人类参与使用致命武器的决定。按照人介入的人工智能武器决策的程度，可以分为：人在环内、人在环中（human-on-the-loop）与人在环外三种不同模式。所谓人在环内是指人工智能武器可以自主选择攻击对象，执行攻击需要人的命令。除了人在环内模式，还有人在环中模式，该模式下人工智能可以选择攻击对象并发起攻击，但人有权否决人工智能武器的行动。第三种模式是人完全排除在人工智能武器决策之外。人工智能武器的算法程序中必须确保人在某个环节能对人工智能武器的决策与行为进行控制。坚持这样的原则，也解决了人工智能武器的归责问题。由于人在决策环中处于关键位置，人工智能的攻击在某种意义上就是人的攻击行为，此时，国际社会可以要求决策者承担责任。此时，人不能因所谓的非自我决策或系统错误而免责。

2. 确保算法可解释性

基于机器学习的人工智能技术不可避免会出现错误。对算法的决策过程进行解释是避免算法错误所需采取的措施，是让人工智能系统负责的有效方法。解释意味着算法以可理解的术语呈现。在机器学习系统中，可解释性意味着向人类提供可理解术语的能力。GDPR 探讨了人工智能系统合法解释权问题。[1]算法的解释需要成本。在非军事领域，我们确实需要考虑何时需要解释以防止人工智能系统带来的负面影响，而糟糕的选择可能不仅不能使人工智能系统承担责任，还会妨碍开发急需的有益人工智能系统。要求每个人

---

〔1〕　Sandra Wachter, et al., "Why a Right to Explanation of Automated Decision-Making Does Not Exist in the General Data Protection Regulation", *International Data Privacy Law*, Vol. 7, No. 2., 2017, p. 76.

工智能系统解释每一个决策可能会导致系统效率降低，强迫设计选择偏向于可解释但不理想的结果。有学者认为，真正的人工智能系统并不具有可解释性。[1]机器学习，特别是深度学习，可以将数据分析成数千个变量，将它们排列成非常复杂和敏感的加权关系数组，然后通过基于计算机的神经网络重复运行这些数组。要理解这些结果，可能需要理解这些成千上万变量之间的关系，我们的大脑根本无法掌握那么多的信息，也许我们应该推动人工智能武器的优化。人工智能系统应该，声明它们被优化的内容。显著影响公众的系统的优化不应该由创建这些系统的公司决定，而应由代表公众利益的机构来决定。

但在军事领域，由于关涉生死攸关问题，国际社会需要求所有的人工智能武器系统必须能进行有效解释。算法设计者必须清楚某些输入因素是否如何以及影响最终决定或结果。人工智能武器的可解释性意味着设计者清楚该武器系统的运作与决策机制，从而保证了人工智能武器系统算法某种意义上的公开性。另外，可解释性也有助于解决"归责"问题。如果人工智能系统具有可解释性，则其责任评估机制就易于建立。就技术现实而言，我们发现某种意义上的解释水平通常是技术上可行的，但有时可能费时费力。有些解释的某些方面可能对人类来说很简单，但对于人工智能系统来说却具有挑战性，反之亦然。

3. 确保算法的人道性

算法黑箱与偏见是当今人工智能武器发展最具争议的问题，国际社会需加入道德与法律算法来控制武器滥用。[2]算法黑箱与偏见有损国际人道法的区别原则与比例原则。算法自身不具有"人道性"，但并不意味着算法的设计与执行不能具有"人道性"。要确保算法的"人道性"，算法设计者必须关注现行国际法规则对武器的规制要求，将这些规则纳入算法的设计中。任何未加入现行明确规则的人工智能武器算法的设计者必须承担相应的战争责任。其次，算法设计者需要在人工智能武器系统中加入道德机器人来控制人工智能武器的滥用。人工智武器系统算法中必须加入算法监督机器人，该机器人

---

〔1〕 David Weinberge，"Optimization over Explanation"，available at https://medium. com/berkman-klein-center/optimization-over-explanation-41ecb135763d，最后访问日期：2023 年 4 月 2 日。

〔2〕 Amitai Etzioni, Oren Etzioni, "AI assisted ethics", *Ethics and Information Technology*, Vol. 18, No. 2. , 2016, pp. 149-156.

的职责是确保算法符合基本的人道准则。另外，具有深度学习能力的人工智能武器系统必须建立监督算法的算法规则，防止算法脱离设定的限制规则。

（二）具体规则

现行的人工智能武器主要为传统武器附加人工智能要素。这种武器的生产与使用首先必须遵守传统国际法对武器的限制、禁止以及使用规则。对于由人工智能控制的传统武器，国际法规则必须强化对人工智能的监管与控制。基于以上原则，国际社会应禁止全自主人工智能武器的使用，"人"必须在传统武器的使用决策上具有最终决定权。

纯人工智能武器主要为以互联网为载体的网络攻击算法，也就是所谓的网络武器。与具有人工智能要素的传统武器相比，网络纯人工智能武器具有更强的深度学习、复制能力。具有深度学习能力的网络纯人工智能武器可自主选择攻击目标、攻击规模以及攻击方式，"人"完全排除在战争行为之外，成为战争的牺牲品。国际法规则应全面禁止纯人工智能武器的发展与使用。

现行的人工智能系统可能利用他国的传统武器对敌对方进行战争行为。传统武器的所有国可能在不知情的情况下，其武器被人工智能机器控制用以攻击敌对方。国际法规则应禁止人工智能算法通过技术手段控制他国的传统武器并以此对他国发动攻击。

对人工智能武器发展的主要忧虑在于其易于违反国际人道法和国际人权法，从而可能导致平民大量伤亡。人工智能武器的特点是不需由"人"进行有意义的操控，使其难以因前述违法行为而对任何人追究刑事责任。人工智能武器的非法攻击行为通常无法加以预见或阻止，即使人工智能武器犯下达到战争罪程度的罪行，可能也无人就此承担责任，因为这种行为可能被认为是"意外"或"机械故障"。事实上，设计良好的算法能有效阻止上述"意外"或"机械故障"。人工智能武器未能遵守相关国际法规则的原因在于算法设计者未向人工智能技术灌输行为限制模式，未建立有效的冗余系统以及算法的安全性、完整性与可预测性存在问题。为了提升可预测性，美国国防部的指令要求，任何人工智能武器的研发必须进行回归测试，以增加作战人员对人工智能武器的掌握程度。国际法规则应强制规定算法必须具有行为限制模式。算法必须是安全、完整与可预测的。人工智能武器应建立有效的冗余系统。

如果人工智能武器发生了违反国际人道法的行为，现阶段国际社会的做法是考察该结果是否在作战人员故意的范围内。如果该结果在预测范围内，作战人员就具备间接故意。不过，国际刑事司法实践（包括前南斯拉夫问题国际刑事法庭和国际刑事法院）不承认间接故意在战争罪中扮演的角色。那么，能否利用共同正犯或指挥官责任概念将人工智能武器违反行为归结于个人呢？然而，这些理论适用的前提是个人实施了具体犯罪，而人工智能武器行为并不能与刑法上犯罪行为等同。不过，能否将指挥官责任视为不作为犯罪？现实情况是，国际刑事司法实践只是将其视为独立的责任模式，它仍必须以行为人实施犯罪为前提。另外，国家责任也有适用空间，但问题的核心也在可预测性。国际法院在 2007 年《种族灭绝罪公约》适用案采用区分的方法，以全面控制判断武装冲突的性质，以有效控制判断国家责任。在人工智能武器中，问题的关键在于《国家责任条款草案》第 8 条的"控制"问题。而"控制"却是人工智能武器争议的核心问题。

对于人工智能武器而言，只有事前预防才可能解决人工智能武器的负面效应。基于人工智能技术的自我学习、自我复制能力，没有事前预防措施，人工智能武器的事后控制将不可能。事前的预防措施包括保证算法的安全性与可解释性，在算法中加入战争法规则与人道主义规则，强化算法中的限制规则与道德机器人的责任。这一切控制的基础都源自算法设计者与使用者的事先行为。因此，要有效控制人工智能武器的无序发展，就必须赋予算法设计者某种法律责任。由于现行国际战争法规则不能解决算法设计者责任问题，而算法设计者是控制人工智能武器负面效用的最佳人选，国际法规则应建立专门的算法设计者战争责任规则以督促算法设计者设计出符合规则的人工智能武器体系。

（三）监督

在人工智能武器的发展与规制方面，各国基本是自行其是，既无统一实体标准，也无统一监管标准。现阶段要求各国放弃人工智能武器发展并不具有现实可能性。但放任各国任意发展人工智能武器并不符合各个国家以及国际社会的整体利益。无监管的人工智能武器可能给全人类带来灾难，因而国际社会有监管人工智能武器发展意愿，建立人工智能监管委员会具有现实可能性。

人工智能监管国际委员会的职责是监督各国人工智能武器的发展。各国必须将其发展的人工智能武器进行备案。该委员会应成立独立的人工智能武器算法监管机构。该机构由独立的各国专家构成，独立于任何国家与机构，对人工智能武器算法进行审查，对不符合规则的算法进行销毁或禁止使用。

人工智能是决定未来战争胜负的关键要素。要禁止各国在此领域的发展几乎不可能。但基于全人类的福祉考量，国际社会对人工智能武器的发展不能放任不管，听之任之。现行国际法规范无法解决人工智能的监管问题。国际社会有必要建立人工智能武器监管委员会。人工智能武器规制的关键是算法控制。一些国家，如法国，未来打算将所有人工智能算法开放审查，以最大程度减少其可能对民主造成的威胁。要求人工智能武器系统的算法透明、安全与可解释是未来国际社会规制人工智能武器的主要措施。确保人工智能武器系统的"可解释性"是减少决策争议的关键环节，也是追责体系可行性的要求。国际社会应强化对人工智能武器系统的安全性和完整性的测试，重点关注在开放性、不受控制的环境中可能发生的潜在错误或故障。国际法规则应要求各国建立人工智能武器系统中的冗余系统，利用多种方法来检测错误和评估输出资讯，确保获取情报的真实性。国际法规则应要求人工智能武器系统中加入自动防故障装置，以在意外发生或风险升级的情况下允许系统自动解除故障。例如人工智能在乌克兰战争中最广泛的应用是地理空间情报。人工智能用于分析卫星图像，还用于地理定位和分析开源数据，例如地缘政治敏感地点的社交媒体照片。神经网络用于结合地面照片、无人机视频片段和卫星图像，以独特的方式增强情报，从而产生战略和战术情报优势。这是未来我们必须更加关注的现象。

第六节　中风险与低风险的人工智能运用

中风险的人工智能运用一般不涉及对公民人身、财产的具体损害，其主要涉及人工智能系统的透明度问题。这些系统可能与人进行交流与互动，但不会对人的权利与利益带来负面影响。这种运用主要涉及用户的知情权与选择权问题。低风险的人工智能运用主要是指赋能性的人工智能技术，其更多是给社会带来益处而非风险与危害，比如垃圾邮件过滤系统。这些人工智能更多是增加了社会福利而非引发了更多风险。此外低风险的人工智能主要涉及那些较少与人进行交流与互动的系统，因而不会对人带来任何的伤害与不利。正如前面我们所描述的那样，任何的人工智能技术都存在某种程度的风险，比如垃圾邮件系统虽然可能有利于减少用户受到垃圾信息的干扰，但也可能给正常通信带来伤害。

一、中风险人工智能规制

（一）中风险人工智能系统的界定

与高风险人工智能系统相比，中风险的人工智能几乎不会对个人的人身、财产带来风险。除高风险系统，所有与人进行交互的系统都属于中风险系统。正如我们前面分析，任何人工智能系统都具有一定的风险性，并不存在没有任何风险的人工智能系统。中风险的人工智能更多是给社会带来益处与便利，但也会对个人的人身与财产带来一定的负面影响。与人交互的系统即使不会造成对人的直接损害，但也可能在运行的过程中收集个人信息，对个人的行为、情绪等产生负面影响。这类人工智能系统虽然没有高风险系统对用户的伤害严重，但也会对个人隐私、自主性等带来一定的风险。

属于有限风险类别的人工智能系统包括深度造假和聊天机器人。以今天火爆的 ChatGPT 为例，其可以基于训练数据生成各种文本、图像与视频等。显然，这种聊天机器人不会对个人的身体、财产带来任何危害。但是这种聊天机器人可能非法搜集公民个人信息，以错误信息误导用户，但不会对用户进行潜意识的操控。

（二）中风险人工智能的多边规制

这类中风险系统也必须遵守关于人工智能规制的一般规则，如系统安全、遵守个人信息保护等。但对这种类型的人工智能不需要进行特别监管，不需要建立事前的审查与备案机制。但值得注意的是，这类系统不能暗含暗黑模式，超出其明示的目的对用户进行控制。这类对用户进行操控的人工智能系统不再是中风险的人工智能，而是进化为高风险的人工智能系统。欧盟《人工智能法案》规定，用于检测提供金融服务中的欺诈行为的人工智能系统不应被视为高风险。但是如果用于欺诈检测行为的人工智能系统，未经许可收集大量的用户信息，对用户行为进行大规模监控，则可能升级为高风险系统。

从这种意义上讲，人工智能系统的风险划分是一个动态的标准与过程，除关注系统自身的状况外，还需关注系统的使用限制以及发生的损害。

对于这类中风险的人工智能系统规制的重点在于其透明度问题。这里的透明度包含三层含义：一是人工智能系统部署者必须告知用户其使用的是人工智能系统，用户有权利知道与其互动的是机器而不是真正的人。二是人工智能运行结果的标识义务。深度合成、生成式人工智能技术的广泛运用导致了大量虚假信息的出现，如果不对这类虚假信息进行明确标识，将可能导致虚假信息泛滥，从而可能导致社会信任机制的崩溃，进而对整个社会生活带来影响。三是系统算法的透明度问题。正如我们前面所论述的那样，人工智能算法具有强大的自适应性与迭代性，这种自适应性与迭代性会产生所谓的黑箱问题。随着算法的发展与迭代，算法可以从中风险算法向高风险算法进化。另外，同一算法的不同利用模式可能会产生不同的风险类型。

二、低风险人工智能运用

低风险人工智能意指一切非与人进行交互的人工智能系统、如人工智能财务管理系统，人工智能供应管理系统、人工智能质量管理系统、人工智能诊断系统、气候监控人工智能系统等。低风险人工智虽然不与人进行交互，但并不意味着其不具有任何风险，不会对人的权益带来损失。事实上，非与人进行交互的系统仍然存在安全风险。有些利用个人信息的人工智能，如疾病诊断系统，虽然不与人发生直接交互，但其为训练数据可能大量收集病人的相关医疗信息，这些信息的泄露可能给当事人带来巨大的损害。因此，对于低风险人工智能系统而言，国际社会应鼓励其发展与运用，特别是既不涉及与人交互，也不利用个人信息的人工智能系统，如气候变化应对的人工智能系统，产品质量管理的人工智能系统等。当然，对于低风险的人工智能系统，也应确保其网络安全、对个人信息提供特殊保护等所有人工智能系统使用者都需承担的一般义务。

结语与建议

一、再论人工智能规制多边合作必要性

人工智能技术的快速发展与迭代正深刻影响着我们的生活方式与行为模式。人工智能技术现已渗透入我们生活的方方面面，我们生活的每一天无不被人工智能控制与塑造，我们成长的每一步无不被人工智能所影响。人工智能随时影响我们的生活、控制我们的生活甚至剥夺我们的生命。可以毫不夸张地说，我们今天真正进入了人工智能时代，人工智能与我们的生活如影随形，像一个幽灵般伴随我们的一生，塑造了我们的思想、情感、行为模式与认知。从某种意义上讲，人工智能就是一个庞大的数字利维坦。17世纪初，哲学家托马斯·霍布斯创造了一个重要的符号来捕捉我们未来几个世纪的政治想象力。这种人工创造物被称为利维坦，是凡人上帝的化身。长期以来，技术仅仅是链接人与自然的工具，今天，技术不再是人与自然连接的中介，技术与技术之间可以自主沟通与发展，人被异化为技术的用户、资源。我们正在见证社会、政治和经济生活在数字空间中的快速数字化。数字技术将一切，包括我们的生活，转变为抽象的代码。黑格尔著名的主奴辩证法再现了：通过消除前主人，奴隶取代了他/她的位置。数字在线世界渗透并轻松连接到模拟离线世界。后一种现象被称为"普适计算""环境智能""物联网"或"网络增强事物"。不管名称何为，我们越来越多地生活在互联网中，沉浸在一个新的人工生活环境中，被异化为一种数字化的存在。

人为万物之灵。《列子·天瑞》说："天生万物，唯人为贵。而吾得为人，是一乐也。"千百年来，人类的奋斗史与抗争史就是获取人之为人的价值、尊

严的历史。今天，人人平等，人享有独立的尊严与价值已然成为国际社会的共识。《世界人权宣言》第一条就庄严宣告，人人生而自由，在尊严和权利上一律平等。他们赋有理性和良心，并应以兄弟关系的精神相对待。然而，人类通过千百年抗争所获得的成果正逐渐被人工智能技术侵蚀。人工智能技术不但控制人的行为模式，还试图塑造人的行为模式与价值观，将人异化为冰冷的数字化存在。此外，人工智能技术强大的自适应性与自主性更是给人类的基本生存带来危害。试想一下人工智能技术控制了我们的电网、核设施、高端武器，而人类对这种控制无能为力的场景，这似乎看起来像是熟悉的电影科幻场景，但如果人类不再采取行动，这种场景并非没有出现的可能。事实上，机器超级智能可以发现能够轻松毁灭人类的技术，例如构建一些基于生物技术或纳米技术的"世界末日装置"，这种装置一旦发明，既便宜又容易建造。是时候迅速采取行动规制人工智能的无序发展了。2023 年 7 月 24 日美国国务卿和美国商务部长联合发文指出，为了塑造人工智能的未来，我们必须迅速采取行动。同时，我们还必须集体行动。没有一个国家或公司能够独自塑造人工智能的未来。[1]

亚伯拉罕·林肯曾经说过："在世界历史上曾出现过一些具有特殊价值的发明和发现，比如文字、印刷术。"今天我们经历了另一项这样的发明：人工智能。像 GPT-4 这样强大的生成式人工智能系统开创了这项技术的新时代。它们正在彻底改变知识生产，极大地提高机器创建原创内容、执行复杂任务和解决重要问题的能力。人工智能具有改善人们生活并帮助解决世界上一些挑战的巨大潜力，从治愈癌症到缓解气候变化，再到解决全球粮食不安全问题等。但人工智能技术同时也带来极大的风险，人工智能产生错误信息、强化偏见和歧视、滥用人工智能进行镇压或破坏稳定、传播知识以制造生物武器或发起网络攻击的风险等。人工智能的未来，无论它使我们的社会更加平等还是更加不平等、带来突破还是成为压制与剥削的工具，都完全取决于我们。问题不在于是否使用，而在于如何使用。

为规制人工智能的发展，全球多个国家建立人工智能发展战略与行动方

---

[1] Antony Blinken, Gina Raimondo, "To shape the future of AI, we must act quickly", available at https://www. ft. com. ezproxy. brund. ac. wk/content/eea999db-3441-45e1-a567-19dfa958dc8f, 最后访问日期：2023 年 8 月 1 日。

案，一些国际组织还起草了规制人工智能的伦理规范。人工智能规制现今已经成为各国立法最为热门的领域。各国都竞相在人工智能规制领域占领先机，进而获得所谓的"布鲁塞尔效应"。在"布鲁塞尔效应"影响下，现今各国在人工智能规制上都订立了大量具有示范性效用的立法，这些立法可能塑造未来的人工智能发展环境，进而对人类未来发展带来深刻影响。典型的如欧盟的《人工智能法案》《数字市场法案》《数字服务法案》以及 GDPR 等，中国的《个人信息保护法》《生成式人工智能服务管理暂行办法》《互联网信息服务深度合成管理规定》等。这些立法对人工智能应用中的个人信息使用、生成式人工智能算法以及深度合成人工智能技术运用进行规范。欧盟《人工智能法案》是全球第一个对人工智能系统进行规范的区域性条约，其提出了基于风险的人工智能规制的基本逻辑。

然而，人工智能技术规制的各自为政无法解决人工智能技术所引发的负面效应。其原因非常简单：人工智能技术运用的虚拟性与无国界性。这意味着任何基于互联网环境的人工智能运用都可能产生超越国境的影响，对第三方带来不利影响。为应对这种人工智能技术的跨境应用性，各国的人工智能立法必然产生所谓的域外管辖权问题。欧盟《人工智能法案》就明确规定，《人工智能法案》适用于在欧盟投放入市场或投入使用人工智能系统的供应商，无论其设立地点是否在欧盟内，设立在或位于欧盟的人工智能系统的部署者、人工智能系统未部署在欧盟，但人工智能系统的输出内容在欧盟内使用的供应商和部署者等。对于他国人工智能法案的域外效力，其他主权国家都会以网络主权为由进行阻却，或是通过另外立法的手段来阻止他国法律的域外效力。这就是典型的规制竞争问题。规制竞争会产生所谓的囚徒困境与竞争失序问题，从而导致企业无所适从，进而使得基于国别的规制秩序失效。由于企业和国家对人工智能的开发竞争日益激烈，情况变得更加复杂。这造成了一种囚徒困境动态，其中稳定的次优纳什均衡有利于发展速度而不是发展安全，从而导致潜在的监管"逐底竞争"。[1]规制协同问题可能会导致风险不断增加的人工智能技术呈现竞赛态势，开发人员在争相成为第一个获得

---

〔1〕 "Policy Desiderata for Superintelligent AI： A Vector Field Approach"，available at https：//www. fhi. ox. ac. uk/wp-content/uploads/Policy-Desiderata-in-the-Development-of-Machine-Superintelligence. pdf，最后访问日期：2023 年 3 月 2 日。

超级智能的人时将谨慎抛在脑后。竞争态势可能会导致安全研究投资减少，安装和测试控制方法延迟的意愿降低，降低了投入资源控制安全风险的机会。更一般地说，规制协同失败可能会导致先进人工智能的开发和部署中出现各种"逐底竞争"。例如，在竞争异常激烈的全球经济中，保护人工智能利益的福利规定可能会受到侵蚀。对虐待和剥削数字工作者实施监管的司法管辖区在竞争中处于不利地位并被边缘化。如果没有有效的全球协调，进化态势也可能以无法避免的方式朝着不良方向发展。如果技术发展增加了灾难性全球协调失败的风险，那么制定解决这些协调问题的方案和机制就变得更加重要。这涉及改进现有全球治理机制和加强合作规范的渐进工作，还可能涉及优先选择能够赋予某些行为者决定性战略优势的发展道路，必要时可以利用这种优势在出现协调失败的重大风险时稳定世界。

二、关于人工智能规制国际多边规则的具体建议

（一）规制目标

国际社会已经制定了多个涉及人工智能伦理与原则的共识性规则，如联合国教科文组织制定的《人工智能伦理问题建议书》，OECD 制定的《人工智能原则》等。现今，人工智能相关的伦理规范涉及的议题主要有隐私、问责、安全、透明度和可解释性、公平和非歧视、人类对技术的控制、专业责任以及促进人类价值观等。这些议题有的是涉及技术自身的规制，如透明与可解释性；有的是对人工智能技术应用结果的规制，如系统安全、公平与非歧视等。对于涉及人工智能的多边条约而言，其规制目标更应关注结果，不应过于注重对于技术自身的规制。

欧盟《人工智能法案》，其目的是促进采用以人为本、值得信赖的人工智能，并确保在欧盟内对健康、安全、基本权利、民主和法治以及环境提供高水平的保护，使其免受人工智能系统的有害影响，同时支持创新和改善内部市场的运作。该法规制定了统一的法律框架，特别是针对符合欧盟价值观和人工智能的开发、投放市场、投入服务和使用人工智能。确保基于人工智能的商品和服务跨境自由流动，从而防止成员国对人工智能系统（人工智能系统）的开发、营销和使用施加限制，除非本条例明确授权。此外某些人工智能系统也会对民主、法治和环境产生影响。

我们以上的分析表明，现今人工智能发展的最大问题是对人的异化，是对人的权利的损害。人工智能国际法多边规制的核心目标是坚持人本主义，促进人的价值实现。所谓坚持人本主义的目标是指将人放在人工智能体系的优先地位，促进人工智能对人的权利实现、价值实现与尊严保障，禁止人工智能系统对人的权利、尊严、价值的损害。在人本主义原则的指导下，任何人工智能系统的开发者与部署者必须确保其人工智能是安全、可信的系统，对于促进与保障人权的实现具有积极作用。

因此，人工智能规制国际法多边规制的目标是促进以人为本的安全、可信、向善与负责的人工智能的开发与利用；保障人的基本权利、价值与尊严；促进全人类的可持续发展。

（二）规制路径与主要内容

人工智能多边规则的具体路径包括两个维度：一是从技术自身维度的规制；二是从运行场景的规制。从技术自身维度的规制主要涉及人工智能算法模型的规制以及对人工智能系统运行关键性支撑因素如训练数据、算力等的规制。从运用场景维度的规制主要涉及对基于不同运用场景的风险对于不同应用场景的人工智能运用采取不同的规制方法。对于人工智能技术自身的规制而言，规制的重点在于算法设计的规制。算法设计的规制应确保算法自身规则公平、公正，不包含歧视与偏见，不含有有损他人权益的暗黑模式等。对于算法设计的规制而言，一些特色算法如基础模型、生成式人工智能算法等规制具有特殊性，需建立单独的规则体系。对于数据的规制而言，数据是算法得以发展与进化的关键性因素，数据的多边规则的核心是确保训练数据的合法、包容、不包含歧视性与偏见性内容；确保人工智能系统运用中的个人数据保护以及数据安全等。数据保护规则中最为重要的部分是个人数据保护问题，国际社会需采取严格的措施确保个人数据的安全、不被滥用。

基于风险的人工智能多边规制路径是指通过评估人工智能技术在具体场景的运用，分析这些运用对个人、社会与国家可能带来的风险，进而评估风险等级，基于风险等级建立不同的规制路径与模式。基于人工智能技术可能带来的不同风险，我们将人工智能所运用的风险等级分为四个类别：不可接受（超高风险）风险的人工智能运用、高风险人工智能运用、中风险人工智能运用以及低风险人工智能运用。基于人工智能的技术特征，所有人工智能系统都存在着某种风险，如至少存在所谓的安全风险。但是基于不同的运用场景，不同的人工智能系统的风险显然存在差异。对于人工智能系统风险的评估是基于人工智能系统收益与危害的综合评价。如果一个系统仅仅具有有限的益处，更多的是引发对个体与社会的普遍伤害，这样的系统所引发的风险是不可接受的，应该禁止这些系统的使用。如果人工智能系统虽然可能引发较大的伤害，但这种伤害与该人工智能系统所带来的益处相比，这种伤害是可接受的。这种系统虽然是高风险系统，也会给社会带来巨大的利益，因而对于这种高风险系统，需采取严格的措施予以监管，以减少其危害性。此外，如果人工智能系统所引发的风险有限，给社会所带来的益处远远大于所引发的风险，这样的人工智能系统无疑是有利于社会的人工智能运用，对于这类中风险人工智能系统，应鼓励其发展。最后，如果人工智能系统仅仅存在非常低的风险，甚至在采取措施后风险就消失的人工智能系统，基本不存在风险，对于这类人工智能系统的规制应采取较为宽松的态度，甚至可以放手让其发展。

值得注意的是，人工智能系统的风险并不是一成不变的，基于人工智能技术的自适应性与不断迭代与变化的特征，某个人工智能系统的风险可能基于人工智能系统自身的迭代而不断变化，导致人工智能系统的风险水平发生改变。因此，人工智能系统的规制者需关注人工智能系统的风险变化，随时调整人工智能系统的规制框架与措施。

最后，人工智能规制的核心是确保人的安全、尊重、价值，确保人的基本权利的实现与保障。个人数据是现今人工智能发展的最为基础性的资源，但个人数据的滥用可能会给个体、国家等带来巨大的危害。因此，我们将所有与人进行互动的系统都定义为中风险以上的系统，从而确保系统使用者遵守与个人权益保障相关的国际规则。

《人工智能条约》条款建议

序 言

鉴于人工智能的普遍、深远与全球性影响，对人类的政治、社会、经济带来的巨大改变；

鉴于人工智能广泛的经济、社会和环境效益。通过改进预测、优化运营和资源分配以及为个人和组织提供个性化数字解决方案，人工智能可以为企业提供关键的竞争优势，对社会和环境带来有益改变；

鉴于人工智能有潜力改善人们的福祉，为积极的可持续全球经济活动做出贡献，提高创新和生产力，并帮助应对关键的全球挑战；

鉴于人工智能变革可能在社会和经济内部以及社会和经济之间产生不同影响，特别是在经济转型、竞争、劳动力市场转型以及对民主、人权、隐私和数据保护以及数字安全方面；

鉴于人工智能对于多方面的潜在影响，包括人的尊严、人权和基本自由、性别平等、民主、社会、经济、政治和文化进程、科学和工程实践、动物福利以及环境和生态系统；

鉴于人工智能技术可能内嵌并加剧偏见，可能导致歧视、不平等、数字鸿沟和排斥，并对文化、社会和生物多样性构成威胁，造成社会或经济鸿沟；

鉴于以人为本的人工智能发展目标；

鉴于信任是数字化转型的关键推动因素。尽管未来人工智能应用的性质及其影响可能难以预见，但人工智能系统的可信度是人工智能传播和利用的关键因素；

鉴于负责任的人工智能有助于引导人工智能行业朝着对人和社会更有益、更公平的方向发展，可以建立人们对人工智能的信任和信心，对人工智能的可持续发展至关重要；

鉴于可持续人类社会发展目标。人工智能技术的出现可能有利于可持续性目标，但也可能阻碍这些目标的实现，这取决于处在不同发展水平阶段的国家如何应用人工智能技术。在就人工智能技术对人类、社会、文化、经济和环境的影响开展持续评估时应充分考虑到人工智能技术对于可持续发展目标的影响；

鉴于人工智能的快速发展和实施，需要一个稳定的政策环境，促进以人为本的方法实现值得信赖的人工智能，促进研究与创新激励；

鉴于人工智能所带来的风险，尽管不同人工智能系统具有不同的风险，但控制风险对人类免受人工智能系统危害至关重要；

鉴于数据跨境流动对促进全球数字经济发展的巨大价值以及可能产生的负面影响；

鉴于促进和实施可信赖人工智能的负责任管理人工智能系统的重要性；

特此协议如下：

第一章　原　则

第 1 条　包容性增长、可持续发展和人类福祉

人工智能利益相关者应积极参与对值得信赖的人工智能的负责任管理，增强人类能力和创造力，减少经济、社会、性别和其他不平等，保护自然环境，从而促进包容性增长、可持续发展和人类福祉。

人工智能生命周期的各个阶段应促进环境保护、生物多样性和生态系统、尊重文化多样性。

第 2 条　以人为本

人工智能参与者应在人工智能系统的整个生命周期中尊重法治、人权和民主价值观，包括自由、尊严和自主、隐私和数据保护、非歧视和平等、多样性、公平、社会正义和国际公认的劳工权利等。

第 3 条　透明度和可解释性

人工智能参与者应致力于人工智能系统的透明度和负责任的披露。为此，

其应该提供有价值的适宜最新信息，包括：

（1）促进对人工智能系统的理解；

（2）让利益相关者了解其与人工智能系统互动情况；

（3）使受人工智能系统影响的人能够了解结果；

（4）使那些受到人工智能系统不利影响的人能够根据有关因素的简单易懂的信息以及作为预测、建议或决策基础的逻辑来挑战其结果。

第4条 稳健性、安全性

人工智能系统在整个生命周期中应保持稳健、可靠和安全，以便在正常使用、可预见使用或误用或其他不利条件下正常运行，不会造成不合理的安全风险。为此，人工智能参与者应确保可追溯性，包括人工智能系统生命周期期间做出的数据集、流程和决策相关的可追溯性，以便分析人工智能系统的结果和对查询的响应，适合具体情况并与现有技术保持一致。

人工智能参与者应根据其角色、背景和行动能力，持续将系统的风险管理方法应用于人工智能系统生命周期的每个阶段，以解决与人工智能系统相关的风险，包括隐私、数据安全、网络安全和偏见。

人工智能参与者应实施适合具体情况并符合现有技术的机制和保障措施。

第5条 问责

人工智能参与者应根据其角色、背景、现有技术状况，对人工智能系统的正常运行负责，对不履行相关义务承担负责。

第6条 人的监督与人的决定

成员国应确保始终有可能将人工智能系统生命周期的任何阶段以及与人工智能系统有关的补救措施的伦理和法律责任归属于自然人或现有法人实体。

人类监督不仅指个人监督，在适当情况下也指范围广泛的公共监督。

在某些情况下，出于效率性的考虑，人类有时选择依赖人工智能系统，但是否在有限情形下出让控制权依然要由人类来决定，这是由于人类在决策和行动上可以借助人工智能系统，但人工智能系统永远无法取代人类的最终责任和问责。一般而言，涉及生死抉择的情况，不应任由人工智能系统决定。

第7条 主权原则

各国对其网络空间治理享有主权。人工智能系统的开发与部署不得损害国家政治、经济与文化主权。

第 8 条 创新促进

人工智能规制应有助于支持研究和创新，不应损害研究和开发活动并尊重科学研究的自由。因此，有必要将专门为科学研究和开发目的而开发的人工智能系统排除在其范围之外，并确保本条约不会以其他方式影响人工智能系统的科学研究和开发活动。在任何情况下，任何研究和开发活动都应依据法律进行。

鼓励各国单独或联合建立监管沙盒，以便提供一个受控环境，促进创新，并在创新人工智能系统投放市场或投入使用之前的有限时间内促进其开发、测试和验证。

鼓励各国采取措施促进中小企业、初创企业人工智能技术开发与运营。

第二章　一般条款

第 9 条 定义

人工智能系统是指基于机器的系统，其设计为以不同程度的自主性运行，并且可以针对显式或隐式目标生成影响物理或虚拟环境的输出，例如预测、建议或决策。

基础模型是指在广泛的数据上大规模训练的人工智能系统模型，专为输出的通用性而设计，并且可以适应广泛的独特任务。

通用人工智能系统是指可用于并适应多种应用的人工智能系统，但并非有意和专门设计。

训练数据是指被用于训练机器学习模型的标注或者基准数据集。

验证数据是指用于对经过训练的人工智能系统进行评估、调整其不可学习参数及其学习过程等的数据，以防止拟合不足或过度拟合。验证数据集是单独的数据集或训练数据集的一部分，可以是固定分割或可变分割。

生物特征识别是指通过将个人的生物特征数据与数据库中存储的个人生物特征数据进行比较来自动识别人类的身体、生理、行为和心理特征，以建立个人的身份。

情绪识别系统是指基于生物识别和基于生物识别的数据识别或推断个人或群体的情绪、思想、精神状态或意图的人工智能系统。

深度合成技术是指利用深度学习、虚拟现实等生成合成类算法制作文本、图像、音频、视频、虚拟场景等网络信息的技术，包括但不限于：

（1）篇章生成、文本风格转换、问答对话等生成或者编辑文本内容的技术；

（2）文本转语音、语音转换、语音属性编辑等生成或者编辑语音内容的技术；

（3）音乐生成、场景声编辑等生成或者编辑非语音内容的技术；

（4）人脸生成、人脸替换、人物属性编辑、人脸操控、姿态操控等生成或者编辑图像、视频内容中生物特征的技术；

（5）图像生成、图像增强、图像修复等生成或者编辑图像、视频内容中非生物特征的技术；

（6）三维重建、数字仿真等生成或者编辑数字人物、虚拟场景的技术。

生成式人工智能技术是指具有文本、图片、音频、视频等内容生成能力的模型及相关技术。

自动决策系统是指使用计算的任何系统、软件或流程（包括源自机器学习、统计或其他数据处理或人工智能技术的系统、软件或流程，不包括被动计算基础设施），其结果可作为决策或判断的基础。

个人数据是以电子或者其他方式记录的与已识别或者可识别的自然人有关的各种数据，不包括匿名化处理后的数据。

非个人数据是个人数据以外的其他数据。

敏感个人数据是一旦泄露或者非法使用，容易导致自然人的人格尊严受到侵害或者人身、财产安全受到危害的个人数据，包括生物识别、宗教信仰、特定身份、医疗健康、金融账户、基因数据、种族归属、哲学和宗教信仰、性取向、刑事定罪和刑事违法数据、行踪轨迹等信息，以及不满十四周岁未成年人的个人信息。

风险是指发生损害的概率和损害的严重程度的组合。

第 10 条　义务

各成员应实施本条约的规定。各成员可以，但并无义务，在其法律中实施比本条约要求更广泛的保护，只要此种保护不违反本条约的规定。各成员有权在其各自的法律制度和实践中确定实施本条约规定的适当方法。

第 11 条　目标

促进采用以人为本、值得信赖的人工智能，并确保对个人健康、安全、基本权利、民主和法治以及环境提供高水平的保护，使其免受人工智能系统的有害影响，同时支持创新和改善市场运作。

第三章　数据

第 12 条　一般原则

以合法、公平和透明的方式处理数据。

出于指定、明确和合法的目的收集数据，并且不会以与这些目的不相符的方式进行进一步数据处理。

充分、相关且限于处理目的所需的内容。

准确，并在必要时保持最新。

必须采取一切合理步骤，确保毫不拖延地删除或纠正不准确数据。

保存时间不得超过处理目的所需。

确保数据以适当安全的方式进行处理，包括使用适当的技术或组织措施防止未经授权或非法处理以及意外丢失、破坏或损坏。

第 13 条　一般义务

在合理和相称的范围内，处理数据的自然人和法人都必须采用数据保护政策，规定如何在其组织内实施和尊重本条约中的规则。

通过设计或默认方式在其技术基础设施中实施本条约的规定。

维护记录，详细说明所处理的数据、数据来源、处理数据的目的、处理数据的期限、数据的存储、共享数据的自然人和法人以及所采用的技术和组织措施。

在参与具体处理活动之前进行数据保护影响评估，考虑对个人、团体和整个社会可能产生的影响，并制定减轻这些影响的策略。

指定一名数据保护官员。数据保护官应完全独立、经过培训并能够获得必要的资源以充分完成其任务。数据保护官负责确保本条例中包含的所有相关原则得到遵守。

透明地处理数据。通过网站向公众通报所处理的数据、数据的来源、处理数据的目的、数据存储的期限、数据所属的组织所采用的技术和组织措施以及发生的任何数据泄露。

第 14 条 训练、验证与测试数据

训练、验证和测试数据集应具有相关性、代表性、无错误且完整。

训练、验证和测试数据集应在预期目的要求的范围内考虑高风险人工智能系统预期使用的特定地理、行为或功能环境所特有的特征或元素。

训练、验证和测试数据集应遵守适当的数据治理和管理实践。适当的数据治理和管理实践应至少涉及以下内容：

（1）相关的设计选择；

（2）数据收集；

（3）相关的数据准备处理操作，例如注释、标签、清洗、聚合；

（4）相关假设的制定，特别是关于数据应该测量和表示的信息；

（5）事先评估所需数据集的可用性、数量和适用性；

（6）针对可能存在的偏见进行审查；

（7）查明任何可能的数据差距或缺陷，以及如何解决这些差距和缺陷。

第 15 条 非个人数据利用与转移

各成员国应鼓励非个人数据的充分利用，不应采取不合理限制非个人数据利用与转移的措施。

第 16 条 个人数据的特殊保护

16.1 一般原则

处理个人数据应当遵循合法、正当、必要和诚信原则，不得通过误导、欺诈、胁迫等方式处理个人数据。

处理个人数据应当具有明确、合理的目的，并应当与处理目的直接相关，采取对个人权益影响最小的方式。

收集个人数据应当限于实现处理目的的最小范围，不得过度收集个人数据。

处理个人数据应当遵循公开、透明原则，公开个人数据处理规则，明示处理的目的、方式和范围。

处理个人数据应当保证个人数据的质量，避免因个人数据不准确、不完整对个人权益造成不利影响。

以允许识别数据主体的形式保存的时间不超过处理个人数据的目的所需的时间；个人数据可以保存更长时间，前提是个人数据将仅用于公共利益、科学或历史研究目的或统计目的等，但须采取适当的技术和组织措施以保障

个人的权利和自由。

16.2 处理个人数据的法律基础

符合下列情形之一的，个人数据处理者方可处理个人数据：

（1）取得个人的同意；

（2）为订立、履行个人作为一方当事人的合同所必需，或者按照依法制定的劳动规章制度和依法签订的集体合同实施人力资源管理所必需；

（3）为履行法定职责或者法定义务所必需；

（4）为公共利益所需；

（5）为保护用户或其他人的重大利益所需；

（6）在合理的范围内处理个人自行公开或者其他已经合法公开的个人信息。

16.3 自动化决策

个人有权决绝仅仅基于自动化处理的决定，如果该决定会对个人带来重大的实质性影响，除非获取个人的明确同意，订立、履行合同所需以及履行履行法定职责或者法定义务所必需。

个人数据处理者利用个人数据进行自动化决策，应当保证决策的透明度和结果公平、公正，不得对个人在交易价格等交易条件上实行不合理的差别待遇，不得损害个人的选择权等。

16.4 敏感个人数据

只有在具有特定的目的和充分的必要性，并采取严格保护措施的情形下，方可处理敏感个人信息。

处理个人敏感个人数据，需要个人的单独同意，并告知处理个人敏感数据的必要性与影响。成员国可基于本国的实际情况，决定敏感个人数据的同意例外规则，但这些例外规则不会不合理损害个人的基本权利。

16.5 个人数据权益

个人对其个人享有以下权益：

个人信息的处理享有知情权、决定权，有权限制或者拒绝他人对其个人信息进行处理；

有权向个人数据处理者查阅、复制其个人数据；

有权将个人数据转移至其指定的个人数据处理者；

有权请求个人数据处理者更正、补充不准确与不完整的个人数据；

有权要求个人数据处理者对其个人数据处理规则进行解释说明；

有权要求个人数据处理者删除不合时宜的个人数据。

第 17 条　数据跨境

17.1 基本原则

各成员国应促进数据无缝且负责任地跨境流动。

任何影响跨境数据传输的规则都应根据良好的监管实践制定和维护。

任何影响跨境数据传输的规则都应该是非歧视性的。

任何影响跨境数据传输的规则都应该是实现合法目标所必需的，并且不得施加不必要的限制。

任何影响跨境数据传输的规则不构成对贸易的不合理限制。

17.2 除非基于公共利益与公共安全的考虑，各成员国不能限制非个人数据的跨境流动。

17.3 除本条约规定的例外情况外，各成员国不得不合理地限制个人数据的跨境流动。

17.4 除本条约规定的例外情况下，各成员国原则上不得要求数据处理者将数据存储于本地。

17.5 限制个人数据跨境流动的正当理由包括

（1）数据接收方所在的成员国的个人数据保护水平未达到本条约承诺的水平；

（2）个人不同意数据跨境流动；

（3）跨境数据流动可能给国家安全带来危害；

（4）跨境数据流动损害公共利益与公共秩序。

17.6 各成员国应公开限制数据流动的具体规则，对跨境数据流动的评估、认证、批准程序做出明确规定，确保程序公平、透明。

17.7 各成员国应共同努力建立一项全球跨境隐私认证框架与准则，便利数据的跨境流动。

第四章　算　法

第 18 条　基本原则

18.1 算法规则应公平、公正，不会造成不合理的偏见与歧视。

18.2 算法规则应可解释。

18.3 禁止利用算法损害个人的权利、利益。

18.4 算法透明，禁止使用算法操纵用户。算法部署者应向所有消费者提供易于理解的信息，披露算法决策的过程与结果。

18.5 部署算法前应进行事前风险评估与审计。

第 19 条　基础模型

19.1 基础模型提供者需承担以下义务：

基础模型的提供者在将其推向市场或投入使用之前，应确保其符合本条约规定的要求，无论其是作为独立模型提供还是嵌入到人工智能系统或产品中，或者是根据免费开源许可、作为服务以及其他分发渠道提供。

基础模型提供者应通过适当的设计、测试和分析，证明在开发之前和整个开发过程中，采用适当的方法，例如在独立专家的参与下，识别、减少和缓解健康、安全、基本权利、环境、民主和法治等方面可合理预见的风险，并记录开发后的不可克服的风险。

基础模型提供者应仅处理和纳入适用于基础模型的具有适当数据治理措施的数据集，特别是检查数据源的适用性以及可能存在的偏差和适当减缓措施等。

基础模型提供者设计和开发基础模型应确保其整个生命周期中实现适当水平的性能、可预测性、可解释性、可修正性、安全性，并通过适当的方法进行评估，例如独立专家参与的模型评估、记录分析以及概念化、设计和开发过程中的广泛测试等。

19.2 设计和开发基础模型，应尽量减少能源使用、资源使用和浪费，并提高能源效率和系统的整体效率。基础模型的设计应具有能够测量和记录能源和资源消耗的能力，以及在技术可行的情况下，系统的部署和使用在其整个生命周期中可能产生的其他环境影响。

第 20 条　生成式人工智能模型

20.1 专门用于生成具有不同自主程度的复杂文本、图像、音频或视频等内容的人工智能系统中的基础模型的提供商，以及将基础模型专业化为生成式人工智能系统的提供商，应遵守本条约所规定的透明度义务。

20.2 在生成式人工智能技术研发过程中进行数据标注的，提供者应当制定符合要求的清晰、具体、可操作的标注规则；开展数据标注质量评估，抽样核验标注内容的准确性。

20.3 生成式人工智能服务提供者应当依法开展预训练、优化训练等训练数据处理活动，遵守以下规定：

（1）使用具有合法来源的数据和基础模型；

（2）涉及知识产权的，不得侵害他人依法享有的知识产权；

（3）涉及个人信息的，应当取得个人同意或者符合法律规定；

（4）采取有效措施提高训练数据质量，增强训练数据的真实性、准确性、客观性、多样性。

20.4 生成式人工智能模型提供者训练并在适用的情况下设计和开发基础模型，以确保根据公认的最新技术水平，确保充分保障防止生成违反法律的内容，并且不损害包括言论自由在内的基本权利；在不与有关版权的立法冲突的情况下，记录并公开有关受版权法保护的培训数据的使用的足够详细的摘要。

第 21 条　深度合成算法

21.1 禁止利用深度合成算法制作、复制、发布、传播虚假信息与误导性信息。

21.2 禁止利用深度合成算法损害国家利益侵害社会公共利益与公共秩序、侵犯他人合法权益。

21.3 深度合成服务应当在生成或者编辑的信息内容的合理位置、区域进行显著标识，向公众提示深度合成情况。

第 22 条　算法责任

各成员国可依据其国内法确定算法责任，但需确保因算法受损者获得充足的救济。

第 23 条　算法监管

各成员国应建立高风险算法监管体系，鼓励成员国建立一体化的算法备案体系。

第五章　算力与人工智能系统支撑

**第 24 条　**各成员国应建立算力基础设施绿色低碳监管体系，鼓励环境友好型算力基础设施建设与发展。

第 25 条 各成员国应推动网络和算力的国际协同、融合，形成网络与算力协调发展的局面，提供一体化的算力服务。

第 26 条 国际社会应协同建立环境友好型、尊重个人基本权益的人工智能生态系统支撑体系。

第六章 禁止开发与部署的人工智能系统

第 27 条 禁止开发与部署用于恐怖行动的人工智能系统。

第 28 条 禁止开发与部署违反国际人权法与国际人道法的人工智能武器系统。

第 29 条 禁止开发与部署具有潜意识教化、操控与欺骗目的，进而实质扭曲个体行为并给个体带来身体与心理伤害的人工智能系统。

第 30 条 禁止开发与部署利用个人或特定群体的弱点，包括该人或该群体的已知或预测的人格特征或社会特征经济状况、年龄、身体或精神能力，其目的或效果是严重扭曲该人或属于该群体的人的行为，导致或可能导致该人或其他人遭受重大伤害的人工智能系统。

第 31 条 禁止开发与部署根据敏感或受保护的属性或特征或根据这些属性或特征的推断对自然人进行分类的生物识别分类系统的人工智能系统，基于接触者或其法定监护人（如适用）的具体知情同意而用于批准治疗目的除外。

第 32 条 禁止各国政府或其代表开发与部署根据个人社会行为或已知或预测的个人或性格特征，在一定时期内对自然人的可信度进行评估或分类，社会信用评价导致以下情形的人工智能系统：

（1）在与数据最初生成或收集的背景无关的社会背景下对某些自然人或其整个群体的不利或不利待遇；

（2）对某些自然人或整个群体的不公正或与其社会行为严重性不相称的有害或不利待遇。

第 33 条 禁止各国执法机构在公共场所使用实时远程生物识别系统，但基于以下目的除外：

（1）公共安全；

（2）有针对性地搜寻特定的潜在犯罪受害者，包括失踪儿童；

（3）防止对自然人的生命或人身安全造成具体、实质性和迫在眉睫的威胁或恐怖袭击；

（4）侦查、定位、识别或起诉刑事犯罪嫌疑人。

第 34 条 禁止开发与部署基于自然人人格特征或自然人或自然人群体过去的犯罪行为预测发生或再次发生刑事犯罪风险的人工智能系统。

第七章 高风险人工智能系统

第 35 条 高风险系统评估

高风险人工智能系统评估需要考虑以下要素：

（1）该系统的益处；

（2）该系统的目的与功能；

（3）该系统预期目的外的通用能力与功能；

（4）该系统对个人基本权利侵害的可能；

（5）该系统的歧视、偏见程度；

（6）该系统对集体、社群与国家利益的危害可能；

（7）该系统的自适应性与迭代情况；

（8）该系统的处理数据的质和量；

（9）该系统及其支撑技术的潜在误用和恶意使用可能；

（10）该系统权力不平衡的程度，或者潜在受到伤害或受到不利影响的人相对于人工智能系统处于弱势地位情况，特别是由于地位、权威、知识、经济或社会原因情况或年龄；

（11）该系统的安全冗余；

（12）该系统的透明度；

（13）该系统的可解释程度。

第 36 条 高风险系统判断方法

判断一个人工智能系统是否构成高风险需结合具体场景综合判断。当一个人工智能系统收益明显小于潜在风险成本时，或是收益大于潜在风险成本，但可能给个人权益带来潜在或现实的重大损害时，该人工智能系统应认定为高风险系统。高风险系统不是一成不变的，需基于动态风险评估结果调整系统的风险等级。

第 37 条　高风险系统目录

各成员方应协商高风险的具体目录作为本协议的附件。

第 38 条　高风险系统评估委员会

各成员方应协商建立高风险系统评估委员会，对本协议附件中的高风险目录进行年度评估。各成员方应根据评估结果认定人工智能系统的风险等级。

第 39 条　风险管理系统

风险管理系统应由贯穿高风险人工智能系统整个生命周期的持续迭代过程组成，需要定期进行系统更新。其应包括以下步骤：

（1）识别和分析与每个高风险人工智能系统相关的已知和可预见的风险；

（2）估计和评估高风险人工智能系统按照其预期目的并在合理可预见的滥用情况下使用时可能出现的风险；

（3）上市后监测系统收集的数据分析评估其他可能产生的风险；

（4）采取适当的风险管理措施。

第 40 条　技术文件与运行记录

40.1 技术文件的起草方式应证明高风险人工智能系统符合本条约规定的要求，并向国家监管机构和公告机构提供必要的信息，以评估人工智能系统是否符合条约规定。

40.2 高风险人工智能系统的设计和开发应具有在高风险人工智能系统运行时自动记录事件的能力。这些记录能力应符合最新技术和公认的标准或通用规范。

40.3 高风险人工智能系统的设计和开发应具有记录功能，能够记录高风险人工智能系统在系统生命周期各个阶段的能源消耗、资源使用情况和环境影响的测量或计算。

第 41 条　透明度与可解释性

高风险人工智能系统的设计和开发应确保其运行足够透明，以使提供者和用户能够合理地了解系统的功能。应根据人工智能系统的预期目的确保适当的透明度，以遵守本条约所规定的提供者的相关义务。

当高风险人工智能系统投放市场时，人工智能系统开发者与部署者使用符合公认技术水平的所有可用技术手段来确保人工智能系统的输出可由提供者和使用者解释。用户应能够通过大致了解人工智能系统如何工作及其处理哪些数据来正确理解和使用人工智能系统。

高风险人工智能系统决策对当事方具有法律约束力或以对其健康、安全、基本权利、社会经济福祉等产生了不利影响，当事方应有权要求部署者作出明确且有意义的解释人工智能系统在决策过程中的作用、决策的主要参数以及相关的输入数据等。

第 42 条　安全

高风险人工智能系统的设计和开发应当遵循设计安全、默认安全的原则。根据其预期目的，高风险人工智能系统应达到适当水平的准确性、稳健性、安全性和网络安全性，并在整个生命周期中在这些方面表现一致。遵守这些要求应包括根据具体的细分市场或应用范围实施最先进的安全保障措施。

全球人工智能监管委员会应协同各国的标准化组织建立指导性的人工智能技术安全标准。

第 43 条　鲁棒性

高风险人工智能系统应对系统内或系统运行环境中可能发生的错误、故障或不一致，特别是由于与自然人或其他系统的交互而发生的错误、故障或不一致进行修正与恢复。高风险人工智能系统的稳健性可以通过技术冗余解决方案来实现，其中包括备份或故障安全计划。

在投放市场或投入使用后继续学习的高风险人工智能系统应确保由于输出用作未来操作的输入而可能产生的偏差输出得到适当的处理。对于未经授权的第三方利用系统漏洞改变其使用或性能的尝试，高风险人工智能系统应具有弹性。确保高风险人工智能系统网络安全的技术方案适合相关情况和风险。

解决人工智能特定漏洞的技术解决方案应包括预防和控制试图操纵训练数据集攻击进而导致模型出错的输入或模型缺陷的措施。

第 44 条　人工监督

高风险人工智能系统的设计和开发方式应包括适当的人机界面工具，以便在人工智能系统使用期间能够受到自然人的有效监督。

人类监督的目的应是防止或尽量减少在按照其预期目的使用高风险人工智能系统或在合理可预见的滥用情况下使用高风险人工智能系统时可能出现的健康、安全、基本权利或环境风险。

人工监督应考虑人工智能系统的具体风险、自动化水平和场景。

第 45 条　人工智能系统提供者的义务

确保其高风险人工智能系统在投放市场或投入使用之前符合本条约规定;

确保负责对高风险人工智能系统进行人工监督的自然人明确意识到自动化或确认偏差的风险;

制定并保存高风险人工智能系统的技术文件;

保存其高风险人工智能系统自动生成的日志;

确保高风险人工智能系统在投放市场或投入使用之前经过相关合格评定程序;

评估系统使用的开发流程和系统输出;

为从事人工智能开发和数据处理的人员制定培训计划,以提高对数据固有偏差的认识;

实施审计系统,定期检查人工智能生成的输入数据和结果;

记录人工智能软件开发中的关键决策;

开发人工智能工具,提高人工智能决策的可追溯性,提供对决策如何制定的实时洞察;

提高数据和人工智能使用的透明度。

第 46 条　特殊领域的特别规定

46.1 人工智能武器的特别规制

人工智能武器的开发与部署必须符合战争法以及国际人道法的规定,禁止开发与部署无差别攻击、不符合比例原则的人工智能武器。

人工智能武器必须确保人的最终决定权,禁止开发与部署全自动化决策的人工智能武器系统。

46.2 教育领域人工智能运用的特别规制

教育领域的人工智能运用不得损害学生与教师的自由、尊严,不得对学生与教师等造成不合理的伤害。

教育领域的人工智能运用必须确保结果的公平、公正,不得含有偏见与歧视。不得将人工智能运用于对学生的学业评价、行为监控与推断。

46.3 平台人工智能系统的特别规制

平台对人工智能系统的使用不得损害用户的权利与利益,不得操纵用户、传播虚假信息。

平台不得利用人工智能系统从事不正当竞争与垄断行为。

46.4 生物识别与监控领域人工智能运用的特别规定

生物识别技术人工智能运用不得损害个人的权利，不得产生偏见、歧视或错误的结果。

生物识别技术人工智能运用不得用于非法目的与不适宜领域。

生物识别技术人工智能运用不得用于对社会群体的大规模监控，有正当合法理由除外。

46.5 公共执法领域人工智能运用的特别规定

公共执法领域的人工智能应用结果必须经过人的评估，不得在公共执法领域部署完全自主决策的人工智能系统。

公共执法领域的人工智能运用需接受特别的事前评估，不得部署可能造成误导、错误结果的人工智能系统。

46.6 就业领域的人工智能运用的特别规定

就业领域的人工智能运用不得损害弱势群体的平等就业权。

就业领域的人工智能运用结果必须接受人的审查，不得部署完全自动化决策的人工智能系统。

第 47 条　上市后监管

人工智能提供商应按照与人工智能技术的性质和与高风险人工智能系统的风险相称的方式建立并记录上市后的监控系统。

上市后监测系统应主动、系统地收集、记录和分析用户提供的或通过其他来源收集的有关高风险人工智能系统整个生命周期性能的相关数据，并允许提供者评估人工智能系统的持续合规性。

第 48 条　事故报告与补救

高风险人工智能系统的提供商应向该事件发生地的成员国市场监督机构报告任何严重事件或这些系统的任何故障。

此类通知应在提供商确定人工智能系统与事件或故障之间的因果联系或此类联系的合理可能性之后立即发出，并且在任何情况下，不得晚于提供商知晓该情况后 10 天。

第八章　中低风险人工智能系统

第 49 条　中风险人工智能系统

中风险人工智能系统必须确保用户的知情权，不得隐瞒人工智能决策行为与结果。

中风险人工智能系统必须符合透明、可追溯、可归责原则。鼓励各成员国建立中风险人工智能系统备案制度。中风险人工智能系统部署者必须确保运行过程的透明与可追溯，确保其系统不含有违背本条约规定的内容。

第 50 条　低风险人工智能

鼓励低风险人工智能的开发与部署。

低风险人工智能系统的使用者应确保系统安全。

第九章　治　理

第 51 条　全球人工智能监管委员会

51.1 联合国应建立全球人工智能监管委员会

51.2 人工智能监管委员会职责：

就本条约的实施向成员国、国家监管机构提供支持、建议和合作；

监督并确保本条约的有效和一致应用；

促进国家监管机构之间的协调；

收集和分享成员国的专业知识和最佳实践，并协助成员国国家监管机构发展实施本条约所需的组织和技术专业知识；

主动或根据国家监管机构的要求，审查与条约规实施有关的问题，并发表意见、建议或书面意见，包括：

（1）附件中所列高风险系统的增加或删除；

（2）技术规范或现行标准；

（3）与行业和其他相关利益攸关方密切合作，制定行为准则及其应用；

（4）对各国实施情况进行年度评价并提出改进建议。

51.3 人员组成

全球人工智能监管委员会由独立外部专家组成。人员的选任应具有代表性。

第 52 条 成员国国家人工智能监管机构

各成员国应建立独立的统一人工智能监管机构，其可是原本存在的机构亦或是专门新设立的机构。

国家监管机构应确保本条约的适用和实施。

成员国应确保为国家监管机构提供充足的技术、财政和人力资源以及基础设施，以有效履行本条例规定的任务。国家监管机构应拥有足够数量的常备人员，其能力和专业知识应包括对人工智能技术、数据和数据计算、个人数据保护、网络安全、竞争法、基本权利等的深入了解以及对安全风险以及对现有标准和法律要求的掌握。

各国家监管机构应独立、公正、无偏见地行使权力和履行职责。各国家监管机构成员在执行本条约规定的任务和行使权力时，不得寻求或接受任何机构的指示，并不得采取任何与其职责不符的行为。

第 53 条 标准与数据库

全球人工智能监管委员会应与成员国合作，建立并维护一个全球公共数据库，其中包括高风险人工智能系统的信息。

全球数据库中包含的信息应免费向公众开放，用户友好且可访问，易于导航且机器可读，包含基于标准化协议的结构化数字数据。

全球人工智能监管委员会应与成员国合作，建立人工智能系统的技术标准与评价标准。

第十章　实施与责任

第 54 条 责任主体

各成员国可基于其国内法确定人工智能损害的责任主体，但不得对被害方的救济造成障碍或不必要的负担。

第 55 条 损害

人工智能损害包括个体的人身、财产损害，社群集体利益损害以及对国家政治、经济、文化与安全的损害等。

第 56 条 救济

各成员应保证其国内法中包含本条约规定的实施程序，以便对任何侵犯本条约所涵盖权利的行为采取有效行动，包括防止侵权的迅速救济措施和制止进一步侵权的救济措施。

各成员有权根据其国内法决定人工智能损害救济方式、途径。

第 57 条 国内实施

各成员应实施本条约的规定。各成员可以，但并无义务，在其法律中实施比本条约要求更广泛的保护，只要此种保护不违反本条约的规定。各成员有权在其各自的法律制度和实践中确定实施本条约规定的适当方法。

第 58 条 保护责任

经全球人工智能监管委员会评估，如果成员方的人工智能风险控制与保护水平不能到达本条约的要求，该成员应被视为人工智能保护水平不适宜的国家。对于人工智能保护水平不适宜的国家，其他成员方有权禁止其国内数据向该国转移。

主要参考文献

一、书籍

1. [美] 温德尔·瓦拉赫、科林·艾伦：《道德机器：如何让机器人明辨是非》，王小红主译，北京大学出版社 2017 年版。

2. 曹阳：《数据视野下的互联网平台提供商法律规制研究》，中国政法大学出版社 2019 年版。

3. [美] 弗兰克·帕斯奎尔：《黑箱社会：控制金钱和信息的数据法则》，赵亚男译，中信出版社 2015 年版。

4. [德] 康德：《实践理性批判》，关文运译，商务印书馆 1960 年版。

5. [法] 马尔克·杜甘、克里斯托夫·拉贝：《赤裸裸的人：大数据、隐私与窥视》，杜燕译，上海科学技术出版社 2017 年版。

6. [美] 玛格丽特·博登：《AI：人工智能的本质与未来》，孙诗惠译，中国人民大学出版社 2017 年版。

7. Anu Bradford, *The Brussels Effect：How The European Union Rules The World*, Oxford University Press, 2020.

8. Alex Moazed, Nicholas L. Johnson, *Modern Monopolies：What It Takes to Dominate the 21st Century Economy*, St. Martin's Press, 2016.

9. Anthony D. Joseph, et al. *Adversarial Machine Learning*, Cambridge University Press, 2019.

10. Ari Ezra Waldman, *Industry Unbound：The Inside Story of Privacy, Data, and Corporate Power*, Cambridge University Press, 2021.

11. Ariel Ezrachi, Maurice E. Stucke, *Virtual Competition：The Promise and Perils of the Algorithm-Driven Economy*, Harvard University Press, 2016.

12. Cathy O'Neil, *Weapons of Math Destruction：How Bit Dat Increases Inequality and Threatens*

Democracy, Crown Publishing Group, 2016.

13. Safiya Umoja Noble, *Algorithms of oppression：How search engines reinforce racism*, New York University Press, 2018.

14. Virginia Eubanks, *Au tomating inequality：How High-Tech Tools Profile, Police, and Punish The Poor*, St. Martin's Press, 2018.

15. Ed Finn, *What Algorithms Want：Imagination in the Age of Computing*, MIT Press, 2018.

16. Frank Pasquale, *New Laws of Robotics：Defending Human Expertise in the Age of AI*, Harvard University Press, 2020.

17. Tomas Chamorro-Premuzic, *I, human, AI, Automation, and the Quest to Reclaim What Makes Us Unique*, Harvard Business Review Press, 2023.

18. James Barrat, *Our Final Invention：Artificial Intelligence and the End of the Human Era*, St Martin's Griffin, 2013.

19. John P. Wihbey, *The social fact：News and Knowledge in A Networked World*, MIT Press, 2019.

20. Judea Pearl, Dana Mackenzie, *The Book of Why：The New Science of Cause and Effect*, Basic Books, 2018.

21. Christopher Kuner, et al., eds. *The EU General Data Protection Regulation（GDPR）：A Commentary*, Oxford University Press, 2020.

22. Lee McIntyre, *Post-truth*, MIT Press, 2018.

23. Shoshana Zuboff, *The Age of Surveillance Capitalism：The Fight for a Human Future at the New Frontier of Power*, Public Affairs, 2019.

24. Carissa Véliz, *Privacy is Power：Why and How You Should Take Back Control of Your Data*, Bantam Press, 2021.

25. Zeynep Tufekci, *Twitter and Tear Gas：The Power and Fragility of Networked Protest*, Yale University Press, 2017.

26. Siva Vaidhyanathan, *Antisocial Media：How Facebook Disconnects Us and Undermines Democracy*, Oxford University Press, 2008.

27. Yochai Benkler, et al., *Network Propaganda：Manipulation, Disinformation, and Radicalization in American Politics*, Oxford University Press, 2018.

28. Daniel C. Dennett, *Brainstorms Fortieth Anniversary Edition：Philosophical Essays on Mind and Psychology*, MIT Press, 2017.

二、论文

1. ［德］托马斯·维施迈尔：《人工智能系统的规制》，马可译，载《法治社会》2021 年第 5 期。

2. 吴冠军：《生命权力的两张面孔——透析阿甘本的生命政治论》，载《哲学研究》2014 年第 8 期。

3. 刘权：《论个人信息处理的合法、正当、必要原则》，载《法学家》2021 年第 5 期。

4. 苏宇：《优化算法可解释性及透明度义务之诠释与展开》，载《法律科学（西北政法大学学报）》2022 年第 1 期。

5. 吴飞等：《深度学习的可解释性》，载《航空兵器》2019 年第 1 期。

6. 杨志琼：《数据时代网络爬虫的刑法规制》，载《比较法研究》2020 年第 4 期。

7. 叶名怡：《论个人信息权的基本范畴》，载《清华法学》2018 年第 5 期。

8. 张吉豫：《智能时代算法专利适格性的理论证成》，载《当代法学》2021 年第 3 期。

9. 张继红：《经设计的个人信息保护机制研究》，载《法律科学（西北政法大学学报）》2022 年第 3 期。

10. 张思思等：《深度学习中的对抗样本问题》，载《计算机学报》2019 年第 8 期。

11. 张新宝：《〈民法总则〉个人信息保护条文研究》，载《中外法学》2019 年第 1 期。

12. 郑飞、李思言：《大数据时代的权利演进与竞合：从隐私权、个人信息权到个人数据权》，载《上海政法学院学报（法治论丛）》2021 年第 5 期。

13. 陈吉栋：《个人信息的侵权救济》，载《交大法学》2019 年第 4 期。

14. 郑维炜：《个人信息权的权利属性、法理基础与保护路径》，载《法制与社会发展》2020 年第 6 期。

15. 任颖：《算法规制的立法论研究》，载《政治与法律》2022 年第 9 期。

16. 周尚君、伍茜：《人工智能司法决策的可能与限度》，载《华东政法大学学报》2019 年第 1 期。

17. 丁晓东：《什么是数据权利？——从欧洲〈一般数据保护条例〉看数据隐私的保护》，载《华东政法大学学报》2018 年第 4 期。

18. 柯蒂斯·E. A. 卡诺：《运用传统侵权法理论"迎接"机器人智能》，陈吉栋、王冉冉译，载《产权法治研究》2019 年第 1 期。

19. 高富平：《个人信息保护：从个人控制到社会控制》，载《法学研究》2018 年第 3 期。

20. 高秦伟：《个人信息概念之反思和重塑——立法与实践的理论起点》，载《人大法律评论》2019 年第 1 期。

21. 姜世波：《网络攻击与战争法的适用》，载《武大国际法评论》2013 年第 2 期。

22. Meg Leta Jones, et al., "An American's Guide to the GDPR", *Denver Law Review*, Vol. 98, No. 1., 2021.

23. Douglas Heaven, "Why Faces Don't Always Tell the Truth about Feelings", *Nature*, Vol. 578, 2020.

24. J. van der Lei，"Use and Abuse of Computer−Stored Medical Records"，*Methods of Information in Medicine*，Vol. 30，No. 2. ，1991.

25. Ariel Ezrachi，Maurice E. Stucke，"Artificial Intelligence and Collusion：When Computers Inhibit Competition"，*University of Illinois Law Review*，Vol. 2017，No. 5. ，2017.

26. Jack M. Balkin，"Information Fiduciaries and the First Amendment"，*UC Davis Law Review*，Vol. 49，2016.

27. Alexander Campolo，Kate Crawford，"Enchanted Determinism：Power without Responsibility in Artificial Intelligence"，*Engaging Science*，*Technology*，*and Society*，Vol. 6，2020.

28. Andrew G. Reece，Christopher M. Danforth，"Instagram photos reveal predictive markers of depression"，*EPJ Data Science*，Vol. 6，2017.

29. Anuj Puri，"A Theory of Group Privacy"，*Cornell Journal of Law & Public Policy*，Vol. 30，2021.

30. Anuj Puri，"The Group Right to Mutual Privacy"，*Digital Society*，Vol. 2，2023.

31. Anupam Chander，et al. ，"Catalyzing Privacy Law"，*Minnesota Law Review*，Vol. 105，2021.

32. Goldfarb Avi，et al. "Privacy Regulation and Online Advertising"，*Management Science*，Vol. 57，No. 1. ，2011.

33. Ayse Cufoglu，"User Profiling−A Short Review"，*International Journal of Computer Applications*，Vol. 108，No. 3. ，2014.

34. Battista Biggio，Fabio Roli，"Wild Patterns：Ten Years After the Rise of Adversarial Machine Learning"，*Pattern Recognition*，Vol. 84，2017.

35. Christine Bisai，"Superior Responsibility，Inferior Sentencing：Sentencing Practice at the International Criminal Tribunals"，*Northwestern Journal of International Human Rights*，Vol. 11，2013.

36. Colin B Picker，"A View from 40，000 Feet：International Law and the Invisible Hand of Technology"，*Cardozo Law Review*，Vol. 23，No. 1. ，2007.

37. Cynthia Rudin，"Stop explaining black box machine learning models for high stakes decisions and use interpretable models instead"，*Nature Machine Intelligence*，Vol. 1，2019.

38. Daniel Susser，et al. ，"Technology，Autonomy，and Manipulation"，*Internet Policy Review*，Vol. 8，No. 2. ，2019.

39. Danielle Keats Citron，Daniel J. Solove，"Privacy Harms"，*Boston University Law Review*，Vol. 102，No. 3. ，2022.

40. Frank Pasquale，"Data−Informed Duties in AI Development"，*Columbia Law Review*，Vol. 119，2019.

41. Graham Greenleaf，"The Influence of European Data Privacy Standards Outside Europe：Implications for Globalization of Convention"，*International Data Privacy Law*，Vol. 2，No. 2. ，2012.

42. Helen Nissenbaum，"Protecting Privacy in an Information Age：The Problem of Privacy in Public"，*Law and Philosophy*，Vol. 17，1998.

43. Ivan Evtimov，et al.，"Is Tricking a Robot Hacking?"，*Berkeley Technology Law Journal*，Vol. 34，2019.

44. Jack Bandy，Nicholas Diakopoulos，"Curating quality? How Twitter's Timeline Algorithm Treats Different Types of News"，*Social Media and Society*，Vol. 7，No. 3.，2021.

45. James Grimmelmann，"The Platform is the Message"，*Georgetown Law Technology Review*，Vol. 2，2018.

46. Jessica M. Eaglin，"Constructing Recidivism Risk"，*Emory Law Journal*，Vol. 67，No. 1.，2017.

47. Joanna Bryson，et al.，"Of, for, and by the People：The Legal Lacuna of Synthetic Persons"，*Artificial Intelligence and Law*，Vol. 25，2017.

48. KaiTai Chan，"Emergence of the 'Digitalized Self' in the Age of Digitalization"，*Computers in Human Behavior Reports*，Vol. 6，2022.

49. Kieron O' Hara，Nigel Shadbolt.，"Privacy on the Data Web"，*Communications of the ACM*，Vol. 53，No. 3.，2010.

50. Lina Jasmontaite，et al.，"Data Protection by Design and by Default：Framing Guiding Principles into Legal Obligations in the GDPR"，*European Data Protection Law Review*，Vol. 4，No. 2.，2018.

51. Lina M. Khan，David E. Pozen，"A Skeptical View of Information Fiduciaries"，*Harvard Law Review*，Vol. 133，No. 2.，2019.

52. Margaret Byrne Sedgewick，"Transborder Data Privacy as Trade"，*California Law Review*，Vol. 105，No. 5.，2017.

53. Nivedita Sen，"Understanding the Role of the WTO in International Data Flows：Taking the Liberalization or the Regulatory Autonomy Path?"，*Journal of International Economic Law*，Vol. 21，No. 2.，2018.

54. Maria Tzanou，"Data Protection as a Fundamental Right Next to Privacy? 'Reconstructing' a Not So New Right"，*International Data Privacy Law*，Vol. 3，No. 2.，2013.

55. Mariarosaria Taddeo，et al.，"Trusting Artificial Intelligence in Cybersecurity is a Double-edged Sword"，*Nature Machine Intelligence*，Vol. 1，2019.

56. Matthew U. Scherer，"Regulating Artificial Intelligence Systems：Risks, Challenges, Competencies, and Strategies"，*Harvard Journal of Law and Technology*，Vol. 29，No. 2.，2016.

57. Meredith Whittaker，"The Steep Cost of Capture"，*Interactions*，Vol. 28，No. 6.，2021.

59. Mireille Hildebrandt，"Privacy As Protection of the Incomputable Self：From Agnostic to Agonistic Machine Learning"，*Theoretical Inquiries in Law*，Vol. 20，No. 1.，2019.

60. Neil Richards, Woodrow Hartzog, "A Duty of Loyalty for Privacy Law", *Washington University Law Review*, Vol. 99, No. 3. , 2021.

61. Neomi Rao, "Three Concepts of Dignity in Constitutional Law", *Notre Dame Law Review*, Vol. 86, No. 1, , 2011.

62. Niva, Elkin-Koren, "Contesting Algorithms: Restoring the Public Interest in Content Filtering by Artificial Intelligence", *Big Data & Society*, Vol. 7, No. 2. , 2020.

63. Paul M. Schwartz, "Global Data Privacy: The EU Way", *New York University Law Review*, Vol. 94, 2019.

64. Paul Dourish, "Algorithms and their Others: Algorithmic Culture in Context", *Big Data & Society*, Vol. 3, No. 2. , 2016.

65. Pedro Domingos, "A Few Useful Things to Know about Machine Learning", *Communications of the ACM*, Vol. 55, No. 10. , 2012.

66. Shilin Qiu, et al. , "Review of Artificial Intelligence Adversarial Attack and Defense Technologies", *Applied Sciences*, Vol. 9, No. 5. , 2019.

67. Ragnar Fjelland, "Why general artificial intelligence will not be realized", *Humanities and Social Sciences Communications*, Vol. 7, No. 10. , 2020.

68. Rebecca Tushnet, "Power without Responsibility: Intermediaries and the First Amendment", *The George Washington Law Review*, Vol. 76, No. 4. , 2008.

69. Robert Brauneis, Ellen P. Goodman, "Algorithmic Transparency for the Smart City", *Yale Journal of Law & Technology*, Vol. 20, No. 103. , 2018.

70. Ronald J. Deibert, "The Road to Digital Unfreedom: Three Painful Truths About Social Media", *Journal of Democracy*, Vol. 30, No. 1. , 2019.

71. Samuel Finlayson, et al. , "Adversarial Attacks on Medical Machine Learning", *Science*, Vol. 363, 2019.

72. Sandra Wachter, et al. , "Why Fairness Cannot be Automated: Bridging the Gap Between EU Non-Discrimination Law and AI", *Computer Law and Security Review*, Vol. 41. , 2021.

73. Sandra Wachter, et al. , "Why a Right to Explanation of Automated Decision-Making Does Not Exist in the General Data Protection Regulation", *International Data Privacy Law*, Vol. 7, No. 2. , 2017.

74. Sandra Wachter, Brent Mittelstadt, "A Right to Reasonable Inferences: Re-thinking Data Protection Law in the Age of Big Data and AI", *Columbia Business Review*, Vol. 2019, No. 2. , 2018.

75. Sofia C. Olhede , Patrick J. Wolfe, "The growing ubiquity of algorithms in society: Implication, impact and innovation", *Philosophical Transactions of the Royal Society A , Mathematical , physical , and engineering sciences*, Vol 376, 2018.

76. Tarleton Gillespie, "Platforms are not Intermediaries", *Georgetown Law Technology Review*, Vol. 2, 2018.

77. Valentina Vellani, et al., "The illusory truth effect leads to the spread of misinformation", *Cognition*, Vol. 236, 2023.

78. Bowei Xi, "Adversarial Machine Learning for Cybersecurity and Computer Vision: Current Developments and Challenges", *Wiley Interdisciplinary Reviews: Computational Statistics*, Vol. 12, 2020.

79. Ziad Obermeyer, et al., "Dissecting racial bias in an algorithm used to manage the health of populations", *Science*, No. 6464., 2019.

80. Neil M. Richards, "The Dangers of Surveillance", *Harvard Law Review*, Vol. 126No. 7, 2013.

81. Mark MacCarthy, "New Directions in Privacy: Disclosure, Unfairness and Externalities", *A Journal of Law and Policy for the Information Society*, Vol. 6, No. 3, 2011.

82. Jonathan A. Obar, "Sunlight Alone is Not a Disinfectant: Consent and the Futility of Opening Big Data Black Boxes (without assistance)", *Big Data & Society*, Vol. 7, No. 1., 2020.

83. Yang CAO, "Relevant Data Market Analysis from the Perspective of Antitrust Law", *Science Technology and Law (Chinese-English Version)*, Vol. 1, 2021.

84. Yang CAO, "Regulating Digital Platforms in China: Current Practice and Future Developments", *Journal of European Competition Law & Practice*, Vol. 11, No. 3-4., 2020.

三、案例

1. Appellate Body Report, United States-Measures Affecting the Cross-Border Supply of Gambling and Betting Services, WT/DS285/AB/R (2005).

2. WTO Panel Report, China - Measures Affecting Trading Right and Distribution Services for Certain Publications and Audiovisual Entertainment Products, WT/DS363/R (2009).

3. ICJ, Case Concerning the Application of the Convention on the Prevention and Punishment of the Crime of Genocide (Bosnia and Herzegovina v. Serbia and Montenegro), 26 Feb, 2007.

4. ICJ, Case Concerning Military and Paramilitary Activities in and Against Nicaragua (Nicaragua v. United States of America), Judgment of 27 June, 1986.

5. ICJ, Legality of the Threat or use of nuclear weapons, Advisory Opinion of 8 July, 1996.

6. ICTY, Appeals Chamber, Tadic', 15 July, 1999 (Case No. IT-94-1-A).

7. ICJ, Advisory Opinion on the Legal Consequences of the Construction of a Wall in the Occupied Palestinian Territory (9 July 2004), Report 2004.

8. Lloyd v Google LLC, [2021] UKSC 50.

9. ICTY，Prosecuter v. zejnil Delali Zoravko Muci，Judgment（Trial Chamber），No. 16.，1998.

10. 腾讯诉斯氏（杭州）新媒体不正当竞争纠纷案：杭州铁路运输法院（2021）浙 8601 民初 309 号。

11. 古某、李某提供侵入计算机信息系统工具案：上海高院参考性案例 97 号，上海高级人民法院（2019）沪 0109 刑初 999 号。

12. 黄某诉腾讯网络侵权责任纠纷案：北京互联网法院（2019）京 0491 民初 16142 号。

四、网络资源

1. https：//www. mckinsey. com/～/media/McKinsey/Business% 20Functions/Marketing% 20and% 20Sales/Our% 20Insights/EBook% 20Big% 20data% 20analytics% 20and% 20the% 20future% 20of%20marketing%20sales/Big-Data-eBook. ashx.

2. http://www. autoritedelaconcurrence. fr/sites/default/files/concurrence-commetce-en＿ligne-en. pdf.

3. https：//www. asil. org/resource/humrtsl. htm.

4. https://www. ivir. nl/publicaties/download/ai-Llanso-Van-Hoboken-Feb-2020. pdf.

5. https://www. ftc. gov/system/files/documents/public＿everots/1223263/PrivacycondigitalPrivacy-fuller. pdf.

6. https://economics. harvard. edu/files/economics/files/acemoglu＿spring＿2020. pdf.

7. https://encyclopedia. 1914-1918-online. net/pdf/1914-1918-Online-migration-and-mability-2014-10-08. pdf.

8. https：//www. esd. whs. mil/portals/54/documents/dd/issuances/dodd/300009p. pdf.

9. https://venturebeat. com/ai/were-entering-the-ai-twilight-zone-between-narrow-and-general-ai/.

10. https：//www. spike-donline. com/2019/06/14/ai-inhuman-after-all/.

11. https：//www. radware. com/security/ddos-knowledge-center/ddos-chronicles/ddos-attacks-history/.

12. https：//article36. org/wp-content/uploads/2020/12/Policy＿Paper1. pdf.

13. https：//www. moe. gov. cn/jyb＿xwfb/gzdt＿gzdt/s5987/201908/W020190828311234679343. pdf.

14. https：//www. sohu. com/a/146740483＿733133.

15. https：//anatomyof. ai/.

16. https：//blog. csdn. net/asivy/article/details/18404579.

17. https：//ec. europa. eu/futurium/en/ai-alliance-consultation. 1. html.

18. https：//edition. cnn. com/2023/06/14/business/artificial - intelligence - ceos - warning/ index. html.

19. https：//education. ec. europa. eu/news/ethical－guidelines－on－the－use－of－artificial－intelligence－and－data－in－teaching－and－learning－for－educators.

20. https：//forum. technopolice. fr/assets/uploads/files/1582802422930－1090394890_ 1901249. pdf.

21. https：//ihl－databases. icrc. org/en/ihl－treaties/gciii－1949/article－122/commentary/2020.

22. https：//itif. org/publications/2017/05/01/cross－border－data－flows－where－are－barriers－and－what－do－they－cost/.

23. https：//legalinstruments. oecd. org/en/instruments/OECD－LEGAL－0487.

24. https：//medium. com/berkman－klein－center/optimization－over－explanation－41ecb135763d.

25. https：//mp. weixin. qq. com/s/7njqOOXIIFrf6LizDCXFOg.

26. https：//necessaryandproportionate. org/files/en_ principles_ 2014. pdf.

27. https：//new. qq. com/omn/20180307/20180307B13W7E. html.

28. https：//oeil. secure. europarl. europa. eu/oeil/popups/ficheprocedure. do？ lang＝en&reference ＝2015/2103（INL）.

29. https：//servicetrade. sww. sh. gov. cn/action/Important_ view？ news. id＝219.

30. https：//unesdoc. unesco. org/ark：/48223/pf0000378648.

31. https：//www. 163. com/dy/article/I75DS1770511RIVP. html.

32. https：//www. awo. agency/blog/awo－analysis－shows－gaps－in－effective－protection－from－ai－harms/.

33. https：//www. brookings. edu/research/products－liability－law－as－a－way－to－address－ai－harms/.

34. https：//www. defense. gov/Newsroom/Transcripts/Transcript/Article/2011960/remarks － by － secretary－esper－at－national－security－commission－on－artificial－intell/.

35. https：//www. deloitte. com/global/en/Industries/government － public/perspectives/urban － future－with－a－purpose/surveillance－and－predictive－policing－through－ai. html/#endnotes.

36. https：//www. economist. com/science－and－technology/2017/09/09/advances－in－ai－are－used－to－spot－signs－of－sexuality.

37. https：//www. fhi. ox. ac. uk/wp－content/uploads/Policy－Desiderata－in－the－Development－of－Machine－Superintelligence. pdf.

38. https：//www. ft. com. ezpoxy. byunde. ac. uk/content/eea999db－3441－45e1－a567－19dfa958dc8f.

39. https：//www. cac. gov. cn/2023－04/13/B/C－1690898326863363. htm. .

40. https：//www. jonesday. com/－/media/files/publications/2018/03/protecting－artificial－intelligence－and－big－data－in/files/protecting－artificial－intelligencepdf/fileattachment/protecting－artificial－intelligence. pdf.

41. https：/blags. law. ox. ac. uk/business－law－blog/blog/2018/10/right－reasonable－inferences－re－thinking－data－protection－law－age－big.

42. https：//www. propublica. org/article/how－we－analyzed－the－compas－recidivism－algorithm.

43. https：//www. safe. ai/statement－on－ai－risk.

44. https：//www. scientificamerican. com/article/racial－bias－found－in－a－major－health－care－risk－algorithm/.

45. https：//www. sohu. com/a/484936023＿ 121124365.

46. https：//www. statnews. com/2020/07/15/artificial－intelligence－patient－consent－hospitals/.

47. https：//www. un. org/sg/en/content/sg/speeches/2023－07－18/secretary－generals－remarks－the－security－council－artificial－intelligence.

48. https：//www. unodc. org/documents/terrorism/Publications/Legislative＿ Guide＿ Universal＿ Legal＿ Regime/Chinese. pdf.

49. https：//www. whitehouse. gov/wp－content/uploads/2023/07/Ensuring－Safe－Secure－and－Trustworthy－ai. pdf.

50. https：//www. iflscience. com/technology/ai－camera－ruins－soccar－game－for－fans－after－mistaking－referees－bald－head－for－ball/.

51. https：//www. mckinsey. com/business－functions/digital－mckinsey/our－insights/digital－globalization－the－new－era－of－global－flows.

52. https：//www. theverge. com/tldr/2020/11/3/21547392/ai－camera－operator－football－bald－head－soccer－mistakes.

53. https：//www. niemanlab. org/2019/03/one－year－in－facebooks－big－algorithm－change－has－spurred－an－angry－fox－news－dominated－and－very－engaged－news－feed/.

54. https：//venturebeat. com/ai/17/researchers－warn－court－ruling－could－have－a－chilling－effect－on－adversarial－machine－learning/.

55. https：//www. pewresearch. org/internet/2016/01/14/scenario－personal－deails－and－advertisements/.

56. https：//www. cell. com/cell/fulltext/S0092－8674 （20） 30102－1.

57. https：//www. theatlantic. com/health/archive/2018/08/machine－learning－dermatology－skin－color/567619/.

58. https：// neurosciencenews. com/ai－brain－cancer－neurology－5058/.

59. https：//www. bbc. com/future/story/20181212－can－artificial－intelligence－end－traffic－jams.

60. https：//www. npc. gov. cn/npc/c30834/202108/fbc9ba044c2449c9bc6b6317b94694be. shtml.

61. https：//www. newyorker. com/tech/annals－of－technology/the－hidden－costs－of－automated－thinking.

后　记

　　本书作为笔者国际法研究的第三部作品。《国际知识产权制度：冲突、融合与反思》对现行国际知识产权体系进行了系统性分析、全面反思了国际知识产权体系的问题并提出了构建可持续国际知识产权体系的设想。《国际法视野下的粮食安全问题研究》提出了构建可持续的国际粮食安全的理论与实践框架。《人工智能的国际法问题研究》尝试从人工智能技术自身特征出发，构建以"人本主义"为核心的全球人工智能规制体系。

　　人工智能技术的快速发展与迭代对全球政治、经济与文化带来了深刻的影响。随着深度学习等人工智能技术的飞速发展，具有自主决定能力与自主意识的人工智能技术正逐渐弱化了人的主体性，将人异化为工具。如果任由人工智能技术无需发展而不施加任何"护栏"，人工智能技术将可能给人类带来毁灭性影响。人工智能技术"护栏"的核心要义是维护人之为人的本质特征——自由、尊严，将人放置于主体与核心地位，任何减损与异化人的主体性的人工智能技术都应禁止发展与部署。

　　构建人工智能技术"护栏"的主要障碍在于人工智能技术发展的不平衡与大型科技公司的强大的市场垄断能力与话语主导权。人工智能发展的基础性资源数据、算法与算力都掌握在发达国家与大型科技公司之手。发达国家希望通过人工智能重新夺回失去的竞争优势，而大型科技公司希望通过人工智能获取高额的垄断利润。恪守传统工具主义思维并坚持工具化的规制逻辑忽视了人工智能技术所带来的范式转换逻辑。与其他工具性技术不同，人工智能技术是真正大众参与协同创造的技术，消费者不但贡献了人工智能发展所需的海量数据，也是算法优化的实践者。从这种意义上讲，公众既是人工智能技术发展的积极贡献者与推动者，也是人工智能技术的接受者。然而，作为人工智能技术发展的最重要的利益攸关者的社会公众，其利益并没有得到有效保障，"困在算法里的外卖小哥""大数据杀熟""大数据画像与决策"等损害公众利益的现象时有发生。更让人担忧的是人工智能在战争与恐怖行动中的不法使用。

那么我们应该为人工智能技术的发展构建一幅怎样的理想图景呢？是坚持人的主导机器赋能还是机器主导人边缘化是我们人类必须做出的选择。对于我们人类而言，其答案是不言之明。要维护人的主体地位，使得人工智能能有效赋能人类社会发展就需要我们人类的共同努力。2024 年 9 月 5 日，美国、英国和欧盟等签署了欧洲委员会制定的《人工智能、人权、民主和法治框架公约》，该公约是全球首个具有法律约束力的人工智能国际公约，旨在确保人工智能系统生命周期内的活动完全符合人权、民主和法治，同时有利于技术进步和创新。这是国际社会尝试解决人工智能技术困境的初步尝试。可以预见的未来，国际社会会有更多的涉及人工智能的条约出现。

本书写作的动因是尝试构建一个符合全体人类发展利益的人工智能规制框架。本书提出了全球人工智能规制的二元架构，即技术层面的数据、算法与算力规制，以及基于具体场景层面的风险规制。希冀本著作提出的人工智能多边规制框架对促进以人为中心的全球人工智能可持续发展有所裨益。

一如既往，本书的顺利完成离不开家人、朋友、同事的支持以及各位编辑辛苦的工作。感谢上海政法学院为本书的顺利出版所给与的支持。

曹　阳
2024 年中秋于上海